国家出版基金项目
NATIONAL PUBLICATION FOUNDATION

王富仁学术文集

第三卷 中国现代文学论集（上）

王富仁 著
李怡 宫立 编

山西出版传媒集团
北岳文艺出版社
·太原

图书在版编目（CIP）数据

王富仁学术文集.3，中国现代文学论集：上中下/王富仁著；李怡，宫立编.—太原：北岳文艺出版社，2021.5

ISBN 978-7-5378-6354-4

Ⅰ.①王… Ⅱ.①王…②李…③宫… Ⅲ.①中国文学—现代文学—文学研究—文集 Ⅳ.①I206.6-53

中国版本图书馆CIP数据核字（2021）第004119号

王富仁学术文集.3·中国现代文学论集（上中下）
王富仁 著
李怡 宫立 编

//

策划	出版发行：山西出版传媒集团·北岳文艺出版社
续小强	地址：山西省太原市并州南路57号 邮编：030012
王朝军	电话：0351-5628696(发行部) 0351-5628688(总编室)
	传真：0351-5628680
项目负责人	经销商：新华书店
王朝军	印刷装订：山西人民印刷有限责任公司
高海霞	
	开本：787mm×1092mm 1/16
责任编辑	总字数：3557千字
王朝军	总印张：238.75
	版次：2021年5月第1版
书籍设计	印次：2021年5月山西第1次印刷
张永文	书号：ISBN 978-7-5378-6354-4
	总定价486.00元(全12册)
印装监制	
郭 勇	本书版权为本社独家所有，未经本社同意不得转载、摘编或复制

目 录

(上)

我对20世纪中国文学的解读
　——《灵魂的挣扎》代自序 …………………………………001
开创新局面所需要的"新" ……………………………………008
在广泛的世界性联系中开辟民族文学发展的新道路 …………014
文学史·文学批评·文学理论·比较文学
　——比较文学在整个文学研究中的地位和作用 ……………035
现代文学研究展望 ………………………………………………051
中国现代文学研究中的"正名"问题 …………………………054
当前中国现代文学研究中的若干问题 …………………………067
对一种研究模式的质疑 …………………………………………087
关于"重写文学史"的几点感想 ………………………………097
关于中国现代文学史编写问题的几点思考 ……………………101

001

传播学与中国现代文学研究 …… 117
重视对中国现当代作家晚年的研究
　——闫庆生《晚年孙犁研究》序 …… 122
中国现代文学研究与中国现代文学教育
　——《多维视野中的中国现代文学》序 …… 128
母爱·父爱·友爱
　——中国现代文学三母题谈 …… 137
关于中国的比较文学 …… 152
创造社的文化传统与中国现代文化 …… 156
大众文化视野中的学术与知识分子 …… 161
中国文学的悲剧意识与悲剧精神 …… 175
文学真实论 …… 244
文本分析略谈 …… 283

（中）

文学史与文学批评 …… 295
中国现代文学批评略说 …… 309
一个男性眼中的中国当代女性文学研究 …… 332
中国现代主义文学论（上） …… 349
中国现代主义文学论（下） …… 370
中国新古典主义文学论（上） …… 388
中国新古典主义文学论（下） …… 416
中国现代短篇小说发展的历史轨迹（上） …… 440
中国现代短篇小说发展的历史轨迹（下） …… 455
中国现代历史小说论（一） …… 479
中国现代历史小说论（二） …… 498

目 录

中国现代历史小说论（三）……………………519
中国现代历史小说论（四）……………………537
中国现代历史小说论（五）……………………554
《雷雨》的典型意义和人物塑造………………576

（下）

《日出》的结构和人物……………………………597
文事沧桑话端木
　——端木蕻良小说论（上）…………………620
文事沧桑话端木
　——端木蕻良小说论（下）…………………639
三十年代左翼文学·东北作家群·端木蕻良（之一）……662
三十年代左翼文学·东北作家群·端木蕻良（之二）……674
三十年代左翼文学·东北作家群·端木蕻良（之三）……687
三十年代左翼文学·东北作家群·端木蕻良（之四）……695
现实空间·想象空间·梦幻空间
　——小议中国现代异域小说……………………704
河流·湖泊·海湾
　——革命文学、京派文学、海派文学略说……713
"左联"研究点滴谈………………………………728
关于左翼文学的几个问题………………………732
今天研究左翼文学的意义
　——"中国左翼文学国际研讨会"闭幕词……738
胡风的深刻性和独创性…………………………744
战争记忆与战争文学……………………………749
延安文学有重新加以研究的必要………………755

解放区长篇叙事诗的繁荣 ……………………………………762
解放区戏剧的主要特征 ………………………………………769
一个寻找女人的女人
　　——彭慧短篇小说述评 ……………………………………776
中国现代诗歌的发展（上篇）………………………………801
中国现代诗歌的发展（下篇）………………………………833
为新诗辩护 ……………………………………………………867
中国现代新诗的"芽儿"
　　——冰心诗论 ………………………………………………875
他开辟了一个新的审美境界
　　——论郭沫若的诗歌创作 …………………………………886
审美追求的瞀乱与失措
　　——二论郭沫若的诗歌创作 ………………………………903
闻一多诗论 ……………………………………………………925
矛盾中蕴含的一种情绪
　　——闻一多与二十年代新诗 ………………………………943

我对20世纪中国文学的解读
——《灵魂的挣扎》①代自序

20世纪中国文学这个概念是钱理群、陈平原、黄子平三位先生共同提出来的。提出之后，便在中国文学研究界引起了很大的反响。现在这个概念已逐渐被人们所接受，各种形式的20世纪中国文学史著及史论著作出版了，还有很多文章论及20世纪中国文学。它已成了与中国近代文学、中国现代文学、中国当代文学并行的并且有较大时间跨度的文学史概念。

文学史的分期正如文学作品的分类一样，本没有什么绝对的标准，它是依照掌握和研究者的方便原则建立起来的，但文学史的分期方式和文学作品的分类方式既经建立起来，便使整体显示出了不同的面貌特征，这也正像儿童排的积木一样，还是那么几块木头，用不同方式排列起来，整体形态就发生了变化。20世纪中国文学这个概念的建立，对中国文学史观念的变化是有很大帮助的。我认为，首先注意到的应有下列几点：首先，它改变了中国近100年文学特征的观念，使我们重新以新的特征概括中国近100年来的文学。在过去，不论我们意识到还是意识不到，我们关于有别于中国古典文学的观念都是建立在两个不同的基础之上的。其一是政治革命的标准，并且是"新民主主义"政治革命的标

---

① 《灵魂的挣扎》，王富仁著，时代文艺出版社，1993。

准。1949年之后的中国内地学术界，这样几个概念基本上是相同的：中国新文学、中国现代文学、中国新民主主义革命和社会主义革命时期的文学。也就是说，我们关于有别于中国古典文学的观念实际是这样的：什么是中国的新文学？中国的新文学就是在中国现代社会发生和发展的文学。而中国现代社会是一个什么样的社会，这个历史时期的特征是什么？它是新民主主义和社会主义革命相继发生和发展着的社会历史时期，新文学就是在这样一个历史时期，适应着这样一种历史状况发生和发展起来的文学。表面看来，在这种观念与在别的观念下所意指的文学还是同样的一些文学，还是指的鲁、郭、茅、巴、老、曹这许多中国现代作家的作品，还是《狂人日记》《沉沦》《子夜》《小二黑结婚》这样一些文学作品，但它却在无形中确定了你评价和组织整个这时期文学作品的方式。只要你承认这时期的文学是伴随着新民主主义和社会主义革命发展起来的文学，你就必须承认，凡是与这样一个革命有着更大的适应性关系的文学，便是更符合这时期文学的总趋势的文学，便是好的文学，而一切与这样一个革命不同或相抵牾的文学，便是不符合这时期文学的总趋势的文学，便是不好的文学。正是在这种评价方式和组织方式下，郭沫若和徐志摩的诗歌有了等级上的差别，茅盾与沈从文的小说也有了优劣的划分，整个中国现代文学的面貌也就有了自己特定的存在形式。其二是按语体形式划分新文学和旧文学，即凡是用古代文言文和古代白话文写成的文学作品都是旧文学，凡是用现代白话文写成的文学作品都是新文学。而有别于中国古典文学的中国新文学则是以现代白话文学占统治地位的历史时期的文学。这样的划分，具有历史分期的明确性和语言形式的明确性，不易混淆新文学作品和旧文学作品的界限。但直至现在，它仍然存在着一个明显的缺陷，即没有任何一个明确和统一的标准划分作品的等级。我们现在所使用的所谓艺术标准仍是一般的、适用于一切艺术的标准，而对如何才能标示中国白话新文学作品的价值系列，我们几乎还没有任何清晰的观念。而上述政治标准则有其明确性，并显而易见有其独立性，它不同于古代的标准，也不同于外国的标准，是这个时期所独有的。任何一个时期的文学在没有一个确定而统一的评价标准的时候，都将只是一个混沌的整体，而不会具有自己特定的面貌特征。文学史尽管在观念上只是依时序先后区分文学的，但它一刻也离不开文学批评的配合。没有一个确定而统一的评价标准，你就无法把这个时期的文学作品组织起来，因为任何文学史都不是历史上一切作品的平等排列和杂乱堆积。正是因为语体标准的这一根本弱点，使政治标准有了与它相结合的可能性，因为两者都有不自足性的弱点：仅仅政治革命的标准无法进入文学研究的系统中去，它必须取得一种文学性的品格；仅仅语体特征至少暂时还没有找到分析评价自己和组织自己的有效方式，文学需要一种具有确定性的标准衡量和组织自己。我们看到，我们过去的中国现代文学史正是这两种标准的结合，甚至我们的大量文学概念都只有在二者的结合中才能够被理解。例如，五四新文化运动、五四文学革命、五四新文学等等，实际都是两个时间概念和两种社会现象结合而成的。新文化运动、文学革命、新文学发生于何时？我们的文学史明明白白地告诉我们，它们都始于1917年胡适发表《文学改良刍议》之时。"五四"指的是何时？我们也非常清楚：它指的是1919年的5月4日，是指以这一天代表的大规模的学生运动、群众运动和政治运动。为什么我们如许多的知识分子对这明显矛盾着的时间概念和历史概念视而不见，听而不闻或者知而不言呢？因为它是一种需要。从语体变革而言，1917年是一个时间界限，但仅仅这样一个界限，还无法导入我们必须使用的政治标准，还无法具体评判这诸多新文学作品的价值，因而也无法将新文学构筑成一个由各种不同的价值等级组成的价值体系。而"五四"恰恰为输入这一标准提供了方便的条件。这时，苏联的十月革命已经发生，马克思主义的理论开始在中国知识界传播，陈独秀、李大钊这些提倡新文学的知识分子已成为中国最早的共产主义者，并在"五四"爱国群众运动中起到了重要作用，中国的工人运动也已开展起来。依照1919年五四运动时期的状况确立新文学的时代特征，恰恰能将新文学与评判它们的政治标准直接结合起来。但是，为什么又一定要把"五四"同新文学的发生联系在一起呢？因为仅仅以"五四"的时代特征确定新文学的标准，与文学的实际发展状况又会有较遥远的距离，不但胡适的《文学改良刍议》、陈独秀的《文学革命论》、鲁迅的《狂人日记》无法被包括在新文学之中（它们都出现于1919年之前），而且像《阿

Q正传》（鲁迅）、《尝试集》（胡适）、《终身大事》（胡适）、《沉沦》（郁达夫）这样的文学作品也无法被放在历史的首要地位来论述。因为单纯从政治革命的标准而言，五四时期第一梯级的文学现象应是陈独秀、李大钊、邓中夏、恽代英、瞿秋白、萧楚女等关于革命文学的提倡，它们才立于政治革命的最前列；胡适、鲁迅、郁达夫一类文学家至多只是第二层次上的文学现象，他们对于新民主主义政治革命至少在当时还是不自觉的。恰恰因为我们同时使用了语体变革的标准，他们才得以位于十分显赫的主流地位。总之，将两个不同的时间概念和文学现象用一种浑融抽象的语调形式结合起来，只是我们的一种需要，不如此，在当时就有很多问题无法解决。不难看出，我们过去的许多现代文学史上的概念，都是由这两个标准复合而成的。如革命文学（服务于政治革命斗争的用现代白话文写成的文学作品）、左翼无产阶级文学（服务于中国无产阶级革命的用现代白话文写成的文学作品）、为工农兵的文学（贯彻中国新民主主义政治革命的基本原则——为工农兵服务的用现代白话文写成的文学作品）、资产阶级文学（不符合新民主主义革命目的的用现代白话文创作的文学作品）等等，都同时具有两种不同的指称意义。与以上两个标准同时使用的，还有第三个标准，即启蒙主义的标准，或曰反封建的标准，或曰文化革命的标准。但这个标准在以上两个标准的夹击下，向来是不固定的，也没有自己的独立地位。在很多情况下，它只是政治标准的一种从属性的补充。特别是到了20世纪三四十年代，它的第二位的从属性质就更加明显了。我们说巴金、老舍、曹禺的作品是反封建的，其内在含义是什么呢？即是说他们的作品不是最进步的，但有其积极意义，在左、中、右的划分中，他们属"中"。但在"文化大革命"中，政治标准的极端强化，使一个原本不稳固的联盟被破坏了，当它要十分严格地以自己的理论要求衡量中国近半个多世纪的文学时，几乎所有的文学作品都被彻底否定了。而白话文的语体特征因为没有自己独立的价值等级系列，这一时期的文学又重新返回原始的混沌状态——当绝大多数的作品被否定掉之后，它同样无法构成一个有序的有机整体。当"文化大革命"结束后人们重又产生中国现代文学史的整体构架要求时，人们不难看到，这里的问题还不仅仅是一个人对人的政治迫害问题，同时也是一个用原来的政治标准适宜不适宜描述中国近半个多世纪的文学现象的理论问题。矛盾既经暴露，就不可能再简单地返回原来的统一状态中去。但是，在这时，白话文的特征仍然处在无分析的浑融状态，它依然无法独立地取得组织这整个时期文学的资格，与此同时，启蒙主义的思想要求又恰恰是那时包括坚持改革路线内政治家在内的整个社会的普遍要求，它也就很自然地从政治标准和语体标准的夹击中独立出来，成了一个组织整个这时期文学现象的比较明确也比较统一的标准。向左，它可以把原来的政治标准纳入自己的范围中重新消化；向右，它又可以把语体变革放进自己的概念系统中来加以说明。所以它当时尽管也受到从左、右两个方面来的反对，但这并没阻止它成为学术界普遍认可的标准。但是，启蒙主义这个标准一当被独立出来，原来的时限问题便变得松懈了下来，因为中国的启蒙主义既不始于1919年的五四运动，也不始于1917年胡适发表《文学改良刍议》，而是始于19世纪末的维新运动。这样的一个划分，恰恰又与国际上使用的20世纪文学的概念相吻合，于是20世纪中国文学这个概念便产生了。它一经产生，便显示了超越性，因为当时正在进行五四文学革命是谁领导的问题的论争，原有的政治革命标准和语体变革标准，亦即1949和1917两个时间概念的对立，使这一问题根本不可能得到圆满解决，20世纪文学这个概念一下子使人超脱了这种令人疲惫的理论问题的争论。总之，20世纪中国文学这个概念的本质是以启蒙主义思想标准作为界定中国古代文学与中国近多半个世纪文学的根本标准，并以之作为组织中国变化了的文学的历史构架。钱理群、陈平原、黄子平三位先生一开始便指出改造国民性是20世纪中国文学的主要特质，这并不是没有根据的。这里并非是不是"都是"的问题，而是以什么标准衡量其价值的问题。

第二，它对中国文学与外国文学的关系问题有其独立的把握方式。以前使用的两个基本标准，在中国文学和外国文学的关系上也会导致尖锐对立的理解，政治革命的标准使我们自然而然地把中国近半个多世纪的文学当作超前发展的文学，因为当世界多数国家占统治地位的仍是资产阶级的腐朽文学的时候，中国文学已经以最先进的无产阶级文学为主流了。特别是苏联和东欧文学在20世纪五六十年代相继蜕化为反革命修正主义文学的时候，我国文学更极其自然地成了世界上最先进的、超前发展的文学了。虽然那时候我们实际上否定了中国绝大多数作家的绝大多数作品，中国有无文学也成了悬而未决的问题，但这个标准本身能够自行派生这种结论，它是不必接受其他结论的检验的。正像我们虚构了凤凰这种禽鸟，就认为一定会有凤凰蛋的观念一样，凤凰能不下蛋吗？我们的文学是社会主义的文学，能不是世界上最先进的文学吗？但与此同时，诗体革命的标准又能产生与此截然不同的另一种观念——中国文学是初生的、严重滞后性的文学。胡适、蔡元培早就指出，中国的白话文改革相当于但丁在14世纪的意大利实现的文学语言的改革，中国的文学革命也相当于西方早在几个世纪以前早已完成了的文艺复兴。从这种比较中，我们所得出的结论是中国文学的严重滞后性的特征。20世纪中国文学这个概念恐怕仍然难以使我们有一个较统一的中国文学与世界文学的关系的观念。就它的启蒙主义和改造国民性的本质内涵而言，它仍然使人感到中国文学发展的滞后。面对独立发展着的西方文学而言，中国文学是被动的、受影响的一方。但20世纪中国文学这个概念本身，却也提供了另一种看待中国文学与外国文学关系的方式。20世纪的中国文学与20世纪的世界文学这两个概念的直接对应性，使中国文学自然地具有两个互相联系的特征——它的开放性以及它与世界文学共时性发展的同步性。这样一个概念仍然承认中外文学的差异性，但二者不论如何不同，都是彼此独立的、同时发展着的两种文学，它们都是在20世纪发生的文学现象，并且具有共时性的同质联系。

第三，它把中国文学重新描绘成一个自然的、相对平稳的发展过程。中国近代文学、中国现代文学、中国当代文学的三段论分段法，不但使中国文学史的讲授带有零碎性的弊病，而且还给人一个不断转折的印象。这种分类本身便说明我们把它们视为三种不同质的文学，使整个中国文学给人以非自然发展的不稳定感。特别是从1917或1919开始分段的中国现代文学、中国新文学，它的反传统倾向更使人感到已与中国古典文学发生了断裂性的变化，在新文学中已经丧失了中华民族的根。20世纪中国文学把分期的始发线前推到19世纪末，不论从思想启蒙和文学革命的哪个角度，它都是一个怀孕期（1917或1919更像一个生产期，有着剧烈的阵痛），新与旧在当时还处在同一个母体之中，这就把中国的新文学比较自然地与中国古典文学联系了起来，中国古典文学的母体与外国文学的影响在这里也有基本均衡的关系。而在中国近代文学、中国现代文学、中国当代文学与正在发生和发展着的新时期文学之间，人们必须注目此种延续的本质联系，把其作为一个自然变化着的统一过程。我想，这一点将使20世纪中国文学这个概念具有更长久的生命力。这段历史越是成为历史，人们便越是需要在更高的意义上把较长阶段的文学现象当作一个统一的现象来把握，而相对舍弃彼此在现象上的差异。文学的分期只会越来越趋于完整，不会越来越趋于零碎。

在钱理群、陈平原、黄子平三位先生提出20世纪中国文学这个概念的时候，我既未曾撰文支持，也未曾撰文反对，因为我更趋向于作家论和作品论的研究，对中国文学史的撰写问题较少考虑。但我们都是同代人，在观念上相通的地方不少，所以在具体的作家论中，与20世纪文学这个概念所含蕴的意义有不少相同的地方。现在承蒙时代文艺出版社同志的好意，将这些文章编辑起来，虽然不是一部完整的专著，但也可以看到我对20世纪文学的一些把握方式和具体看法。现在的文学研究者自然会感到我们这一代人当时治学的局限性，但其中恐怕也会有现在的文学研究方法所不易接触到的问题，如果有一二读者在其中能得到一二句话的启发，我也就心满意足了。

1993年6月21日于北京师范大学中文系

开创新局面所需要的"新"

开创中国现代文学研究的新局面，需要做的工作很多，也可以从不同的方面提出要求，进行努力。这里，从研究工作的整体上，谈谈所需要的四个"新"。

一、新的眼光

中国现代文学的研究从20年代末和三四十年代已经着手进行积累材料和整理材料的工作，那时出了新文学运动第一个十年的《中国新文学大系》，出了新文学史和文艺思想斗争史等著作，这一过程可以说到50年代已经基本结束。当然，至今为止，现代文学的材料整理和搜集工作仍很重要，但是，它却已不能决定整个现代文学研究的质的变化。我认为，现在要开创现代文学研究的新局面，最根本的关键在于要取得观察和分析它的新的眼光。只有有了这种新的眼光，我们才会在旧的材料中发现新的东西，也才能重视发掘和搜集那些我们过去所未曾发掘和搜集的史料。海涅说："每一个时代，在其获得新的思想时，也获得了新的眼光，这时它就在旧的文学艺术中看到了许多新精神。"（海涅：《北海集》）在一个材料整理工作已基本初具规模的研究领域，获得新眼光不能不是开拓研究新局面的最根本关键。现在的中国现代文学研究也是如此。

加强对现实生活和现实文艺状况的深入思索和理论认识是获得研

中国现代文学新眼光的最根本的一环。中国当代文学是中国现代文学的继续，是它辩证发展的必然结果。它是中国当代文学的源头，它的一切优点和缺点，都可能以夸大的形态和变化了的形式表现在当代文学之中。我们应当认真思考是它的哪些血液流到现在营养了当代文学，又是哪些病菌潜入到现在而形成了病灶。我国现代文学研究的成形期在五六十年代，那时的研究也必然留有那时文艺思想的痕迹。经过"文化大革命"，我们得到了反面的教训；"文化大革命"后，我们又初步取得了一些新鲜经验。我们深入思索这些问题，才会取得较之五六十年代更加完善的新眼光，使我们在"外界视线和内心视线前面，都展开了无限广大的视野"（恩格斯：《家庭、私有制和国家的起源》），从而在五六十年代现代文学研究的基础上，再开拓出一个新的局面。我认为，对于研究现代文学的同志来说，不能也不必像研究当代文学的同志那样详细占有当代文学的资料，但有必要像他们那样深入思索现实生活和现实文艺状况所提出来的实际问题和理论问题。衡量现代文学的尺子不变，衡出的结果也就难变，而这个尺子并不是可以随意变更的，它必须用更准确、更细密的尺子代替过去不那么准确和细密的尺子。而这把尺子要在现实的实践中找，在新文学的发展需要中去找。因而我们只有把对现实的思索同对现代文学的思索结合起来，才会以新眼光发现其新精神，才会使现代文学研究有所创新。

二、新的角度

有了新的眼光，还必须有新的角度。我认为，当前现代文学研究的主要问题是微观研究较多，宏观研究不足。

所谓的宏观研究，主要指下列几个方面：（一）把中国现代文学放在整个世界文学的发展中进行研究；（二）把中国现代文学放在整个中国文学的发展中进行研究；（三）把中国现代文学放在整个中国现代历史尤其是思想发展史中来研究；（四）研究中国现代文学发展的总体变化规律和特点；（五）研究中国现代文学各个发展阶段的总体特征及与前后期的衔接和变化；（六）研究贯穿在整个现代文学史中的流派、风格、体裁、主题题材等等的变化和发展及产生和消亡的脉络和规律；（七）研究现代文学与当代文学的关系……

宏观研究之所以重要，不仅因为它是研究中国现代文学在整个世界文学和中国文学发展中的地位和作用，研究中国现代文学自身发展的特点和规律的必由之路，而且也规定和制约着现代文学研究中一个作家、一个作品、一个事件等等的微观研究。整体性画面的不清晰，也必然影响对局部画面的完整而准确的认识。

在具体作家和作品的研究中，也有一个宏观与微观相结合的问题。现在的作家作品研究，普遍存在着一种孤立化的倾向。我们很难在这样的作家论或作品研究中看出论述对象在整个现代文学史上的地位和作用，甚至有的结论与他们的固有地位相悖谬。除有的研究者存在着取悦研究对象的错误倾向外，我觉得孤立化的倾向是其根本原因。文艺作品是复杂的，任何作品都有优点和缺点，当我们孤立地夸耀其优点或贬斥其缺点时，若不在整个画面的对比关系中谈论问题，便很容易失去分寸感。"辩证法要求的是从具体的发展中来全面地估计对比关系，而不是东抽一点，西抽一点。"（列宁：《再论工会、目前局势及托洛茨基和布哈林的错误》）论郭沫若，不应忘记了他与鲁迅、茅盾、郁达夫、成仿吾、徐志摩、闻一多等等许多人在各个方面的谐和比例关系，反之也是一样。

谈到宏观研究，也就牵涉到了比较方法的运用。据我所知，有些同志对国外的比较文学还有些戒备之心。当然，国外的比较文学研究中确实存在一些形式主义倾向。但关键问题在于我们如何运用它，而不在于这种方法本身。马克思主义经典作家没有直接论述过比较文学，但却不止一次地谈到过比较法学、比较神话学等等。恩格斯在《费尔巴哈与德国古典哲学的终结》一书中，在谈到原始各民族的宗教观念与其生活条件的关系时说："而这一过程对一系列民族集团来说，特别是对雅利安人（所谓印欧人）来说，已由比较神话学详细地证实了。"在《家庭、私有制和国家的起源》一书中，恩格斯曾多次提到比较法学。其中有一处说："随着家长制家庭的出现，我们便进入成文历史的领域，同时也进入那比较法学能给我们以很大帮助的领域了。而比较法学在这里也确实促成了重大的进步。"在马克思和恩格斯的著作中，也经常运用广泛比较的方法。我们不必拘泥于外国比较文学的定义和规定，但有必要在现代文学研究中广泛运用比较研究的方法。其中不但包括外国文学与中国现代文学的比较研究，也包括中国现代文学与中国古典、当代文学的比较研究，还可包括中国现代作家与作品之间的比较研究。马克思说："要了解某一历史时期，我们必须迈出这一时期的局限，把它同其他历史时期进行比较。"（马克思：《十八世纪外交史内幕与帕麦斯顿的生平》）这种广泛的比较的方法，不但可以解决其他方法不易解决的特殊问题，而且也可以防止孤立化的毛病。

三、新的标准

评价现代文学作品的思想性，我们过去使用的主要是政治标准，实际是作家政治观点的标准。我觉得这样做不甚确切。马克思、恩格斯评价巴尔扎克，列宁评价列夫·托尔斯泰，都不是单纯使用政治观点的标准。相反，他们指出了这两个作家在政治观点上的反动性，而认为其作品的思想性却达到了惊人的高度。政治观点会影响文学作品的思想性，但不是它的全部。思想性的标准应当比单纯的政治标准更广泛得多，同时也更精确得多。

由于我们过去过于机械地理解了评价现代文学作品的思想性标准，现在似乎有的同志对思想性标准又有些不太感兴趣了。其实，单纯地使用艺术标准也是不行的。例如，香港司马长风先生在其《中国新文学史》中，盛赞鲁迅的《在酒楼上》，而认为《阿Q正传》在技巧上还有一些缺憾。恐怕他的分析也不无道理，但他却根本无法说明这样一个明显的事实，不论在历史上，还是在现在，《阿Q正传》都远较《在酒楼上》具有更激动人心的力量，也具有广泛得多的影响。这种情况，恐怕在以后的历史发展中也不会有多大的变化。事实说明，脱离开作品的思想性，从纯艺术的角度谈论问题，往往也难以正确地说明问题。

现在使用得越来越多的，大概还有人道主义和人性论的标准。我主观认为，人道主义和人性论在文学艺术作品中确实具有较之在其他领域更重要、更突出的地位和作用。但作为评价具体作品的标准，它们到底还是过于笼统的概念。仅仅用人道主义和人性论，我们很难判定鲁迅的《祝福》、老舍的《月牙儿》、冰心的《分》这样一些作品的具体思想高度和各自的独立思想特色。

我们应当结合文学艺术的普遍性规律和中国现代史、中国现代文学史的具体特点，根据各个历史阶段的具体情况，讨论建立比较统一而又合理的批评标准。批评标准不统一，研究沈从文用沈从文的尺子，研究赵树理用赵树理的尺子，我们便无法达到一个科学的认识。这个标准太空泛不行，太偏狭也不行，它要能够真正科学地反映中国现代作家作品的思想艺术水平及其在文学史上的地位。这个问题关系到中国现代文学史研究的全局，似应引起一定的重视。

四、新的态度

现代文学研究与古典文学、外国文学研究不同，后者的研究易于自觉地站在一个更高的思想和艺术高度，客观冷静地观察对象和分析问题。现代文学研究则有些不同。我们的研究对象中有鲁迅、郭沫若、茅盾等无产阶级革命作家，有为开创新文学做出了重大贡献的在世的与不在世的老作家。为了更充分地占有资料，我们需要求助于作家家属、后人或作家本人。我们的研究者不易，有时也不愿站在一个更高的角度评价对象和分析对象。但是，对于一个研究工作者，最根本的要求就是要在尽高的水平上客观、全面地分析问题和解决问题。像"四人帮"那样踏倒一切、骂倒一切固然无科学研究可言，只对研究对象唱赞歌、三鞠躬，也谈不上科学研究。"人无完人"，对他们的评价也就免不了有褒有贬；要做到褒贬适度，倾向性和科学性相结合，有分析，有区别，就要有严格的科学态度和勇毅的科学精神。没有这种态度和精神，要把现代文学研究提高到一个更高的水平几乎是不可能的。

中国现代史瞬息万变，发展急速；我们的新文学刚刚诞生，阻力重重。对那些在艰苦的年代里冒着生命危险追求革命真理的革命文学老前辈，对于那些在封建文学的草莱中为年轻的新文学披荆斩棘、开辟道路的老一辈文学家，我们是应当尊重的。甚至对政治上一度落伍、艺术上

开创新局面所需要的"新"

经历过失败的作家，我们也应顾及现代历史的特殊条件，不可评人过苛，不要轻易全盘否定。尊重我们的研究对象，不但是我们应有的良好愿望，也符合历史事实的客观要求。但是，尊重研究对象，并不意味着要仰视研究对象。历史经过了沉淀，新的实践丰富了我们的头脑，客观的观照给了我们从广泛的联系中把握对象的可能性。我们应当有比当时更高的认识水平和艺术评判力。鲁迅的小说是杰出的，但并不都一样地杰出，《一件小事》远无《阿Q正传》那样高度的艺术概括力和思想深度，《头发的故事》在艺术表现力上也难以与《孔乙己》相比并。茅盾的《子夜》是现代文学史上最杰出的长篇小说之一，但它多少被囿因在一个大的理性框式中，其中的人物形象反而不如鲁迅前期塑造的阿Q具有长久的历史生命力。文学现象是复杂的，一个作家政治观点的进步有时并没有带来作品思想性的加强；而政治上相对落后一些的作家有时反而创造了在思想性与艺术性上都堪称一时高峰的作品。有的作家思想艺术上日臻成熟，有的作家却一鸣惊人之后便逐步丧失了自己的创作生命力。对这些，我们都应当实事求是地予以分析，不能以政治地位代替艺术地位，不能以作家的最终归宿代替对他的一生道路的分析，不能偏袒在世的作家而相对降低故世的作家，不能把自己研究的重点对象抬高到不适当的地位。"科学愈是毫无顾忌和大公无私，它就愈加符合于工人的利益和愿望。"（恩格斯：《费尔巴哈与德国古典哲学的终结》）一切研究工作都应该有这种唯物主义精神，现代文学研究自然也不能例外。

1983年5月于北京师大
原载《中国现代文学研究丛刊》1984年第1期

在广泛的世界性联系中开辟民族文学发展的新道路

德国诗人歌德曾经提出过一个"世界文学"的概念，马克思和恩格斯接受了这个概念，并对之做了深刻的历史唯物主义的说明。在《德意志意识形态》和《共产党宣言》中，他们都曾指出，现代的工业大生产必然地、毫无疑义地要冲破世界各个民族在封建的自给自足的自然经济的基础上建立起来的狭隘民族界限，"各个相互影响的活动范围在这个发展进程中愈来愈扩大，各民族的原始闭关自守状态则由于日益完善的生产方式、交往以及因此自发地发展起来的各民族之间的分工而消灭得愈来愈彻底，历史就在愈来愈大的程度上成为全世界的历史。"（《德意志意识形态》）"物质的生产是如此，精神的生产也是如此。各民族的精神产品成了公共的财产。民族的片面性和局限性日益成为不可能，于是由许多种民族的和地方的文学形成了一种世界的文学。"（《共产党宣言》）也就是说，在现代社会生产的条件下，一个民族的物质生产和精神生产再也不是也不可能是在纯粹民族的规模上进行的了，现代世界各民族建立起来的广泛联系，使每个民族都有可能更为充分地利用全人类所创造的物质的或精神的丰富成果，也只有那些能够最大限度地利用这种成果作为发展本民族的物质生产或精神生产的民族，才有可能把民族的物质生产或精神生产提高到现代世界的新水平，也才有可能保证本民族物质生产和精神生产的独立性。马克思和恩格斯的这一科学论断，对于我们研究

在广泛的世界性联系中开辟民族文学发展的新道路

中国现代文学的人来说特别重要。它告诉我们，建立和发展本民族与世界各民族文学的广泛的、紧密的世界联系，是整个世界的现代文学的根本方向，是它的一个本质特征，这不是由某一些人的主观愿望所决定的，而是一个不依人的主观意志为转移的客观规律，它是由现代物质生产方式所规定的精神生产方式。

假若说在广泛的世界联系中发展独立的民族文学是现代各民族文学必具的共同特征的话，那么，它对于中国现代文学的建立和发展则具有特别重要的意义。世界文学史上的文学革新运动，无非有下列四种革新途径：一、以复兴古代文学的旗帜为号召实现对当代文学的革新；二、引进清新的民间文学新风，革除文人文学的颓靡文风；三、以新的哲学、美学学说，自创新的文学原则；四、借异域文学的榜样，实现对本民族文学传统的革新。在中国现代的社会历史条件下，最后一条道路是最为有效的实际途径。我们知道，中国封建的闭关锁国的状态不是由本民族资本主义工商业的自身发展撑破的，而是被外国资本主义生产的冲击波由外而内地冲破的。在那时，中国还保留着完整的封建社会形态，资本主义工商业只有一些微弱的萌芽，资产阶级民主思想还没有构成完整的理论学说。在漫长的封建历史上，中国人民创造了为西欧中世纪文化所无法比拟的丰富灿烂的文化，但它却不能不是在封建时代发展起来的属于封建文化范畴的东西，其中那些民主性的精华在当时还裹挟在它的大量的封建性尘垢中，没有来得及站在彻底反封建的立场上进行必要的清理。在农业自然经济的基础上产生的民间文学，尽管保留着它一贯的清新、朴野的特点，但也并非与封建文化完全异质的东西。而在西方，却早已进入了资本主义时代，从文艺复兴到那时的几百年间，不但资产阶级思想学说得到了充分发展，资产阶级文学有了空前繁荣的发展，而且在稍后一个时候还产生了无产阶级的思想学说——马克思主义，产生了早期的无产阶级文学。我们不难看到，尽管在外国文化和外国文学中也有精华和糟粕，但作为一个整体，它却是与封建文化异质的东西，是可以被中国新文化的倡导者直接利用的东西。在这种历史条件下，正像我们不必再重新发现牛顿三定律，不必再重新发明电灯、电话，中国新文化的建设者们也没有必要从头摸索，重新建立反封建思想的理论学说和文学学说，他们的任务是直接利用外国文化以实现对中国封建文化的革新，并在具体的革新实践中将外国文化过滤、筛选并使之民族化。这也就意味着外国文学的影响在整个中国现代文学的发生和发展中所发挥的作用就整体、就主流、就本质而言是相当重要的，是有利于而不是不利于、是推动了而不是阻碍了中国现代文学的健康发展。我认为，我们必须注意这个基本估计，坚持这个基本估计，任何否认这个基本估计的论点都会走向对中国现代文学自身的否定。

下面，我们简略地考察一下外国文化、外国文学的影响在中国现代文学发生和发展的各个历史时期的表现，并附带谈一谈我对一些有关问题的看法。

一、中国现代文学的史前期

从1840年的鸦片战争到1917年新文化运动的发生是中国现代文学的史前期，亦即它在封建文化的母腹中开始成型的孕育期。

在这个时期，中国封建闭关锁国的状态开始被打破了，中华民族与世界各民族的广泛世界联系初步建立了起来。马克思说："与外界完全隔绝曾是保存旧中国的首要条件，而当这种隔绝状态在英国的努力之下被暴力所打破的时候，接踵而来的必然是解体的过程，正如小心保存在密闭棺木里的木乃伊一接触新鲜空气便必然要解体一样。"（《中国革命和欧洲革命》）正是因为如此，当时新与旧、今与古、新生的资产阶级民主思想与腐朽的封建传统思想、新的文学观念同封建的文学观念才不能不具体转化为"外"与"中"的斗争。是扩大、发展同世界各民族的文化联系，还是缩小、抑制这种联系的建立，是当时先进思想家与封建守旧派斗争的主要表现形式。那些提倡经济、政治、文化改革的先进思想家，几乎毫无例外地是注意并提倡向外国学习的人士，是有着更多的世界文化知识的有识之士。在逐渐建立的世界联系中，外国的思想文化学说被介绍了进来，外国文学作品的译本逐渐增多，各种文学样式的地位按照西方的文学观念得到了初步的调整，小说和戏剧的地位得到了提高；小说创作的数量急遽增加，各种报纸杂志大量涌现出来。外国文化逐步扩大的影响为五四新文化运动的发生准备了必要的条件。对于这一个时期的文学历史，我们没有多大的分歧意见，对当时先进思想家向西方寻找真理的行动也不存在任何的异议，但我认为有一点应当值得我们注意，亦即它为什么仍然没有催生出崭新的中国新文学，为什么仍然没有拉开中国现代文学史的幕布。很显然，这个时期的先进思想家对中国封建传统的否定还是零碎的、片断的、不全面和不彻底的，对外国文化的肯定还是有保留的、片断的、畏葸的和无力的。那时一方面用外国文化改造着中国封建文化，但同时更多的则是使外国文化接受中国封建文化的改造。"中学为体，西学为用"的思想还占着统治地位，在文学上，林纾对外国小说的翻译仍然用中国传统小说的结构样式改造着外国小说的结构样式。由此可以看出，当对中国封建文化传统的整体性否定形式和对外国文化的整体性肯定形式还没有达到一定的强度时，中国现代文学的革新仍然无法得到实现，中国现代文学仍然无法从中国古典文学的母腹中被催生出来。这里不是一个理论口号是否完整准确的问题，而是一个革新者在当时如何才能有效地打破文化排外主义，建立与世界文化的更广泛的联系，实现中国现代文学革新的问题。了解这一点是十分重要的，它可以帮助我们更精确地分析五四新文化建设者们的历史功过。

二、中国现代文学的第一个十年

五四新文化运动正式揭开了中国现代文学史的第一页，它结束了历经数千年的中国封建文化、封建文学史，为此后中国文学的发展奠定了基础。而这个文化革新和文学革新的运动，是以输入、介绍、借鉴外国文化和外国文学的形式实现的，外国文化和外国文学的影响在这个运动中起到了关键性的作用。但是，恰恰在评价新文化运动的倡导者对外国文化的态度上，自三四十年代至今都有些歧异。我认为有必要提出来讨论。

任何一个实际的运动，都是纷纭复杂的，都可能从左、右两个方向上溢出正常的运动轨道，文学史家的任务在于从本质上、从基本倾向上判定它的成功和失败、经验和教训。五四新文化运动的主要缺点是否是

"全盘西化"和"兼收并蓄"呢？我认为不是。在理论口号上，在论述形式上，我们并不难找到这样的例证，但重要的是实质，而不是口号。首先我们注意到，鲁迅当时的一些理论表述就表现出了"全盘西化"或"兼收并蓄"的倾向。他说："即使所崇拜的仍然是新偶像，也总比中国陈旧的好。与其崇拜孔丘关羽，还不如崇拜达尔文易卜生；与其牺牲于瘟将军五道神，还不如牺牲于 Apllo。"（《热风·随感录四十六》）他还说：

中国书虽有劝人入世的话，也多是僵尸的乐观；外国书即使是颓唐和厌世的，但却是活人的颓唐和厌世。

我以为要少——或者竟不——看中国书，多看外国书。

(《华盖集·青年必读书》)

当然，鲁迅的话也不是金科玉律。但我们却必须注意到，在理论形式上这样进行号召的鲁迅，却恰恰是中国现代最伟大的民族文学的创建者，是现代中华民族的最杰出的代表之一，而那些对中国传统文化持有"公论"的"国粹家"，却没有为中华民族的文学事业做出任何贡献，成了中华民族的文化罪人。这里的关键何在呢？任何一个革新家，都不是唱着赞美歌对他的革新对象实行革新的，高张否定的旗帜，在否定中求肯定，在扬弃时有保留，在革除中有继承，是其主要的理论行动路线；同样，任何一个革新家，都不是高声诅咒着他的革新武器而进行使用的，高张肯定的旗帜，在肯定中有否定，在使用时有选择，在继承中有扬弃，是其主要的理论行动路线。不用这个路线分析问题和解决问题，我们很容易造成当时革新者的言论是偏颇的而反改革者的言论倒是几近正确的印象，或者认为两者各有偏颇，五四新文化运动是一种错误倾向反对另一种错误倾向的斗争。

用以上的标准反观五四新文化运动建设者们对外国文化和外国文学的态度，我们便会发现他们从总体倾向上不是、也不会是"兼收并蓄"的。因为他们要反封建，他们要的是与反封建有关的东西，其余的东西他们不愿接受也来不及接受。我们看到，西方近现代几乎所有文学潮流都能在五四新文学运动的革新者中找到自己的同调者，但唯独古典主义

在广泛的世界性联系中开辟民族文学发展的新道路

和西方中世纪文学却没有一个当时的文学革新者对之激赏。西方浪漫主义文学运动的一个重要口号是回到中世纪去，西方象征主义者也把中世纪宗教象征主义奉为自己的楷模，但中国的浪漫主义者和象征主义者却对此没有多大的兴趣。西方中世纪文学在五四新文学运动中没有得到相应的呼应，其原因是明显的，以反封建为己任的新文化运动的参加者和新文学作家，是不会重新把西方封建文化和封建文学作为自己效法的模范的。而其余一些文学潮流，不论其高下有何差别，但它们都是与封建文化、封建文学异质的东西，是在不同程度上可以与传统封建文化相抗衡的东西。

对外国思想学说的吸收，情况也有类于此。达尔文、斯宾塞的进化论学说，都程度不同地存在着优胜劣败、弱肉强食的成分，这早在严复介绍它们时就对之进行了修正，因为当时为帝国主义刀下俎的中华民族的先进人士，是绝对不可能接受听任帝国主义宰割的理论命题的。进化论学说之所以得到五四新文化运动参加者的普遍一致的赞同，主要原因在于它是一个讲变化发展的学说。我们不能低估进化论学说对五四新文化运动的巨大影响作用，讲变化讲发展是一切革新者的基本精神支柱，进化论学说起到了这个精神支柱的作用。至于社会将如何发展变化，那是在首先承认了发展变化的必要性以后所要解决的问题。尼采学说是主张恢复奴隶制度的，是诋毁仇恨妇女的，恐怕没有一个介绍尼采学说的新文化运动参加者赞同并宣扬他的这两个内容。反对封建等级制、主张男女平等的文学革新者，无论如何是不可能接受他的这类主张的。尼采学说之被他们所利用，归根到底仅仅因为尼采是基督教奴隶道德的形式上的攻击者，他的"重新估价一切"的口号满足了当时革新者重新估价中国封建时代的文化道德学术的愿望和要求，陷于封建思想汪洋大海包围中的少数觉醒了的知识分子，对尼采的个性主义也有着一定程度的同感……当时新文化运动的建设者们，不可能对西方各种思想学说都有一个恰如其分的科学评价，他们的目的不是研究西方的思想学说，我们也不能以西方文化史的研究学者的标准要求他们。对他们重要的只有一点，即是要破除中国传统封建文化的社会影响。而从这个主要意义上，他们是有一个根本的取舍标准的，是不能笼统地称之为"兼收并蓄"

的。更为重要的是，正是在这种表面似乎"兼收并蓄"的情势中，在广泛吸收外国文化的基础上，马克思主义被介绍进了中国。历史不是直线发展的，我们也不能要求它只走直线。假若当时的新文化运动没有一种"兼收并蓄"的勇气，马克思主义较之任何其他学说都更少被输入的可能，因为它不但不被大量封建卫道者们所赞同，甚至也不为当时大多数的新文化运动的倡导者们所认识。对外国文化取舍标准的任何进一步的"严格化"和"狭窄化"，都将使马克思主义学说得不到入境许可证。淘金者首先要取沙，无沙便无金，所以马克思主义学说的输入，直接标志着五四新文化运动时期对外国文化、外国文学的总体上的正确态度。

特别值得注意的是，自从五四新文化运动以来，在整理和研究中国古代文化遗产上取得最卓越成就的，不是那些以阐扬民族固有文化为标榜的复古主义者，而是那些高张着反对封建传统旗帜的新文化运动的倡导者和参加者。鲁迅、郭沫若、茅盾、郑振铎、闻一多以及在一定程度上的胡适等人，都为中国古典文学的研究做出了程度不等的贡献。鲁迅在五四时期撰写的《中国小说史略》，不仅是中国第一部小说专史，而且至今是水平最高的一部中国小说史。这里的道理是明显的，越是与中国传统的封建文化实现了思想决裂的人们，越是在与世界文化的广泛联系中获得了新的文学观念的人们，便越能有效地清理和研究中国古代的文化遗产，越能在封建意识形态的丝络网罟中挖掘出它的民主性的果肉。我们完全可以说，没有五四新文化运动，没有五四时期与世界文化建立起来的广泛的联系，就没有中国历代小说、历代戏剧的价值再发现，就没有古典巨著《红楼梦》的价值再发现，也没有全部中国古代文化的重新清理和研究。事实证明，五四新文化运动对传统文化的"否定"，带来的是对它的在新的意义上的"肯定"，并且只有通过"否定"才会取得这种"肯定"。历史的辩证法就是如此。

中国现代文学一经建立，文学的民族性的问题便发生了。但我们常常把民族性的概念同接受外国文学的影响简单地、形而上学地对立起来，似乎越是与外国文学没有任何联系、越是与中国古代文学形式完全相同的作品便越是具有民族性的东西。我们曾否想到，对民族性的这种理解将带来什么后果呢？它将带来对整个中国现代文学的否定，带来对

在广泛的世界性联系中开辟民族文学发展的新道路

五四文学革新的否定。在这种理解下，民族性就不再是发展民族文学的口号，而会变成一个复古主义的口号。事实上，民族性是一个发展着的概念，它不能只是古代民族形式的简单重复，也与文学的大众化不是一个等同的概念。意大利文艺复兴时期的艺术大师们的作品固然具有鲜明的本民族的民族性，那些游学于意大利，向这些大师们学习而创作出了杰出艺术作品的欧洲其他各国的艺术家们，也都具有鲜明的本民族的民族性；列夫·托尔斯泰为俄国农民编写的民间故事具有鲜明的民族性特征，他的《战争与和平》《安娜·卡列尼娜》《复活》也不乏民族性的特征。再者，我们也不能把民族化与个性化对立起来，恰恰相反，文学的个性化不但不会损害文学的民族化，反而是达到民族化的必要前提和根本途径，因为个性一定是带有民族性特征的个性，失去了个性也便失去了文学，更难以再谈文学的民族性。所以拜伦、狄更斯、莎士比亚的作品各不相同，但却都是带有英国民族性的东西。更有甚者，我们也不能用民族性代替思想性，我们可以说杜甫作品的思想性高于李商隐，但却不能说李商隐的作品不具有民族性的特征。只要我们划清了以上界限，我们便会看到，五四文学革新带来的不是民族性的丧失，而是民族性的加强。它带来了中国文学的新生机，带来了文学反映、表现中国现代现实生活和思想感情的更广阔的途径，带来了文学的个性化，同时也意味着带来了中国文学民族性的加强。假若说《阿Q正传》无比生动丰富地反映了中国的社会现实，假若说它的艺术形式很好地服务了它的民族内容的表现，我们有什么理由认为它的民族性特征反而不如一部平庸的、思想和艺术上没有多大特色的章回小说呢？有什么理由认为它的形式便不是民族的形式呢？郭沫若的《女神》是有些瑕疵的，但从总体上则是一部杰出的现代诗作，我们只要承认它是中华民族精神的表征，只要承认它的诗形促进了而不是削弱了它的思想感情的表现，我们就没有理由认为它不是民族文学的新的典范，就没有理由认为它的民族性反而不如郭沫若那些没有取得多大艺术成就的诗作，也没有理由认为它的形式就不属于民族的新形式。这里还有一个文学新形式的输入问题。文学希求着多样化，凡是外来形式取得了表现民族生活的职能的，我们就不能认为这种形式仍然只是外国的东西而并非民族的东西。这里不但有这种形式适应表现民族生活的问题，而且也有一个接受民族的读者、观众习惯它，理解它的过程。鲁迅、周作人首次以忠于原著的形式翻译的外国短篇小说集《域外小说集》，当时只卖出二十套，但这并非说外国短篇小说的结构形式不合国情，不能成为民族形式，现在谁也不把在全国各地报刊上发表的大量短篇小说看作非民族性的东西了。我们常常把五四时期的话剧作为非民族化的典型例证，但几十年来，话剧一面适应着中华民族的欣赏习惯，而更多的则是中华民族习惯着话剧这种戏剧品种，它得到了缓慢但却持续的发展，丰富了民族戏剧的品种和艺术表现力，扩大了反映生活的广度。芭蕾舞、交响乐、油画都属于这种情况，而电影则迅速地发展为全国人民的第一艺术需要。所以，"五四"及其以后外国文学艺术形式的输入，为中国人民做出了伟大的贡献，它们刚刚输入时人们暂时的不适应状况，不能作为非民族化的倾向予以否定。

任何一个时代的文学作家，都存在着不同的思想倾向和艺术倾向，在一个民族处于独立自存的发展状态的时候，他们各自在本民族的不同的前辈作家或同辈作家中寻找着与自己的思想和艺术个性较为相近的作家和作品，通过他们而发现自己和发展自己的独立性。而当五四新文学运动打开了与世界文化相联系的大门的时候，在他们主要依靠输入外国文学的新精神、新品种实现对中国古典文学的革新的时候，他们会各自从不同的外国作家和作品的借鉴中来体现自己，发展自己，这并非奇怪的事情。表面看来，"五四"对外国文学的吸收是驳杂的，但这种驳杂，其根源在内部，而不在外部，是由当时新文学阵营内部思想倾向的驳杂带来的，而对于某一个特定作家而言，则是相对集中的。异域文学的影响，不像中国社会思想文化影响一样，是从中国作家未成年时便紧紧包裹着他、由外部强行灌输给他的东西，是较少有可能主动挑拣和选择的东西，它更外在于中国作家，是在他具有了更大的自主性时接受的东西，所以一个作家接受何种外国文学的影响，在更大的程度上取决于他原有的思想倾向，只有在此基础上，它才能发挥自己的影响力。这里我们有必要谈一谈五四时期普遍存在着的感伤的乃至颓废的倾向。有些同志似乎认为，这种倾向单纯是在外国颓废主义文学影响下产生的，但鲁迅并不这样认为，他在谈到浅草社诸作家的作品时说："但那时觉醒

在广泛的世界性联系中开辟民族文学发展的新道路

起来的智识青年的心情,是大抵热烈,然而悲凉的。即使寻到一点光明,'径一周三',却更分明的看见了周围的无涯际的黑暗。摄取来的异域的营养又是'世纪末'的果汁……"(《且介亭杂文二集·〈中国新文学大系〉小说二集序》)他分明认为这种倾向首先是当时客观环境在觉醒的知识青年观念意识中的产物,异域文学的影响是在他们现实的真实感受的基础上起作用的,因而他并没有简单地否定这种倾向,也没有简单地否定异域文学的这种影响,他认为浅草社的季刊"每一期都显示着努力:向外,在摄取异域的营养,向内,在挖掘自己的魂灵,要发见心里的眼睛和喉舌,来凝视这世界,将真和美歌唱给寂寞的人们。"(《且介亭杂文二集·〈中国新文学大系〉小说二集序》)感伤、颓废、悲观、失望,我们总不能认为它是健康的、正常的情愫,但它的不健康、不正常,假若是由不健康、不正常的社会现实,在一个追求美好、希望光明但又暂时找不到出路的作家心灵中激起的真诚的、客观实在的感情情绪的话,假若这个作家并无虚饰地将其表现在作品里以表现产生它的现实社会生活的不健康、不正常的话,我们则不能一律地加以拒斥。我们应当注意到这样一个事实,即在新文学与旧文学的对立中,这种文学倾向反而全部表现在新文学作家的作品中。这是为什么呢?因为它实际上是对封建抑情主义的一个反拨,是对封建文学观念和封建文学的一种变形抵制。封建传统是讲哀而不伤、怨而不怒的,是讲发乎情止乎礼义的,是讲喜怒哀乐的抒发要适中的,归根到底就是要把文学的表情作用都要纳入封建伦理道德所许可的范围。温柔敦厚、典雅庄重,不但是中国封建时代文学的总体特征,而且也是西方中世纪文学、新古典主义文学的一个共同特征。五四时期在思想上争取个性解放的斗争,反映在文学上便是要求自由地抒发作家的思想感情的斗争。他们在现实生活中所实际感到的痛苦和苦闷,要求在文学作品中得到真实的反映,这在本质上有破坏封建抑情主义的作用。鲁迅的第一篇文学论文《摩罗诗力说》,便首先批判了封建的抑情主义文学原则。他写道:"如中国之诗,舜云言志;而后贤立说,乃云持人性情,三百之旨,无邪所蔽。夫既言志矣,何持之云?强以无邪,即非人志。许自繇于鞭策羁縻之下,殆此事乎?"所以,我们既不可崇奉颓唐,膜拜悲观,礼赞失望,似乎只有这样的文学才是好文学、真文学、纯文学，但也不能一概地予以排斥。只要它不是对封建亡灵的哀悼，而是由不满封建现实而生的真实的苦闷，我们就应当认为它较之封建主义的"僵尸的乐观"（鲁迅语）是一个进步，而在此基础上发生的外国文学的影响，尽管不能认为是完全健康的影响，但也并非反动的、毫无意义可言的影响。

我之所以认为五四新文化运动时期的主要缺点并不是对外国文化的"兼收并蓄"，并非说当时没有任何这种现象发生，而是说它恰好在一个相反的方向上总结了五四新文化运动的教训。在这里，我们需要重新回到马克思和恩格斯关于世界文学的论述中去。按照马克思和恩格斯的历史唯物主义分析，现代社会生产力的充分发展是一个民族能否建立起与他民族物质和精神生产的正常联系的基本前提，只要这种生产条件尚不具备，只要自给自足的自然经济在一个民族还是主要的经济成分，只要这种经济还无时无刻地不在滋生着狭隘的、保守的封建思想观念，那么这个民族便无法更深切地感到与世界建立更广泛的联系的迫切性和必要性。在这种社会思想制约下的文学艺术，就仍然不可能建立起与世界文化艺术的巩固的正常的联系。具体到五四新文化运动来说，它不是完成了中国的反封建思想和反封建文化的任务，而是没有最终完成它。中国资产阶级及其思想学说的局限性，不表现在它能够充分地发展自己，而表现为它无力完成中国反封建的政治任务和思想任务，而它向封建阶级及其思想的每一次妥协，都将表现为向封建传统文化的倒转，向封建传统文化的投降。因为在当时的情况下，中国封建阶级只有在中国封建时代的文化中才有可能找到自己的完整表现，而激进的革命民主主义者和无产阶级革命者却可以而且必须在外国文化中才能发现更适用于自己的思想武器。在五四新文化运动的发生期起过不容否认的重要作用的胡适，很快便打出了"整理国故"的旗帜，带领着一批人钻进了研究室；周作人后来也渐渐从晚明小品中找到了所谓五四新文学的渊源，实际上是自己开始把晚明小品奉为楷模，缓和了向封建文化的进击，由封建阶级的"叛徒"转化成了封建士大夫式的"隐士"，儒家的"中庸之道"也便成了他向封建文化妥协的阶梯；钱玄同、刘半农这两个曾打过大仗硬仗的猛士也到语言学、音韵学中讨生活去了。令他们退转的原因何在

在广泛的世界性联系中开辟民族文学发展的新道路

呢?鲁迅通过对《何典》的评论,一针见血地剖析了刘半农由反封建战士转化为封建士大夫式的学者的原因:

……半农的士大夫气似乎还太多。至于书呢?那是,谈鬼物正像人间,用新典一如古典。三家村的达人穿了赤膊大衫向大成至圣先师拱手,甚而至于翻筋斗,吓得"子曰店"的老板昏厥过去;但到站直之后,究竟都还是长衫朋友。不过这一个筋斗,在那时,敢于翻的人的魄力,可总要算是极大的了。

(《集外集拾遗·〈何典〉题记》)

鲁迅肯定了刘半农在五四新文化运动中敢于在封建传统面前翻筋斗的魄力和勇气,但也指出他在翻筋斗时仍然没有完全脱尽封建意识的根性,一当他停止了与封建传统的战斗,"站直之后",便又成为封建卫道者们的朋友了。……上述这些人,都没有完全返回到旧的封建卫道者的地步去,但他们又都在一个新的梯级上与封建传统达成了妥协。他们从外国资产阶级那里接受过来一些新的学说,但他们并不再把它们作为与封建文化在质上根本对立的东西来运用了。"用新典一如古典",可以说一语道尽了他们的本质。

五四文学革新的情况怎样呢?鲁迅当谈到新潮社一大批小说作家的创作时说:"自然,技术是幼稚的,往往留存着旧小说上的写法和语调;而且平铺直叙,一泻无余;或者过于巧合,在一刹时中,在一个人上,会聚集了一切难堪的不幸……"(《且介亭杂文二集·〈中国新文学大系〉小说二集序》)可见在新形式下不能摆脱旧的束缚仍然是当时文学创作无法取得更高文学成就的原因。这一点也是容易理解的,大凡外来影响,都是由外向内浸透的,是外在变化大于内在变化的。很难设想,在刚刚打开大门面向世界文学的五四时期,我们便能猝然间将世界各国有益的艺术经验转运到中国并深入贯彻到新文学创作中去。一般说来,与传统文学承续性越大的,当时取得的成就就越大,而革新幅度越大的文学样式成就就相对要小些。小品散文的成功是前者的例子,话剧则是后者的例子。短篇小说的成就仅次于小品散文,诗歌革新较之短篇小说则更困难一些。长篇小说的贫乏兼有两种原因，一是需要更多的生活积累和更充裕的创作准备时间，一是它较短篇小说的结构更为复杂。所以从总体而言，五四时期的文学创作的主要问题也不是"兼收并蓄"的问题，而是形变大于神变的问题。而"神变"则又有赖于反封建思想进行的程度，后者的不充分，同时也标志着前者发展的不充分。

三、中国现代文学的第二个十年

正因为五四新文学运动的第一个十年不是在吸收外国文化成果方面走过了头，所以第二个十年的新文学运动不是在缩小而是在扩大与世界文学的联系中前进的。马克思主义文艺理论的翻译和苏联无产阶级文学作品的输入直接推动和滋养了左翼文艺运动。正像中国革命是世界无产阶级革命的一个组成部分，中国左翼文艺运动也是世界无产阶级文艺运动的一个组成部分。它们都是在广泛的世界性联系中发展起来的，没有这种联系，便没有中国现代的无产阶级革命，也没有中国现代无产阶级文艺运动。

摆在30年代左翼作家面前的一个重要问题是，当我们有了马克思主义的理论武器之后，当我们有了苏联无产阶级文学作品的榜样之后，我们还需要不需要更广泛地保持与世界文化的联系，还需要不需要重视西方资本主义时代所创造的其他思想成果和文学成果。这不但是当时左翼作家所面临的实际问题，也是我们现代文学研究工作者所必须思考和解决的问题。这个问题的实质是如何看待马克思主义的问题，是一个中国的马克思主义者如何看待和理解马克思主义的问题。

马克思主义不是在狭小的农业自然经济的基础上产生的，不是在与封建社会意识形态的直接对立中产生的，它产生在资本主义社会生产充分发展了的西方，是在与资产阶级意识形态直接对立中产生的。但当它对资产阶级意识形态进行辩证否定的时候，却已经吸收并包容了西方从文艺复兴到19世纪资产阶级在其历史发展中所已经创造了的全部积极成果。就这个意义而言，马克思主义不是对资产阶级文化成果的毁灭，而是对它的挽救和发展。没有资产阶级对封建阶级的彻底否定，也没有马

在广泛的世界性联系中开辟民族文学发展的新道路

克思主义对资产阶级的彻底否定。而在中国,这两个彻底否定却是几乎同时进行的。中国的马克思主义者不是产生在发达的资本主义社会生产的基础上,不是生活在泛滥了的资产阶级意识形态的包围中,而是产生在农业自然经济的社会生产的基础上,生活在封建阶级意识形态的包围中,他们要成为一个好的马克思主义者,必须同时或先后实行两个彻底决裂:首先实行与封建思想的彻底决裂,而后实行与资产阶级思想的彻底决裂。第一个彻底决裂是第二个彻底决裂的必要前提,第二个彻底决裂是第一个彻底决裂的深化发展。所以中国的马克思主义者不但要在无产阶级思想与资产阶级思想的对立中把握马克思主义的独特性和先进性(不如此便会妨碍他们由资产阶级民主主义者向马克思主义者的思想转变),同时还要在二者的统一中把握马克思主义的丰富性和现代性(不如此便容易把与资产阶级思想对立的封建传统思想当作马克思主义重新肯定下来)。鲁迅在批评左翼内部的某些错误倾向时,往往不是与西方资产阶级学说相联系,而是与中国传统封建思想相联系,这是值得我们重视的。充分估价西方资产阶级学说在反封建斗争中的积极意义,是中国马克思主义者应当特别重视的问题。当梁实秋攻击法国资产阶级思想启蒙家卢梭的时候,鲁迅等马克思主义者和郁达夫等资产阶级民主主义者共同起来捍卫卢梭,反映着中国无产阶级和资产阶级民主主义者在反封建斗争中的一致性,所以左翼内部某些同志对西方资产阶级民主学说的过火的否定,对世界文化学说的过左的政策,并不能代表中国无产阶级对外国文化的正确路线。

对外国思想学说的态度是如此,对外国文学的态度也是如此。假若说当时世界无产阶级文学还处在探索期,充分利用资产阶级时代积累起来的所有文学创作经验仍是世界无产阶级文学运动的重要任务之一,那么,刚刚从封建时代的文学传统中脱胎而出,其主要思想任务仍然是反对封建文化的中国无产阶级文学运动就更是如此。我们看到,凡是左翼作家而在创作上取得了卓越文学成就者,都是能够在马克思主义指导下大量吸收西方资产阶级时代积累起来的丰富创作经验的作家。茅盾的《子夜》,其指导思想无疑是马克思主义的思想学说,而在具体创作中却更直接地受到法国和俄国批判现实主义文学的影响,高尔基、法捷耶夫、绥拉菲摩维支、革拉特珂夫等苏联无产阶级作家的影响反而不如法国左拉的影响来得明显。这在实际上并不难理解，要具体反映吴荪甫、赵伯韬这些资本家的生活，不但中国古代小说《水浒传》《三国演义》《红楼梦》等没有更直接的借鉴意义，而且高尔基等人的作品也还不足以为之提供更多、更直接的具体经验。

不仅站在无产阶级立场上广泛吸收世界文化成果在现代文学的第二个十年有着重要的意义，而且那些直接在外国资产阶级民主学说及资产阶级时代的文学作品的启迪下进行创作的作家仍然推动着中国现代文学的发展。曹禺在古希腊悲剧、莎士比亚、易卜生、契诃夫、奥尼尔剧作的强烈影响下创作了他的《雷雨》《日出》《原野》《北京人》，使我国话剧创作跨入了一个新阶段。巴金、老舍所接受的外国文学作品的影响仍然主要属于西方资产阶级时代的文学范围，但他们都对中国现代文学做出了杰出的贡献，他们不是阻碍，而是大大地推动了中国现代文学的发展。他们的创作及其创作成就都从正面说明了中国现代文学的第二个十年仍然是在与世界文学的广泛联系中度过的，这种联系从总体上推动了而不是阻碍了中国现代文学的发展。

在外国文化艺术中，有充分发展了的资产阶级民主主义学说和资产阶级民主主义文学，有正在蓬勃发展着的无产阶级文学，所以它绝构不成限制、束缚中国现代作家发展的桎梏。相反，假若一个作家仅仅把自己的视野局限在本民族的狭隘界域之内，特别是把自己的视野仅仅局限在以小农经济为基本基础的世俗生活范围内，倒容易限制一个作家的正常发展。这里我们可以举出沈从文的例子。不容否认，沈从文是一个有才能的作家，甚至可以认为，就其自身生活经历的丰富，就其接触下层群众生活的广度，就其艺术尝试的多样性，就其创作产量的丰盛，他是较之鲁迅更有条件成为伟大作家的一人。但是，沈从文虽然对中国现代文学做出了他的不容置疑的贡献，在某种程度上也有民主主义的思想倾向，但他却远未达到堪称伟大作家的一列。为什么呢？因为他缺少一个作为现代伟大作家所不能不具有的更深刻的思想，他远未脱出世俗现实生活和封建意识形态的无形束缚。我们不能要求当时的每一个作家都成为一个无产阶级革命作家，但在现代中国，却有理由要求他们成为一个

在广泛的世界性联系中开辟民族文学发展的新道路

更深刻的民主主义者。俄国现实主义作家契诃夫也没有达到无产阶级世界观的高度，但他一生都在追求着一个合理的中心思想，他明确意识到他周围生活的庸俗性，他说他是一点一点把自己身上的庸俗挤掉的。但沈从文却较少注意挤掉自己身上的平庸的一面。他反映着生活的平庸，但又常常欣赏着平庸的生活；他描写着狭隘的人性，但又常常满足于人性的狭隘；他描绘着闭塞的原始性生活的崩溃，但又常常惋惜着崩溃了的闭塞落后的封建生活方式。他常常停留在封建关系的浅层空间，而无力向下做深层的挖掘；他常常滑行在现实生活的表面，而难以捶击在它的致命的要害。他也表现着对现实的不满，但他不愿也没有把这种不满发展为抗争和鞭挞，而常常与不合理的现实达成某种妥协和默契。他的作品中浮现着的不是像契诃夫或鲁迅小说中跳动着的不安的、孜孜不倦地追求着光明的灵魂，而是让人处处觉得他的沾沾自得的满足。这种思想上的不足也带来了他艺术上的缺陷，苏雪林认为他的作品"好像用软绵绵的拳头去打胖子，打不到他的痛处"，而常常给人以"玩手法"的感觉。苏雪林写道：

> 我常说沈从文是一个新文学界的魔术家。他能从一个空盘里倒出数不清的苹果鸡蛋，能从一方手帕里扯出许多红红绿绿的缎带纸条，能从一把空壶里喷出洒洒不穷的清泉，能从一方包袱下变出一盆烈焰飞腾的大火，不过观众在点头微笑和热烈鼓掌之中，心里总有"这不过玩手法"的感想。沈从文之所以不能如鲁迅、茅盾、叶绍钧、丁玲等成为第一流作家，便是被这"玩手法"三字决定了的。
>
> （《沈从文论》）

应该说，苏雪林的这个评语是中肯的。为什么沈从文会堕入"玩手法"的一途呢？是因为他没有足够的生活积累吗？不是！只要读一读他的《从文自传》，便了解他的实际经历较之鲁迅、茅盾、叶圣陶都更为复杂。是他借鉴的一些外国作家的思想和艺术限制了他吗？也不是！相反，他并没有达到像契诃夫、列夫·托尔斯泰、狄更斯等人的民主主义思想高度。对于他，更深入地学习、借鉴这些大师的作品仍然是有益的，必要的。

即使像沈从文这样的作家，仍然具有一定的积极意义，仍然为中国现代文学做出了自己的贡献。因为他依然在五四新文学传统和外国民主主义文学的影响、陶冶下具有一定的民主主义思想倾向。

30年代的文艺斗争较之五四时期有了更为复杂的性质，假若说文学革新之始革新派与守旧派的斗争公开表现为接受外国文化与保存封建传统的斗争，这时的斗争则常常以不同倾向的外国文艺理论的斗争反映在中国文坛上。但假若考虑到当时中国革命的国内任务主要还是反对封建主义，中国文化革新的任务主要还是破除封建的传统文化，那么我们便很容易发现在当时错综复杂的斗争中实际贯穿的仍然是保存还是破坏中国的封建制度、封建传统的斗争，是坚持还是反对五四新文化传统的斗争，是接受外国进步文化还是复辟传统封建文化的斗争。国民党反动派在政治上向帝国主义投降，在思想上则主要表现为维护传统的封建文化。一次次的"尊孔读经"的喧嚣，大力提倡的"新生活运动"，都是以传统文化维护者的面目出现的。作为他们直接附庸的民族主义文学，公开打的则是"民族"的旗帜。在这种情况下，革命的文艺工作者反对的不应是笼统的外国资产阶级思潮，而是那些借助于外国资产阶级理论命题而有意或无意保存封建制度和封建文化的资产阶级右派文人。他们之受批判也不是因为他们是资产阶级思想的卫士，更主要的则是因为他们是封建阶级的同盟者。我们不妨看看梁实秋。上面我们曾经指出，在五四新文化运动的倡导者中间，没有一个人是以西方古典主义为旗帜的，但那时也有一个古典主义的信徒，一个美国白璧德的弟子梅光迪，他是站在维护封建传统、反对新文化运动的立场之上的。梁实秋也是白璧德的门徒，也是古典主义的信奉者，他与梅光迪的差别只是两个不同时期的新文化运动的反对者的差别。他们都是拉车屁股向后的人，但车子前进了，拉车屁股的人也不得不向前挪了几步。梁实秋从外国资产阶级那里搬来的理论武器，实际上仍然是反对学外国、保存中国封建主义的理论。在《古典的与浪漫的》等作品中，他诋毁、攻击五四新文化运动，说它是一个浪漫主义运动，而浪漫主义文学运动的主旨便是学外国。他反对浪漫主义，当然也反对向外国文化学习。他还说："我以为新文学运动第一步要做的事不是攻打孔家店，不是反对骈四俪六，而是严正的批评老庄思想。"(《现代文学论》)很显然，这不是一条削弱封建传统的路线，而是强化封建传统的路线。

在新文学运动的第二个十年，新文学运动的地位更加巩固了，与外国文化的联系建立并加强了起来，同时也便意味着人们对中国古代文化传统有了更大的主动权。在这时，清理研究中国古代文化遗产的工作得到了更大的发展，进步作家也开始注意对古代文化遗产的学习和吸收。对古代文化的否定形式与对外国文化的肯定形式较之五四时期在强度上有了减弱，分析的态度相应有了加强。但这种形式仍然有着现实的积极意义，仍然起到了抑制封建传统借用新形式重新复归的作用。鲁迅当时对施蛰存提倡《庄子》《文选》的批评，恐怕至今还有人感到难以理解，这实际反映了鲁迅对当时基本形势的估计：当时广大社会成员仍无对封建文化的较强的免疫力，过早地沉入古代文化传统中去，仍然意味着将被封建意识的网络缠住、绊住。这里不是一个《庄子》《文选》可读不可读的问题，而是人们专注于《庄子》《文选》在当时意味着什么的问题。

总之，新文学运动的第二个十年巩固、加强并扩大了与外国文化的联系，这种联系也促进了中国新文学的发展。尽管其中有着各种复杂的情况，但从主流上、从本质上我们应当作如是观。

四、40年代的解放区文学

第三个十年的国统区、沦陷区文学，在与世界文学的联系上与第二个十年没有多大的差异，40年代的解放区文学为中国现代文学增添了色彩迥不相同的一页。如何总结这个时期的文艺经验，至今仍是有待进一步研究的课题。我只想结合本文论题对以下几个问题做简要的说明：一、它不是向中国古代传统的简单复归，而是沉淀了从"五四"到30年代我国现代文学在与世界文学的联系中取得的主要革新成果。丁玲、周立波等很多解放区作家，都是在30年代已经成名的著名作家，外国文学的影响并没有在他们这时的作品中消失。在解放区成长起来的作家，也已经不是直接承袭着中国古代文化传统，而更直接地承袭着五四新文化传统。赵树理小说在民族化方面做出了自己的贡献，但它并不同于中国古代短篇小说，而有着更多的鲁迅小说和五四乡土小说的血液。叙事长诗的繁荣是解放区文艺的一大特点。但在中国封建时代的文学里，叙事长诗基本上没有得到发展的机会，像《孔雀东南飞》《木兰辞》《长恨歌》一类的作品，在几千年的文学发展中已属凤毛麟角、屈指可数的作品，它们在现代读者的眼里，实在只能算作叙事短诗。造成这种情况的原因是复杂的，但据我想，当时叙事文学的低贱地位与诗词歌赋的高雅地位的对立，恐怕是使二者难以结合为叙事长诗的原因之一。由此看来，说解放区叙事长诗是西方叙事长诗影响的结果固然有些牵强附会，但若说没有外国文学观念对中国的影响，没有现代叙事性文学地位的提高和现代诗歌的人民性的加强，便没有解放区叙事长诗的繁荣发展，大概还不是太迂远的话。二、40年代解放区文艺强调的重点是向群众学习，向民间文艺形式学习，但与外国文化的联系并未中断。当时作为文艺根本指导思想的马克思主义学说，是外国文化发展的结晶品。在文学创作上，苏联文学作品对当时的作家仍有直接的影响作用。例如，我们不难从周立波的《暴风骤雨》中，看出肖洛霍夫《被开垦的处女地》的影响来。三四十年代解放区文艺与外国文学联系的暂时削弱，不能看作是我们的愿望和要求，而应看作是当时历史条件的限制。在那时，解放区处于日本侵略者和国民党的双重包围之中，根本没有可能建立与外国文化的更广泛的联系。与此同时，当时文艺服务的对象一方面极大地扩大了，一方面也相对地单纯化了。说它扩大了，是说文艺首次必须自觉地面向最广大的工农兵群众，特别是面向占全国人口百分之八十以上的农民群众；说它相对地单纯化了，是说在当时的解放区工人数量不多，知识分子甚少，城市其他阶层的读者也已不是文艺工作者实际面临的对象，农民群众和由农民出身的战士是实际上的主要接受者。在这时，文艺工作者的任务是要把尽可能高度的革命性内容同尽可能通俗的文艺形式结合起来，以适应在长期封建压迫下文化甚少或无文化的农民群众和农民出身的战士。向民间通俗文艺形式学习成了当时文艺工作者的第一需要，放弃那些为当时群众所不易接受的外来艺术形式也是完全必要的。但应当看到，作为当时文艺工作者所坚持的工农兵方向，是有普遍的、根本性意义的无产阶级文艺原则，但当时与世界文化联系的削弱，却仅具有相对的意义。因为当时以农民为主体的工农兵群众，在整个的历史发展中要发展为以工人阶级为主体的工农兵群众；当时以落后的农业自然经济为主体的生产生活方式以及由此所造成的与世界物质生产和精神生产联系的薄弱状况，要发展为以先进的大工业为主体的生产生活方式并且由此必然发生与世界物质精神生产的更广泛、更密切的联系；当时甚少文化或无文化的工农群众也将发展为具有高度文化水准的工农群众，那时他们将不是难于接受世界各族人民创造的物质的和精神的成果，而是将更加迫切且更加容易地习惯、掌握和运用马克思、恩格斯所说的"全球的生产"。所以我们不能把那时与外国文化联系的暂时削弱绝对化，当作我们必须永远坚持的文学原则。四、当时文艺与世界文化联系的相对削弱，也不能不给当时的文艺创作带来一些局限性。就整体而言，这时文艺作品的外部视野极大地扩大了，而内部视野却相对地缩小了；有形的现实追求极大地加强了，无形的精神追求却相对地削弱了。当时的文艺作品反映轰轰烈烈的人民革命斗争，外部视野超过了以往任何时期的文艺作品，但相对而言，文艺家的内部视野却远不是异常广阔的。这反映在人物典型的塑造上，一方面那时的人物典型不乏鲜明性、具体性，另一方面却没有塑造出像阿Q那样具有现实概括的无限广延性和历史概括的无限伸展性的典型形象。几乎在每一部作品里，都自有一个封闭的思想体系，正面人物精神发展的终止性和中间人物思想发展的定点性，为人物的精神发展规定了一个特定的落脚地，人物形象的典型意义也便势必停留在作者所描写的特定斗争、特定时代和特定环境中。我们不能认为这是一个纯技巧的问题，而是一个作家的思想视野的问题。鲁迅小说所反映的现实本身较之这时的现实带有更大的局限性，鲁迅对中国革命的具体道路的认识也远不如这时的作家更为明确，但鲁迅却是自觉地站在人类社会的和精神的全部发展史的高度，站在整个世界的大范围中来思考中国现实和表现中国现实的，他对人民群众的精神发展有着更根本的、更长远的思考。假若我们从一种更根本的意义上考虑问题，我们可以发现鲁迅的思想更带有现代大生产那种巨大的规模、广阔的幅度、伟大的气魄和无限的吞吐量，而这时不少文艺工作者的思想视野相对而言还多多少少留有农业自然经济所固有的那种狭小性。出现在这些作品中的人物，常常只是一个革命的农民，他是革命的，但却是刚刚从狭小的农业自然经济的生产方式和生活方式中走出来的革命农民。在中国社会生产力发展还比较落后的情况下，大多数现代作家还难以从自身的实际生活中获得世界性的广阔思想视野，通过精神产品了解世界、获得现代世界的思想视野几乎还是主要途径。鲁迅、茅盾等人都是在与世界文化的广阔联系中开拓了自己的思想视野的。由此可见，敌人对我们的重重包围所造成的生活环境和文化环境的局限性，以及由此带来的与世界文化联系的相对削弱，还是给我们的解放区文艺带来了一定损失的。

通过以上对中国现代文学史的远非全面的简略回顾，我们可以看到外国文化和外国文学的影响在它的发生和发展中的重要推动作用。它直接促进了我国现代文化和现代文学的质的大飞跃，它向我们提供了与这种质的飞跃相应的新的文学观念和新的文学表现形式，向我们提供了我们民族传统文化和传统文学中原来不具备或较少具备的思想经验和创作经验，向我们提供了重新清理和吸收中国古代文化遗产的思想和文艺武器。就这个意义而言，我们完全可以说，中国现代文学史就是在广泛的世界性联系中开辟民族文学发展的新道路的历史。

1984年8月初稿于聊城，9月二稿于北京
原载《中国现代文学研究丛刊》1985年第1期

文学史·文学批评·文学理论·比较文学
——比较文学在整个文学研究中的地位和作用

众所周知，比较文学在初期的产生和发展是从属于文学史研究的，是文学史研究的一个分支。当欧洲近现代的文学史家愈来愈明确地意识到欧洲各个民族的文学史是在与其他民族的紧密联系中发展和变化的时候，当他们愈来愈明确地意识到一个民族文学的历史发展的原因不仅仅存在于本民族文化的内部而同时还必须在与它紧密相联系的其他民族文学中去寻找的时候，比较文学就诞生了。（着重号为引者所加，下同）比较文学与文学史研究的这种关系，集中体现在最早发展起来的法国学派的比较文学理论中。弗朗索瓦·基亚给比较文学做出的著名的定义便是："比较文学是国际间的关系史。"[①]而比较文学家则是"文学关系史家"[②]，"首先，他是一个历史家，或者想成为一个历史学家，毫无疑问，是关于各种文学的历史学家。"[③]显而易见，当法国学派把比较文学作为文学史的一个分支，作为文学的外交史、外贸史的时候，它就不能不是实证性的，至少它要牢牢建立在实证材料的基础上，因为任何文学的关系史都首先是有事实可循的实际关系的历史，而不能由彼此精神上

---

① [法] 弗朗索瓦·基亚：《比较文学的对象和方法》，载刘介民编《比较文学译文选》，湖南人民出版社，1984，第193页。

② 同上，第194页。

③ 同上，第193页。

的相似或相同来代替实际关系的考察和证实。

任何事物的诞生都是在已有事物的自然需求中孕育诞生的,在开始它必然受到孕育它的已有事物对它的要求的限制和制约。但是,这种事物一经诞生,它便要顽强地表现自己的本质,并向着它所能发挥作用的新的空间伸展。比较文学也是这样,它是在文学史研究的需要中诞生的,但诞生它的事物的本质并非就是它自己的本质。我认为,法国学派在比较文学这个独立的文学研究学科的形成和发展中是功不可没的,它所开展的影响研究至今仍是有实际价值的比较文学研究的方式之一,并且将永远会是它的主要方式的一种。但是,它对比较文学本质的把握及其对它在整个文学研究中的地位和作用的认识却是有很大局限性的。事实证明,比较文学的实践即使在法国比较学派那里也已经远远超过了文学史研究所实际需要的程度。而一当超过了它的实际需要,二者的矛盾也就发生了。

什么是文学的历史?什么是文学史研究?按照人类的需要,文学史实际是人类对以往产生的文学(文学作品、文学现象等等)的一种记忆的方式,是人类按照时间发展的纵向顺序将以往产生的文学作品和文学现象有机地组织在一起以便于记忆的方式。人类对文学可以有各种记忆方式,文学史只是一种。首先,它所组织在一起的东西是值得人类记忆的东西,而不可能是任何一个作品和任何一种文学现象。第二,它的记忆方式是历时性的,而不是共时性的。因这需要,它要在先后继起的文学作品或文学现象之间发现彼此的联系,这种联系因其历时性继起关系被人们称为因果联系,它取着"因有甲才有乙"的逻辑形式;大量具体的因果联系所共同具有的联系被人们称为发展规律或规律,它取着"有了甲必有乙"的逻辑形式。由于这些因果联系和发展规律,先后继起的各自独立的文学作品或文学现象被组成了一个有机的统一整体,而不再是在时间链条上各自独立的存在。第三,在文学史中,文学史家的主体性是融化在客观史实的叙述之中并以其客观性的样式诉诸读者,为读者所信赖和接受的。当然,这绝不意味着文学史家在历史面前是无能为力的,绝不意味着历史著作没有贯穿着文学史家的主体精神,而是说它赖以取得读者信赖和接受的是它的客观性,而不是它的主体性。在历史著作中，主体性以其对客观性的了解与把握获得自己的价值体现。这样，文学史研究便主要集中在下列几个方面：一、对文学历史事实的发掘与考证，二、对已知事实的评价与选择，三、对前后继起的文学作品或文学现象的因果联系乃至发展规律的探讨，四、对文学史的叙述方式或研究方法的研究。不难看到，文学史与文学史研究是不同的，文学史主要以其客观性取得读者的信赖与接受，而文学史研究则加强了研究者主体性的成分，并因而与文学批评相靠近、相渗透。但文学史研究与文学批评仍有不同，它是以客观性为基本价值标准的，人们以其与客观事实相符合的程度衡量它的研究成果与其可信赖、可接受的程度。

  法国学派的比较文学研究的实践与文学史及文学史研究的符合程度如何呢？毫无疑义，它的研究成果是满足了它们的某些需要的，但必须说，这种满足程度并不是很大，若与二者相悖离的程度比较起来，甚至可以说是微乎其微的。一，文学史对比较文学要求的是说明民族文学史上的某些作品及其文学现象产生的外民族的原因。比较文学满足了文学史研究的这种要求，但严格讲来，文学史的这种要求的满足，即使不通过比较文学也可以得到。文学史所要求的是原因的说明，以便在这种说明中理解新的文学作品或文学现象产生的原因，并于本民族此前的文学作品或文学现象连接在一起，而比较文学的影响研究展示的则是影响过程，是从外民族文学向本民族文学运动的轨迹。文学史所要求的只是影响过程的终结部分，而这个终结部分恰恰已经处在该民族文学的内部，外民族文学对该民族文学的影响只有当外民族文学已经渗透到本民族内部之后才能够发生，卢梭对德国文学的影响是在德国作家读到卢梭作品之后发生的，歌德对郭沫若的影响是在郭沫若读到歌德的作品之后发生的。从文学史的要求出发，文学史家只要对本民族文学的历史进行深入细致的研究便能够实现自己的目的。在这里，影响过程的叙述对于文学史没有实际的价值。从另一个角度讲，一个民族的文学史所要求的是单项式的、一端的事实，比较文学则是双项式的、两端的、线形的。对于俄国文学史上的普希金，拜伦对普希金的影响主要是普希金感受并理解中的拜伦，至于拜伦及其作品到底是什么样子的，以及英国作家如何感受并理解之，对于俄国文学史家几乎没有任何实际的意义，而这只是一端的单项的事实。比较文学则要具体考察拜伦和普希金这影响过程的两端，并且还要考察从拜伦一端向普希金一端的运动过程以及在这一过程中发生的各种形式的变化。文学史与比较文学的这种差异，在中国文学研究中能够更明确地得到证明。几乎所有的中国古代文学史都会谈到印度佛教文化对中国古代文学发展的影响，几乎所有的中国近现当代文学史都会讲到西方文学例如德国的尼采、美国的惠特曼、俄国的陀思妥耶夫斯基对中国近现当代文学的影响，但这些文学史家都主要是在对本民族文学历史事实的考察中得到的，它们不属于比较文学史，甚至不一定对印度佛教和西方这些作家自身进行直接的、正面的研究。与此同时，中国现代文学史永远不会把果戈理的《狂人日记》对鲁迅同名小说的影响过程和影响状况写入自己之中，它大概会永远满足鲁迅自己在《〈中国新文学大系〉小说二集序》中所说的那些话的意思。因为对于一部中国现代文学史，更多更具体的内容已是不必要的。二、文学史所要求的历史事实是以文学作品的价值等级系列为标准提出的，法国学派的比较研究所提供的历史事实是以不同民族文学交流中的作用的大小为标准的。关于这种矛盾，梵·第根的一段话可以说明："它把一些相当的价值给与几位最伟大的作家，而这些价值又是和他们在本国文学中的任务所给与他们的价值颇不相同的。在移植到一个更广大的舞台上之后，这些伟大的作家便被人另眼看待了；他们的作用显得是十分不均等的，他们的天才是显得更丰富一点或更不丰富一点。它在这些公认的大师旁边还容纳那些最有意义的第二流作家；我们前面已说起过了，渊博的探讨曾发掘出许多这类第二流作家，而他们在当时所演的角色又是很重要的。他们曾在国际文学的巨大的合奏中作一部分的演奏，而人们也曾同样上劲地听他们并对他们喝彩的。"[1]

这种一、二流作家的混淆和杂厕，恰恰说明法国比较文学家所使用的标准与文学史家是不尽相同的。严格说来，R·韦勒克所批评的纯实证主义，并不是一般的历史学家的痼疾。他们通常是在对文学作品和文学

---

[1] ［法］梵·第根：《总体文学概论》，载刘介民编《比较文学译文选》，湖南人民出版社，1984，第145页。

现象自身的价值有了确定性的评价之后才去寻求实证性的材料的，充其量他们对作品的评价只是因袭着传统的评价，但却不能说他们不重视作品自身的价值等级。但当把比较文学主要局限于文学史研究的一个分支的时候，它才真正成了以事实为前提的实证主义，因为它着眼的是文学交流的事实本身，而不是文学作品自身的价值。

当然，法国学派并不想把比较文学简单包含在民族文学史的研究中，它进一步提出了"总体文学"或曰"文学之总体的历史"的新概念。但我认为，正是由于这个概念，充分暴露了比较文学与文学史之间的巨大差异，同时也暴露了法国比较文学理论的局限性。梵·第根提出："所谓'文学之总体的历史'或更简单点'总体文学'者，就是一种对于许多国文学所共有的那些事实的探讨——或单以那些事实，或以它们的相互依赖关系论，或以它们的符合论。……总体文学是与各本国文学以及比较文学有别的。这是关于文学本身的美学上的或心理学上的研究，和文学之史的发展是无关的。'总体'文学史也不就是'世界'文学史。它只要站在一个相当宽大的国际的观点上，便可以研究那些最短的时期中的最有限制的命题。这是空间的伸展，又可以说是地理上的扩张——这是它的特点。"[①] 显而易见，这种"总体文学"已经不属于史的畴畴时，而更有类于专题性的研究（跨越国界的专题性研究），文字批评的成分加强了。但是，它还建立在有形的联系的基础上，这也就大大缩小了它在空间扩张上的幅度。例知，它在东西方古代文学的研究中构筑了一道几乎无法逾越的鸿沟，使比较文学的研究范围还只能局限在早有实际联系的欧洲各民族文学的内部。

在理论上填平了这道鸿沟的是比较文学的美国学派，它提出了不必局限在事实联系上的平行研究，为比较文学的进一步发展开辟了更宽阔的道路。法国学派和美国学派在理论上的对立，从比较文学的地位和作用的理解方面说来，实质上是将比较文学视为文学史的一个分支还是视为文学批评的一种手段的对立。关于这一点，美国学者亨利·雷马克有十

[①]［法］梵·第根：《总体文学概论》，载刘介民编《比较文学译文选》，湖南人民出版社，1984，第120页。

分明确的意识。在谈到法国学派和美国学派的分歧的时候，他一针见血地指出："在最近的一两代学者之间，'文学史'和'文学批评'两派力量的争论一直相持不下。比较文学作为当代文学研究的一个特定领域，势必会感受到这场在更广泛的领域中展开的争论的影响。"[①]

美国学派比较文学理论的主要奠基人是R·韦勒克，他说："我和其他许多人所主张的是摆脱从19世纪因袭来的机械的、唯事实主义的观念，而实行一种真正的批评。这种批评意味着对价值与质量的重视，对艺术品本身及其历史性的理解的重视，因此要求批评史具有这样一种理解力。"[②]但是，R·韦勒克着重批评了法国比较文学学派的实证主义倾向，强调了文学批评的重要性，而并没有有效地论证比较文学与文学批评的关系。

在文学研究实践中，文学史，特别是文学史研究常常与文学批评交织在一起，但它们却是两种不同的研究方式。它们之间的关系与其说是并驾齐驱，不如说是对立统一。文学史是人类对以往文学的一种集体记忆的方式，文学批评则是不同精神主体对文学作品或文学现象的感受、理解、阐释和评价；文学史致力于异中求同，文学批评致力于同中求异；文学史以其客观的真实性诉诸读者并获取读者的信赖和接受，文学批评则以主观的真实性获取读者的理解和同情；文学史要求于读者的是直接的感受、承认与认可，文学批评要求读者的是理解、同情和有条件的接受；文学史把文学作品、文学现象视为固定的，不以人们的主观好恶为转移的客观存在物，文学批评则把文学作品、文学现象视为变动不居的，可以对之做出各种不同理解和阐释的对象；在文学史家面前，文学作品和文学现象是历时性的，它们都处在时间链条的不同环节上，并在这不同的环节上获得自己的存在价值，在文学批评家面前，文学作品和文学现象是共时的，它们都处在空间关系的不同位置上，并在这不同

[①][美]亨利·雷马克：《比较文学的法国学派和美国学派》，载北京师范大学中文系比较文学研究组选编《比较文学研究资料》，北京师范大学出版社，1986，第62页。

[②][美]R·韦勒克：《比较文学的名称和实质》，同上，第41页。

位置上获得自己的存在价值；文学史家致力于在时间链条上感受并理解文学作品或文学现象的存在价值，因而他们的特点不是直接面对作品本身，不是自我主体对它们的直接感受、理解和阐释，文学批评家则直接面对文学作品或文学现象本身，是自我主体对它们的直接感受、理解和阐释，因而带有批评家自身的主体性及其历史时代的明显特征。……我们可以看出，美国学派与法国学派在理论上的分野实际都是围绕着这些方面展开的，而后来者之所以感到法国学派和美国学派的理论与实践都有特定的价值和意义，也正是由于文学史和文学批评都是文学研究领域不可或缺的方式之一。如果说文学史及文学史家更多地代表着文学发展的稳定性的一面，文学批评则代表着文学发展的变动性的一个侧面，只有当文学批评的发展在某些方面获得了文学界的较为普遍的认可或支持的时候，文学史家才得以将之反映在文学史的著作中，而普遍认可的文学史知识又是文学批评赖以存在和发展的前提条件，是文学批评家表达自己独立见解的语言形式和基本材料。

继美国学派的比较文学理论之后而产生的问题是：比较文学是否就是文学批评的一种特殊手段或方式。

德国学者霍斯特·吕迪格说："比较学者的目的与研究各个民族文学的目的并没有什么不同，都是要充分理解文学作品，而且尽可能多方面地去理解。"[①]这大概能更明确地概括美国学派对比较文学地位和作用的基本认识。但是，假如我们仅仅从多方面理解文学作品的角度，我倒宁愿认为，比较文学限制了人们研究文学的角度。首先它限制并排除了对文学作品或文学现象做本民族内部的比较研究的各种可能性。其次，在与外民族的文学作品或文学现象的比较研究中，每一个比较研究者都必须将自己的视野限定在一个或数个有限的角度上。在比较文学作为一个独立的学科在欧洲形成之际，它确实曾起到把文学批评家的视野从本民族文学中解放出来的历史作用，但一当它已经起到了这种作用，它自身

---

① ［德］霍斯特·吕迪格：《比较文学的内容·研究方法和目的》，载北京师范大学中文系比较文学研究组选编《比较文学研究资料》，北京师范大学出版社，1986，第97页。

的研究角度便成了有严格限定的了。在现代世界上，一个真正的批评家从来也不会把自己的考察视角限定在本民族文学的内部，并且即使在同一个批评实践中，为了表达他对某一文学作品或文学现象的感受、理解或阐释，他也可以自由地从各个不同的方面对对象进行考察与研究。谁也无法限定一个《红楼梦》研究者同时从中国文学传统和外国文学传统的各个不同方面对之进行直接的分析、研究或阐释，但一般说来，他们未必采用比较文学的形式。由此可以看出，较之一般的文学批评，比较文学是一种更不自由的形式，是一种有严格限定的形式。它的限定就在于必须是不同民族文学的比较研究。

这个限定的意义在哪里呢？必须看到，这个限定不仅是对研究对象的限定，同时也是对批评主体的限定。为什么《西厢记》与《牡丹亭》的比较不属于比较文学，《西厢记》和《柔米欧与幽丽叶》（现通称《罗密欧与朱丽叶》——编者）的比较就可以属于比较文学呢？显而易见，因为前两者同属于中国文化的一部分而具有直接的可比性，而后两者则属于不同的民族文化而不具有直接的可比性。在这里，我们可以对比较文学做出这样一个界定：凡是具有直接可比性的比较研究都不属于比较文学，否则，世界上便只存在文学比较而不存在比较文学了。我们还可以看到，这种不具有直接可比性的原因不在于文学作品自身，不具有直接可比性的原因主要在于两个民族的整个文化系统自身是不尽相同的。正是由于《西厢记》《柔米欧与幽丽叶》是在两种不同的民族文化环境中被创作并被接受的，所以它们才失去了直接可比的性质。比较文学家是怎样把不具有直接可比性的文学作品或文学现象转化为可以进行比较的对象呢？他必须知道《西厢记》在中国文化的环境中是怎样被创造和被感受、理解和阐释的，同时又要知道《柔米欧与幽丽叶》在英国文化中是怎样被创造和被感受、理解和阐释的，然后二者才获得直接可比的性质。由此可以看出，在比较文学中，批评的主体是被严格限定了的，他不像文学批评家一样可以直接地面对不同的文学作品和文学现象，不像文学批评家一样可以直接陈述自己对不同文学作品或文学现象的感受、理解和阐释。在文学批评中，批评主体始终是统一的，不论他如何分析、综合和多方面阐释对象，都是为了陈述主体对研究客体的感受、认识和评价。但在比较文学中，比较文学家是被研究对象所分裂了的。他必须了解不同的民族文化，并且具有以两种不同文化感受并理解文学作品和文学现象的能力，然后才能综合。但这种综合也不是主体的综合感受，而是对两种不同审美形式或审美效果的比较与比较后的综合。总之，文学批评是主体性的陈述，比较文学则更属于客观性的研究。我认为，正是在这里，表现出了文学批评和比较文学的根本差别。但是，比较文学的客观性又绝对不是文学史意义上的历史事实的客观性，它是对不同民族文化的精神主体对文学作品、文学现象的不同感受方式、理解方式和阐释方式的客观性的陈述以及在此基础上对不同作家、作品、文学现象的客观性比较。

美国学派在把比较文学作为文学批评的一种形式之后，还同时把文学理论的研究加于比较文学之上。亨利·雷马克这样叙述了美国学派的这种倾向："艾金昂伯尔更进一步提出，通过对全世界文学（如东西方文学）中思想和形式的平行比较，人们可能会发现全人类所共有的在文学上的一律性、文学类型或原型。尽管在美国比较学者中很少有人会同艾金昂伯尔走到如此之远，但三十年前一位美国学者的看法还是值得回顾的，他认为我们这个学科应该有'努力发现超越任何一国文学的普遍规律'的功能（坎贝尔）。而且，美国学者最近强调有必要探寻某些估价文学史和文学批评的标准，主张恢复对文学理论、诗学和文学类型研究的信心，艾金昂伯尔的理论与此也并非毫无关系。相比之下，法国学者很少表示过他们对理论与诗学的兴趣。"[①]

毫无疑义，任何一种形式的文学研究（文学史、文学批评、比较文学）都有可能对文学理论做出自己的贡献，正像它们又都以文学理论作为彼此交流的基本依据一样，但它们本身却并不就是文艺学或文艺学理论。如果说文学创作是整个文学活动的实践，文学史、文学批评、比较文学则是文学研究的实践，它们都以具体的文学作品或文学现象为研究

---

① [美]亨利·雷马克：《比较文学的法国学派和美国学派》，载北京师范大学中文系比较文学研究组选编《比较文学研究资料》，北京师范大学出版社，1986，第72—73页。

对象，但它们的目的都不在于研究文学的普遍原则。文学理论研究的基本特征是它对具体研究对象的超越性。任何的文学理论都是在对特定的、部分的文学作品和文学现象的研究中概括和总结出来的，但一旦在具体对象的研究中将其原则或原理总结出来，它们便舍弃了这些具体对象，不再依附于这些对象，而有了自己独立应用于各种不同对象的可能性。它们产生于对象，但又超越了对象。文学理论不但超越于自己具体的研究对象，同时也超越于所有实际存在的文学作品或文学现象。所有的文学理论家都是以说明全部文学（已有的与未有的）的共性特征与普遍规律为己任的。我们看到，文学史、文学批评、比较文学都不具有这种特征。文学史是对以往文学作品和文学现象的有选择性的记忆，它舍弃的只是自己认为没有价值或价值不大的研究对象，而对重要的文学作品或文学现象则始终不会舍弃，强化对它们的记忆和印象是文学史的主要任务和目的。文学史自身是不具有任何超越性的。中国古代文学史只能是中国古代文学史，它绝对不能代替中国现代文学史。未来的文学史只能由未来的人根据已经产生的文学作品和文学现象来编写，任何一个现代的文学史家都不会认为他能为未来的文学编写一部文学史。文学批评是批评主体对具体的文学作品或文学现象的感受、理解、阐释和评价，它的观点和看法只能与它研究的对象作为一种复合体而存在，它始终不能舍弃掉具体的研究对象。对《阿Q正传》（鲁迅）的研究就是对《阿Q正传》的研究，它不能被当成对《堂·吉诃德》（塞万提斯）的研究。比较文学在这一点上与文学批评没有不同，它是具体的，与对象紧密相连的，《麦克佩斯》（莎士比亚著，现通称《麦克白》——编者）与《华伦斯坦》（席勒）的比较研究就是对这两个作品的比较研究，而不能等同于《红与黑》（司汤达）与《当代英雄》（莱蒙托夫）的比较研究。总之，比较文学同文学史、文学批评一样，都可以为文艺学的研究提供有价值的东西，但也与它们一样，绝不等同于文艺学。

那么，比较文学在整个文学研究领域到底有什么作用呢？

首先，我们从文学理论的研究说起。

对于文学理论家，我们往往造成一种错觉，以为文学理论家的成功是因为他掌握了各种文学理论的学说或对一两种文学理论学说有精熟的知识。我认为，这是大谬不然的。一个无法感知文学之美的人，一个对文学之美只有相当粗浅的感受能力的人，无论他对文学理论学说了解得多么清楚，知道得多么详尽，他都不可能成为一个真正的文学理论家。如前所述，文学理论家当在特定研究对象的研究基础上得出了他认为是普遍性的结论之后，他便舍弃了具体的研究对象，使他的结论取得了自由运行并与新的对象相结合的能力。所谓"放之四海而皆准"，便是在这样的情景下给人造成的印象。但是，面对文学理论，人们的最大危险也就在这里。实际上，当文学理论家舍弃了自己的具体研究对象之后，却没有舍弃掉对文学对象的那种丰满的、活生生的真切感受。正是这种真切感受赋予了他的理论命题以具体的、特定的内涵。这种感受的真切性、细致性、丰满性，使他的理论命题也是可感的，真切的，正像他的亲近的朋友一样，他不会同相近的命题混淆在一起。"典型"这个词包含着什么？包含的不只是它的定义，而是文学理论家对堂·吉诃德（塞万提斯《堂·吉诃德》）、哈姆雷特（莎士比亚《哈姆雷特》）、老葛朗台（巴尔扎克《欧也妮·葛朗台》）、奥勃洛摩夫（冈察洛夫《奥勃洛摩夫》）、阿Q（鲁迅《阿Q正传》）这诸多文学形象的深刻感受和理解。但它一旦落到并没有这种丰富、具体、细致的文学之美的感受的人们手中的时候，这个词马上便干瘪了下来，马上便不再具有它的具体可感性。在这时，它一定会被滥用到各种似是（按其字面的定义）而非（按其实际的文学感受）的对象上。在这时，这个词等于真正死亡了，而这样一些人也不会成为真正的文学理论家，倒应说是这种理论的谋杀者。所以，真正的文学理论家的成功，首先不在于他熟悉多少种文学理论的学说以及对某种理论学说有多细致的了解，而在于他对文学之类的感受深度及广泛程度。只有为了这诸多的真切而又深刻的感受，以往的文学理论学说的各种命题才会在他的心灵中复活过来，成为他自由驱使又不使自己陷入混乱的有生命的符号。也只有在这时，他才能建树前人所未曾建树的，总结前人所未曾总结的。

在各个民族及其文学相互隔离的时代，文学理论是在本民族文学的基础上建立起来的，但即使在那时，文学理论在文学理论家的主体意识中也不只是民族的。文学理论家不承认自己的理论的民族性，因为承认这一点便等于承认它不能说明所有文学的本质，因而也就不是关于无限制定语的文学的理论。这就否定了自身。假若说他的理论命题实际是有民族局限性的，这也不是文学理论家的主观愿望，而是其实际结果。当世界各民族及其文学的彼此孤立的状态被打破之后，文学理论便不仅在主观愿望上，而且在实际研究中都面向世界文学了。也就是说，文学理论是没有国界的，它永远以总结和说明无限制定语的文学的普遍特性和规律为己任。在这时，文学理论家便必须能够具体感知世界各民族文学的各种审美形式，只有这样，他的在特定对象的研究中得到的普遍性结论才会迅速地在自己头脑中接受各种不同文学作品或文学现象的检验，从而使之成为有普遍意义的理论命题。在这时，我们可以想象到，在文学理论家的心灵中，应该有许多文学作品或文学现象的感应点，这些感应点已不像在民族文学孤立相处的时代一样只是本民族文学的感应点，而是有各民族的不同文学作品或文学现象的。这些感应点在文学理论家的心灵中是动态的，它可以依照文学理论家的思路在不同观念的刺激下重新调整并以不同的强烈程度显现出来。例如，现代主义这个符号可以迅速将所有这些感应点依照现代主义与非现代主义、杰出的现代主义作品和模仿的或低劣的现代主义作品、不同流派的现代主义作品、不同民族的现代主义作品、不同时代的现代主义作品等等形式排列出来。诸如小说、巴洛克、无产阶级文学、神秘主义、英雄悲剧等等所有文艺学的符号都会使它们重新组合并以特定形式体现出来。我把这种储存在人们头脑中的动态的、不同民族文学的感应符号的系统称为总体文学。就其客观方面而言，它是数量不等的多民族的不同文学作品和其他文学知识的总和；就主观方面而言，它是特定精神主体对多民族的不同文学作品和其他文学知识感应记忆的总和。而这种总体文学，才是真正决定着文学理论家的研究工作的最重要的东西。前人的文艺理论著作及其观点、命题、结论、论述方式等等，不过是它之中的一小部分。（我对"总体文学"这个概念的解释和应用，不同于以前的法国学派和美国学派的比较文学理论家，详见我的另一篇文章《民族文学·比较文学·总体文学·世界文学》。）

总体文学在现代世界的文学研究中，不但对文学理论家是重要的，对文学批评家乃至文学史家同样是至关重要的。

在文学批评家中，常常有两种错误的崇拜形式，理论崇拜和自我崇拜。在文学批评界似乎普遍认为文学批评就是文学理论或批评方法论的具体应用和实践，这造成了文学批评界相当广泛的理论崇拜。他们以为只要掌握了足够多的理论学说或文学批评方法，便能够保证文学批评的成功。与之相联系的还有一种自我崇拜。如前所述，文学批评是所有文学研究方式中最具主体性精神的研究方式。如果说文学理论家自觉不自觉地总是充当着文学（它是由中外无数杰出的作家及作品具体体现着的）代言人而向社会说明着文学的本质特性、功能和基本规律等等（不论他们的具体观点如何），那么，文学批评家则更像社会读者的代言人，他向文学讲述着作为一个读者对文学的感受、意见和认识，因此批评家忠于自己的主体感受是理所当然的事情。但这绝不意味着，文学批评家的活动便是没有任何客观标准可以衡量的。当文学批评家失去了对自我批评活动的客观标准的要求而认为自我的任何一种意见和想法都是完全合理的时候，他便表现着一种自我崇拜。在平时最常见的又是理论崇拜和自我崇拜的结合形式。他是崇拜理论的，又是崇拜自我的，因而他对自己用理论对对象衡量的结果坚信不疑，任何不同的意见也不再能够被思考、被理解和被接受。这两种崇拜形式在理论上的错误在于，它们都忽略乃至抹杀了总体文学在文学批评家的批评实践中的重要作用。首先，感受是文学批评家全部实践活动的基础。文学批评分三个层次：一、文学鉴赏，二、文学评论，三、文学研究（对具体作家作品或文学现象的研究）。鉴赏是批评主体对文学作品的感受的直接陈述或表现，同时也诉诸读者的心灵感受，因而鉴赏是与文学感受直接对应的批评方式；评论是在感受的基础上对评论对象的特征的评说或价值的估价，是批评主体的意见和看法的直接陈述，同时也诉诸读者对文学评论对象的意见和看法，因而评论是与意见和看法直接对应的批评方式；研究是将感受过的研究对象放在更宽阔的背景或更完整的理论框架中进行的更深入的考察和思考，其目的是获得适用于更多对象和更多场合的较一般的文学经验，它的作用也在于增强读者对文学经验的了解，因而研究是与文学经验直接对应的批评形式。在这三个层次中，贯穿始终、起基础作用的是批评主体对文学作品的主观感受。没有这种感受，批评家就无所批评，批评家的理论便没有说明的对象，勉力为之，至多是对作品的各种机械零件的机械说明，而却始终未着文学作品的边缘。与此同时，文学感受既不单方面地决定于作品的本身，也不单方面地决定于批评家的主体，而是二者接触，共同产生的主观效果。即使是文学批评家对一首五言绝句或十四行诗的感受，批评家的整个主体的精神因素也都起着作用，而从文学方面而言，文学批评家的总体文学系统在他的具体鉴赏活动中是起着默默的巨大作用的。鲁迅在赞扬了屈原的"放言无惮"之后说："然中亦多芳菲凄恻之音，而反抗挑战，则终其篇未能见，感动后世，为力非强。"（鲁迅：《坟·摩罗诗力说》）这是一个没有读过拜伦等西方浪漫主义诗歌作品的人所无法感到的。总之，文学批评绝不仅仅是文学理论和批评方法的实践和应用，而是一种更复杂的文学研究方式。与此同时，它也不是毫无客观标准的纯主观的随意性活动，批评家文学感受力的强弱和丰啬直接决定着他的文学批评活动的成败。在这里，总体文学对文学批评家始终是重要的、起关键作用的因素。我认为这一点是十分明显的。我们可以试想，如果一个人只读过大量的文学理论著作而没有读过任何别的文学作品，又假若他确实忠于自己的主观感受，让他直接对别人为他选定的文学作品进行批评，他能否真正取得批评的成功呢？我想是不会的！

　　在文学史家中间，常常出现的是"事实崇拜"。对事实的重视是文学史家应有的优秀品格，是他的工作的必然要求，但"事实崇拜"则是错误的。严格讲来，在文学家（其中包括文学史家）这里，"事实"与"文学感受"是同义的。《红楼梦》的存在是一个历史的"事实"，但这个事实本身便是文学史家对《红楼梦》这部作品的感受的综合体。正是因为如此，《红楼梦》与《红楼复梦》《红楼圆梦》《青楼梦》等等才有着严格区别，这种区别不是外部的不同，而是对它们的感受的不同。这样，文学史家便必须同时是一个文学批评家，因而总体文学对他也是重要的。此外，在现代世界上，即使一个民族的文学史家，也不能仅仅具有本民族的文学知识，他必须同时了解世界其他民族的文学的历史。只有如此，他才能真正发现本民族文学史的特点和独特规律。现在的中国古代文学史，已经与中国古代学者心目中的中国古代文学史有巨大的差别。其中的小说和戏剧两大部分都是在中国现代学者有了西方文学史知识之后增补进去的。因而，文学史家可以仅是一个民族的文学史家，但他的文学素养，用我们现在的话来说即是他的总体文学的系统，却同样是跨越民族界限的世界性的。

总体文学对于现代的文学理论家、文学批评家，文学史家都是十分重要的。这里也便有了一个它应当如何构成的问题。

总体文学是跨越民族界限的、世界性的，但其中每一部文学作品却是有民族性的。只要民族文化的界限还存在着，文学作品便只能首先产生在一个特定的民族之中，至少，它要选用一种民族的语言，以这种语言的语言符号表达自己的思想、感情和情绪，造成特定的审美效果。如何将这各有民族性的、主要在自己文化中产生并发挥作用的文学作品共同组合在一起呢？显而易见，只用一种文化的标准感受多种文化环境中产生的文学作品是不合理也无益的。举个人人都可以接受的例子来说，假若我们把安娜·卡列尼娜视为不忠于自己忠厚、尽职的丈夫的浪荡女人，而认为她最终的自杀是罪有应得，列夫·托尔斯泰的《安娜·卡列尼娜》在我们的总体文学的构成中便不会获得应有的位置了。可以想象，在更深入的层次中，这种文化隔阂造成的感受的差异也是大量存在的。对于一般的读者，这种差异或许是可以允许的，但对于文学研究工作者，却不能在理论上承认它的合理性。这样，每一个文学研究工作者便应当尽力学会以不同的民族文化标准感受不同民族的文学作品，然后，这些作品才会出现在同一个文学的平面上，并获得自己应有的意义和作用。当然，这个工作每个文学理论家、文学批评家、文学史家自己也可以得到少部分的解决，但由于工作性质的不同，每个人所能解决的是极为有限的。比较文学家作为个人的力量也是有限的，但作为一个独立的学科却担当着这个任务。他们是掌握两门或两门以上民族语言并较多了解它们的文化的学者，通过比较研究，能够把不同民族的文学转化在同一文学平面上被感受、被理解，从而丰富并完善着每一个文学研究工作的总体文学系统。——我认为，这就是比较文学在整个文学研究中的主要任务，并因这个任务的独立性，它与文学理论、文学批评、文学史是各自并立的独立学科，而不是任何一个学科的分支或从属。

按照我的观点，整个文学研究格局可以用下图表示：

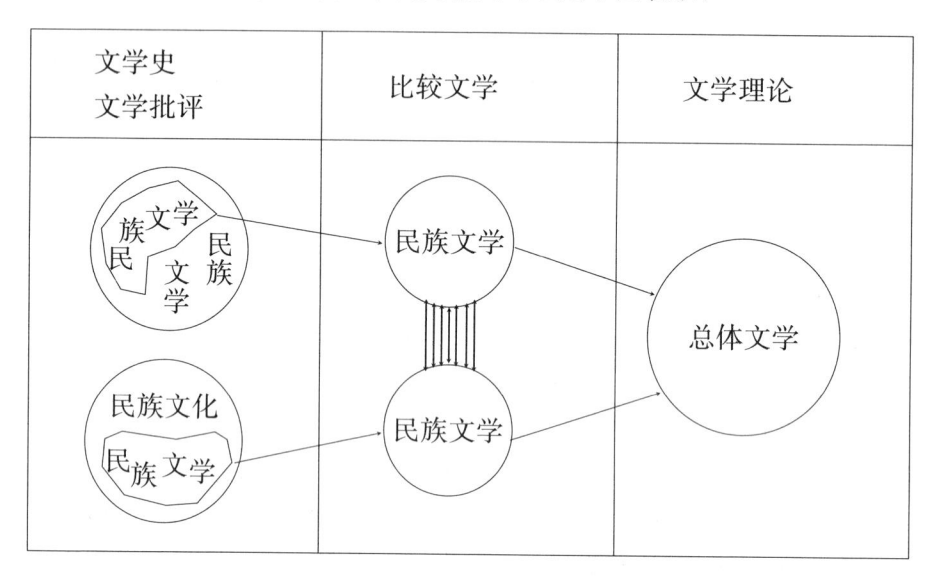

文学史 文学批评	比较文学	文学理论
民族文学 民族文学 民族文化 民族文学	民族文学 民族文学	总体文学

这个表所说明的是，文学史和文学批评是以各个独立民族文学为研究对象的，比较文学通过文学比较将不同的民族文学结合进总体文学，文学理论则是以总体文学为研究对象的。

1991年2月5日
原载《青岛大学学报（社科版）》1992年第1期

现代文学研究展望

预言未来是危险的，尤其是预言最近的将来。遥远的未来无可对证，最近的将来则是可以对证的，而任何一个偶然因素的加入，都会改变整个历史的进程。但是，任何预言的目的都不在预言本身，它是一种现实的操作方式。如果意识到这一点，我才敢把我平时想到的几个问题在这个题目下说一说。

我觉得，首先应当注意的，是现代文学正在由现实的文学转化为历史的文学，现代文学研究也正在由现实的文学研究转为历史的文学研究。原来我们的文学河道里有两大板块，一是古典文学，一是现当代文学，这两大板块的运动是无法取得一致的，就像漂浮在水面的两块冰，同一种力量可能使它们向不同的方向漂浮，不同的力量则可能使彼此靠拢。现在现当代文学脚下的这块大冰开始断裂，我们站在现代文学这半部分冰块上的人渐渐被留在了历史上，与古典文学研究开始有了更多的一致特征（虽然仍有很大差异）。这种向历史的文学研究的漂移，一方面加强着它的雅化特征，主要是收缩到学院派学者的学术研究的圈子；另一方面则是社会影响力的减弱，它已很少可能成为文学研究的热点，这种热点将更多地出现在当代文学和文学理论上。

在现代文学研究内部，启蒙主义思潮将无可挽回地低落下去，这个阵线在分化，它将向几个方向发展，并与新发展起来的文学研究势力集结而形成新的现代文学研究格局。在中青年现代文学研究者中得到发展的将首先是先锋派的现代文学研究,他们将把英美学院派中的文学研究方式更多地用于中国现代文学研究,把中国现代文学当作一种冷静解剖的对象,从而丰富人们对它的纯理性的认识。它与现在的启蒙主义研究的根本不同特征是,启蒙主义用自己的倾向性建构现代文学的整体构架,先锋派则从某种文学特征(如叙事角度等等)建构它的框架。在中老年的现代文学研究者中得到发展的将首先是学术派的现代文学研究。这一派将把中国现代文学研究学问化,把更多的历史资料纳入人们容易接受的理论观点中加以整理、研究和描述,从而改变启蒙主义文学研究将一种倾向片面突出出来的弱点,但在思想理论的开拓上将变得潜隐化或钝化。在老、中、青三代人中都会不自觉地重新聚拢起一个现代文学研究中的社会派,他们将在当代社会生活的感受中寻找现代文学研究的角度。他们与启蒙主义派的根本不同特征是,启蒙主义者自觉地把自己的思想同社会政治区分开来,这一派将会重新把社会政治包括在自己的社会历史学的视野中,并给它以更高的历史位置。当然,在中年向老年转化的一代中还会有启蒙主义文学研究的残留现象,但它将像孤雁的哀鸣,不会再有新时期十年时的召唤力量。

  以上几派在现代文学研究中将会向不同方向发展。先锋派文学研究将给文学作品或文学现象带来过细的分析,并发掘出更多创作意图背后的意蕴;学术派将向完备的史的叙述发展,在作家研究、社团流派研究、文学现象研究等方面都会以丰富的资料及其对这些资料的整理分析使之更丰满化;社会派将会再一次注重三四十年代的左翼文艺思潮和现实主义文学作品的分析与研究。就整体来说,研究的重心将由20年代转移到三四十年代。就希望而言,我希望先锋派研究在注意小说研究的同时,注意对现代为数并不太多的优秀诗歌作品运用新批评的操作方式进行更深入的研究;学术派应对三四十年代大量散佚的作品进行搜集、整理和宏观的分析,而在历史的描述上更应注重中国古典文学与中国现代文学的联系与区别的研究;社会派应当对中国现代文学与社会政治的实际关系做出更合乎国情的历史说明和理论分析,并把现代文学的发展同中国社会的发展更有机地结合起来,从而加强现代文学研究同当代文学研究的联系。

现代文学研究展望

如果我们再回到中国现代文学研究的历史化发展趋势中来看待中国现代文学研究，就应当意识到我们从事中国现代文学研究的人已开始与现实社会的文学需求走向了不同的方向。就现实社会而言，对中国现代文学的需求在逐渐降低，读者有更多的当代文学作品满足着他们的阅读需要。他们需要阅读的将只剩下少量的现代优秀作家的优秀作品，甚至像庐隐的小说、田间的诗歌、田汉的戏剧这类在我们现代文学研究者看来很重要的作家和作品，大多数的读者也不再会主动去阅读，除非为了了解现代文学史而作为一种知识来掌握。但在我们的现代文学研究界，各个派别要想取得自己的独立研究成果，都必须向更广更细的方向发展。学术化与现实性的矛盾加强了，这将对现代文学研究者的世界观和人生观都有巨大的影响。我们将被放在社会的吊篮里越来越高地挂起来，成为学者、教授、名人，而组成现实社会的则是另外一些人，他们还得为自己现实的追求去做各种形式的斗争，身上沾满泥浆。

原载《天津社会科学》1994年第2期

中国现代文学研究中的"正名"问题

孔子创立儒家学派，确立他的一整套家族制度和礼教制度，在文化上做的实际只是"正名"的工作。用现代的术语来说，就是建立自己的一套概念系统，确定其中每个具体概念的含义及其彼此的关系，从而把中华民族的语言都组织在自己的概念系统当中。儒家思想之所以能够统治中国人的思想达几千年之久，并且至今仍有很深的影响，就是因为它确定了中华民族的语言及理解这种语言的方式，它的思想就在语言中，就在你自觉与不自觉运用的各种概念中。当然，儒家学派的这种"正名"工作由于道家文化、法家文化、佛家文化等各种文化学说的同时存在是没有，也不可能最终完成的，中国古代文化始终不是一种完全统一的文化，始终不像西方中世纪基督教文化那样是一个一以贯之的统一的语言概念系统，但儒家的重视"正名"却确实体现了文化工作的实质，体现了知识分子发挥自己的独立作用的基本方式。具有确定含义的概念以及各种不同概念之间的特定关系是使知识分子的工作具有自己的有效性的基本前提，失去了这个基本条件，知识分子的工作就失去了自己的有效性，它所负载的文化信息就是不明确的、混乱的。我认为，当前的中国现代文化研究，其中也包括中国现代文学的研究，存在的最严重的问题就是基本概念的混乱。迄今为止，中国现代文化和文学的研究还没有属于自己的独立的并且是相对稳定的概念系统，它的概念系统只是中国古代文化和西方文化各种不同文化概念的杂乱堆积，既不具有概念自

中国现代文学研究中的"正名"问题

身的明确性，也不具有概念之间的系统性，因而它们也不可能把中国现代文化和中国现代文学组成一个完整的系统。读西方文学史，我们感到它是有一个统一的脉络并把西方各类优秀的文学作品都能组织在这个统一的文学史框架中的，但我们读只有三十年历史的中国现代文学史，却很难找到它的统一的发展脉络。这并不说明它就没有像西方文学史那样的清晰的脉络，而是说明我们还没有理清它的脉络，我们所使用的基本概念无助于我们描述中国现代文化和文学的发展轨迹。

要了解我们现在所使用的一些基本概念的性质和作用，需要从它产生的背景中来考虑。我们现在使用的这套语言概念是从五四新文化运动之后逐渐积累起来的。五四新文化运动有两个相联系的方面：用白话文代替文言文，用新道德代替旧道德。从相分离的角度讲，前者是用口头语言的语法形式代替雅文化中的文言文的语法形式，它并不一定意味着改变中国传统文化的整个概念系统，而是以口头语言的语法形式对之进行重新组织，把融化在人们日常生活用语中的传统思想和感情作为表现的主要对象。白话仍然是中国话，是中国人在日常生活中用来表达思想感情的工具，所以它很快就得到了实现。后者是用新的概念系统代替旧的概念系统，这是一个更加艰巨的工作，一个缓慢的由旧蜕新的过程。从相联系的角度讲，前者用更加自由的口头语言的语法形式为容纳新的概念和新的概念系统提供了更方便的条件，文言的僵固性与白话的变动性、灵活性使二者为新的概念及概念系统提供的活动空间大不相同，而现代白话文则借助新的概念及概念系统的加入而成为现代的雅文化。但是，五四新文化运动不是中国传统文化自行独立演变发展的结果，而是在西方文化的影响下实现的，当时所谓的新道德、新文学、新文化都指的是西方的道德、西方的文学、西方的文化，所有有关的语言概念都是从西方文化系统中借取过来的，这给它的发展带来了复杂性。这种复杂性首先就表现在各种语言概念的异变上。借助西方的文化学说发展中国的现代文化，使中国现代文人手下的西方文化学说及其语言概念同时具有了两种不同的理解形式：一、它们是在西方文化的概念系统中产生的，其作用也是在西方文化的系统中被认识、被界定的，它们有一种独立于中国现代文化系统之外的意义和价值，也有独立于中国现代文化系统之外的解读方式；二、它们是被用于中国现代文化系统中并发生了特定影响作用的文化学说及语言概念，由于东西方固有文化传统的不同，这些文化学说和语言概念在中国现代文化系统中的影响作用一般说来是与它们在西方文化系统中所发生的固有作用不同的，因而它们在中国现代文化系统中就有与之并不完全相同的含义。在这两种极端的理解形式中间，它们还同时具有各种不同的中间形态的理解形式，这就使同样一个从西方传来的文化概念同时有了各种不同的解读方式，从而失去了它们在西方文化系统中的固有的明确性和固定性。什么是现实主义文学？在西方文艺理论家提出这个创作方法的概念的时候，它的含义是非常明确的，它概括的是西方文学史上的一个有相同特征的文学流派，他们的作品有着相近的审美特征。但到了中国现代文学史上，它的含义变得并不那么明确了，不论我们在文艺教科书上给它下了怎样明确的定义，我们对它的理解仍然是极不明确的。按照巴尔扎克、列夫·托尔斯泰的作品所理解的现实主义同按照鲁迅的作品所理解的现实主义是不同的，而按照鲁迅的作品所理解的现实主义又和按照茅盾、赵树理、孙犁、柳青、曲波的作品理解的现实主义又不相同，我们已经很难确定现实主义到底是一种什么形态的文学。与此同时，西方大量文化概念的加入，反过来又使中国古代的一系列文化概念发生了异变。一、中国传统文化在中国古代是由当时最有文化教养、站在中国文化发展的最前列、最富有创造性的一些知识分子所创造，它体现了中国古代人民的最高智慧。但到了现代中国，由于中国现代文化的发展主要是通过输入外来文化的形式实现的，中国传统文化在中国现代文化中具体表现为固有的旧质因素，在与从西方传来的新质因素的对立中随之带上了陈旧的特征，特别是在它经常被反对新文化的保守守旧的社会文化势力所利用、所提倡的时候它的语义中就被注入了浓重的保守守旧的色彩，其语义发生了与古代迥不相同的变化。二、中国传统文化为了现代的生存和发展，又有适应现代社会，在自己固有的概念中融入新的含义，与新的文化概念构成新的语义关系的一面。在这时，在中国固有的文化概念中又包含了新的意义。也就是说，中国古代文化中的一系列文化概念也同时有了各种不同的含义，它们可以在中国古代文化系统中被理解、被利用，也可以在中国现

中国现代文学研究中的"正名"问题

代文化系统中被理解、被利用。什么是"文以载道"？在中国古代文化系统中有它的确定的意义和内涵，其"文"、其"道"都有确定的所指，它体现了中国古代儒家知识分子把自己的文化活动同修身、齐家、治国、平天下的社会理想结合在一起的愿望，此"道"借此"文"行于世，此"文"借此"道"获其值。在五四新文化运动中，新文化的倡导者们是反对传统的"文以载道"的，不但反对其"文"，更反对其"道"，"文以载道"在他们的观念中是一个贬义词。但当中国现代文学中出现了"为人生"和"为艺术"的两个文学派别时，不但"为艺术"派把"为人生"视为同传统的"文以载道"没有本质区别的理论，就是"为人生"派中的很多人也开始在自己的基础上接受这个传统的文学命题。以传统的"文以载道"的文艺观对待文艺的文艺家则把像鲁迅、茅盾这样一些关心社会问题的现代作家都纳入"文以载道"的文学传统中来理解、来接受。这样，在现代文学的语言概念系统中，就不但有韩愈的"文以载道"，也有了鲁迅式的"文以载道"、胡适式的"文以载道"、周扬式的"文以载道"，它有时被作为褒义词，有时又被作为贬义词，这个概念的明确性也就不存在了。但是，我们在中国现代文化和文学的研究中所使用的基本概念却恰恰是这样一些失去了含义明确性的语言概念，而我们之所以会把它们作为我们研究工作的基本语汇，其原因则在于它们曾经是中国现代文化和中国现代文学发展过程中所使用的语言形式。

一种文化的研究形式常常受到这种文化发展形式的影响和制约，但它的研究形式不能等同于它的发展形式。中国文化在现代的发展是通过吸收外国文化的现有成果实现的，当新文化的先驱者输入一种新的文化学说的时候，他所使用的必然是西方文化中的这种文化学说的语言概念，他在中国知识分子的心目中也就自然而然地成了这种文化学说的具体体现者。但他这个体现者是与西方文化系统中的原有的体现者迥不相同的。首先，一种文化学说在西方文化系统中所发挥的作用并不等同于它在中国现代文化系统中发挥的作用。其次，这种文化学说的中国输入者与它的西方的创立者对这种文化学说的理解是存在着极大差异的，因为他们是以不同的文化心理，在不同的文化环境中理解同一文化命题的。第三，中国现代知识分子有自己更加丰富多彩的文化活动，这些文化活动并不受某种西方文化学说的限制。巴金一度提倡无政府主义，胡适在中国提倡实用主义，梁实秋宣扬白璧德的新人文主义，茅盾一生宣传现实主义，李金发自觉效法法国象征主义，但我们能不能说巴金就是无政府主义者，胡适就是一个实用主义者，梁实秋就是一个新人文主义者，茅盾就是一个现实主义者，李金发就是一个象征主义者？从他们在中国现代文化和文学发展过程中的具体作用看似乎是合理的，但作为对这些现代作家的本质概括则显然是极不准确的，并且这种判断形式本身就使西方这些原本比较明确的概念变得模糊起来。与此同时，中国现代文化和文学并不是单一的西方文化和文学的发展，它们是在中国传统文化和文学的基础上通过吸收外来文化和文学实现自己的发展的，传统文化和文学也同样参与了中国现代文化和文学的发展过程。它是通过部分中国现代知识分子的自觉提倡和宣扬参与这个过程的，他们在中国现代社会成了中国传统文化和文学的体现者，他们使用的语言是中国传统文化中的语言，但他们作为这种文化和文学的体现者与中国古代文化和文学的创立者也是迥不相同的。也就是说，他们所使用的文化语言并不能体现他们自身的本质，他们自身的本质是在中国现代文化和文学的系统中显现出来的。总之，在中国现代文化和现代文学这种特殊的发展形式下，仅就他们所使用的理论语言，主要有两种：西方文化系统中的部分语言概念和中国传统文化中的部分语言概念。但所有这些语言概念都是中国现代知识分子在形成和发展自己时所使用的语言，而并非体现他们自身本质的语言概念，何况他们运用这些语言概念时都失去了其自身的明确性。胡风、冯雪峰、周扬都通过接受、传播、研究马克思主义而形成并发展了自己的文艺思想，他们都是对马克思主义在中国的传播做出了自己的贡献的文学家，但马克思主义却不能概括他们的自身特征，他们的自身特征是由更多、更复杂的因素决定的，并且这种概括也无助于对中国现当代文学发展历史的描述。不难发现，迄今为止我们所使用的研究语言还主要是中国现代作家在创造中国现代文化和现代文学的过程中所使用的语言，这些语言概念不是从西方文化中输入的，就是从中国古代文化系统中继承过来的。这在整体上造成的更严重的后果是肢解了中国现代文化和中国现代文学，使中国现代文化和中国现代文学呈现出

中国现代文学研究中的"正名"问题

似乎是西方文化和文学与中国古代文化和文学的杂拌儿品的面貌。评价中国现代文化和中国现代文学的话语权几乎全部掌握在西方文化和中国古代文化的手中,这与西方文化和文学的研究、中国古代文化和文学的研究都是不同的。在西方,不论社会的文化思潮和文学思潮发生什么样的变化,莎士比亚作为一个伟大文学家的地位是不会发生变化的。不同的批评家可以对莎士比亚做出不同的阐释,但是他们都不会否认他的存在价值和意义。类似的情况也发生在中国古典文学的研究中,屈原、杜甫、李白在中国文学史上的地位是不会受现代社会思潮的变化的影响的,因为对他们的评价不是从研究者所使用的理论话语中建立起来的,而是从对他们的作品的实际感受中建立起来的。但在中国现代文学的研究中,任何一个文学思潮的变化,都会将中国现代文学史从里到表重新抖擞一遍。中国现代作家的走红不是依照他们的作品,而是依照某种外国的或古代的文学和文化思想的价值而涨落。象征主义的价值跌落了,李金发就被从中国现代文学史上抹掉了;象征主义走红了,李金发的诗也受到格外的重视。儒家思想受到批判,鲁迅的地位骤然提高;儒家的思想得到弘扬,鲁迅的价值便受到怀疑。中国现代文化和文学的评判标准和社会思想家的理论又都是从西方的和中国古代的理论著作中搬运过来的,几乎没有一个属于中国现代知识分子从中国现代文化和文学的研究中形成的文化概念和文学概念。在具体的研究中,不是西方的影响,就是传统的继承,似乎这两种因素就概括了中国现代文化和中国现代文学的全部。中国现代知识分子的创造在哪里?我们在我们的研究活动中根本无法揭示出来,甚至我们连体现他们的创造性的语言概念都没有。西方人在研究自己的文化和文学的基础上建立了自己的理论话语,中国古代人在研究自己的文化和文学的基础上建立了自己的理论话语,而我们中国现代知识分子却没有在研究中国现代文化和文学的基础上形成属于自己的理论话语,而仅仅用西方的和古代的话语诠释现代中国的文化和文学,这难道是合理的吗?

一旦一种研究的概念系统形成并被多数人所运用,就会形成人们的思维定式,似乎离开了它们就无法从事这方面的研究工作。我们的中国现代文化和现代文学的研究也是这样。现在我们都会有这样一种感觉,似乎不把诸如现实主义、浪漫主义、社会主义现实主义、现代主义、后现代主义、无产阶级文化或文学、资产阶级文化或文学、小资产阶级文化或文学、人道主义、个性主义、集体主义、无政府主义、马克思主义、社会主义、资本主义、科学、民主、唯物主义、唯心主义、主观、客观、乐观主义、感伤主义（以上是从西方文化系统中输入的）和儒家文化、道家文化、出世、入世、拯世救民、天人合一、言志、载道（以上是从中国古代文化系统中继承过来的）等等语言概念当作研究中国现代文化和文学的基本概念，这种研究工作便无法进行。实际上，这些概念对于中国现代文化和文学都不具有直接的标志作用，以它们为基本概念系统给中国现代文化和文学的研究带来了极大的局限性。譬如说，我们几乎习惯性地称鲁迅为现实主义者，但当我们这样称呼他的时候，鲁迅的独立性就被消融在西方的价值体系之中，这同说巴尔扎克是个现实主义者是绝不相同的。巴尔扎克作为一个现实主义者是他自己的本质体现，这个概念是从像巴尔扎克这样的西方作家的作品中概括出来的，是他们自己的名字，而把鲁迅用现实主义者来概括，实际是把他归入从西方产生的一个文学派别的行列，是西方一个文学派别的追随者。这个概括对于鲁迅真的是合适的吗？只要我们把鲁迅的杂文和散文诗《野草》都作为鲁迅整体本质的不可忽视的一部分，我们就会感到这个概括实际是没有多大的合理性的。同样，当我们用儒家知识分子的入世精神概括鲁迅的精神本质的时候，鲁迅的独立性又被消融在中国古代的价值体系之中，这同说孔子和孟子是中国古代的大儒是绝不相同的。儒这个名就是对他们的概括，而用儒概括鲁迅的某一方面的本质就把鲁迅的独立价值归入了中国古代思想家的存在价值之中了。这种概括的荒谬性是显而易见的，它不但把批判儒家文化传统的鲁迅描述成了儒家文化的传人，而且把一切社会文化都用儒家的入世精神来概括也是极不合理的，似乎没有儒家的学说，中国的知识分子都要隐居山林一样。我们对中国现代文化和文学的研究可以不可以是另外一种形态的呢？我们不妨思考一下鲁迅的《中国小说史略》《中国小说的历史的变迁》的治史方式。毫无疑义，鲁迅是新文化运动的旗手之一，是不遗余力地提倡向西方文化学习的现代知识分子，但他在研究中国小说发展史的时候，却并没有以西

中国现代文学研究中的"正名"问题

方的文化概念为基本的语汇；他也是有丰厚的古代文化的素养的，但他也没有沿用中国古代小说作家自己在序言中评价自己的话语方式。六朝志怪小说、志人小说，唐代传奇小说，宋代志怪小说、传奇小说、话本小说，宋元拟话本小说，元明传来的讲史小说，明代神魔小说、人情小说、拟宋市人小说，清代拟晋唐小说、讽刺小说、人情小说、才学小说、狭邪小说、公案小说，清末谴责小说，所有这些名称都极为简单朴素，但又具有很强的概括性。它们不会使你觉得这些小说只是西方某些小说的粗糙的原坯，也不会使你觉得这些小说只是中国更古时代小说的简单继承。中国古代小说家的每一种创造性贡献都在这些概念中包孕着，但又看得出中国古代小说发展的明晰的轨迹。在这里，我们涉及一个逻辑学的基本常识的问题。"名"（概念）的作用是区别性的，一个事物与其他所有事物的区别必须用一个"名"（概念）与其他所有"名"（概念）的区别体现出来。一个事物的"名"只能属于它自己，而不能与其他不等同的事物共用同一个"名"。西方文学史的文艺复兴时期的人文主义文学、17世纪的新古典主义文学、18世纪的启蒙主义文学、19世纪上半叶的浪漫主义文学、19世纪的现实主义文学、20世纪的现代主义和后现代主义文学异常清晰地描述了西方近代以来的文学发展的历史，但一旦把现实主义、浪漫主义、现代主义、后现代主义这些名称用于中国文学史的研究，这种描述的明晰性立刻便消失了，因为这些"名"不是中国文学现象独有的名称，用这些概念理不出中国文学发展的头绪。"名"对"实"是有随意性的，同一个事物可以用不同的名称称谓它。但不论用什么名称，这个名称必须仅仅属于它，必须能把这一事物同其他所有事物区别开来。与此同时，"名"自身并不包含价值判断，它只是对一种事物的指涉，一旦一个"名"有了确定无疑的价值判断，在它的形式下发展起来的事物便不再等同于它原来所指涉的事物，它的这种固定无移的价值判断也就失去了固有的效能，所以它仍然是不具有确定无移的价值判断的。但是，正因为"名"自身并不包含对自身的固定无移的价值判断，这个"名"才体现了同一个文化现象自身从产生到消亡的全部过程。一个"名"所指涉的不是它的某一方面的本质，而指涉的是它的浑融的整体和这个整体所经历的全过程，鲁迅在"人情小说"的名下概括了清代以写人情世态为主的一批小说,它只是概括了这样一个文学现象,它本身并不包含对其中这些小说固定的思想和艺术的评价,但也正因为如此,它却包含了这一文学现象从产生到消亡的整个过程,包含了像《红楼梦》这样伟大的古典名著,也包括了那些对《红楼梦》的拙劣模仿。创造者使一种文学现象获得生命,因袭者使它走向衰亡,然后它的地位就为另一种新的文学现象所代替。这就是文化和文学的历史,每一个历史的文化和文学的现象都是独立的,它不可能是对古代某种文化或文学现象的简单重复,也不会是对别民族某种文化或文学现象的机械复制,不论它自身的发展程度如何,它都是它自己,它应该有自己的独立使用的名字,与古代和外国的文化或文学现象不同的名字。在鲁迅之后,中国小说史的研究又有了新的发展,但像鲁迅这样明晰地描述了中国小说发展史的史著似乎还没有第二部,其中一个根本的原因就在于把大量古代的和外国的"名"(概念)混杂到了中国小说史的描述之中去。他们把《水浒传》《红楼梦》《儒林外史》《官场现形记》《二十年目睹之怪现状》这些小说都用现实主义来概括,显而易见,这种用别人的名字概括中国文学现象的方式严重地破坏了中国文学发展的自身逻辑,要想用这种概括方式理清中国小说发展的历史脉络,只能是越理越乱。实际上,鲁迅不仅在研究中国古代文学史的时候坚持这种命名的方式,在论述中国现代文学史的时候用的也是同样的方式。"五四"之后,即使在新文学界,也随之出现了两种论述中国新文学的方式,其一是把中国新文学纳入西方的文艺思潮中来论述,例如茅盾,他就明确提出要把现实主义作为发展新文学的主要方向,直至晚年,他在自己的《夜读偶记》中仍然把全部的中国文学史都视为现实主义与反现实主义的斗争;另一些人则用中国固有的传统论述中国现代文学,周作人在他的《中国新文学的源流》中就用"言志"与"载道"概括中国全部的文学传统,并把五四新文学作为言志派文学,把后来发展起来的描写社会现状的文学视为载道派文学。这两种论述方式至今仍是我们论述中国现代文学史的方式。鲁迅则不同于这两种方式,他在《〈中国新文学大系〉小说二集序》《上海文艺之一瞥》等文章里,所用的仍然是他在《中国小说史略》《中国小说的历史的变迁》中所用的概括方式。在《上

中国现代文学研究中的"正名"问题

海文艺之一瞥》中,他谈到晚清的谴责小说如何演变为黑幕小说,鸳鸯蝴蝶派小说如何得到发展,这两派小说后来则直接与中国现代文学相衔接。在《〈中国新文学大系〉小说二集序》中则从各流派小说作家的自身实际论述了他们的小说创作,外国的影响、传统的继承都是在他们的现实处境中被自觉与不自觉地利用或扬弃的。也就是说,不是中国和外国的传统决定着中国现代作家,而是现代作家以自己的方式把握中国和外国的传统,现代作家的主动性在于他们在不同于中国古代和外国的条件下进行着仅仅属于自己的追求,不论其成果如何,他们都是为自己和自己的时代而创作,他们的创作不同于中国古代的文学,也不同于外国的文学,应有仅仅属于自己的名字,应当以有别于评判中国古代作家和外国作家的评价方式评价他们的文学创作。

用独立的名称指代中国现代的各种文化和文学现象,就是用它们自身的逻辑思考它们自己的特征,思考它们赖以产生和发展的原因,思考它们自身演变的脉络以及与其他文化或文学现象的关系(其中也包括与中国固有文化传统和外国文化的关系),也只有如此,我们才能看到我们自己的现代的文化和文学的历史。我认为,直至现在,我们所描述的中国现代文化和文学的历史,严格说来还不是这样的历史。有时它是外国文化和文学的传播史,有时它是中国古代文化和文学的流变史,它向我们展示的是外国或中国古代人的创造精神,而中国现代知识分子只是他们的忠实的和不那么忠实的学生,是与那些创立者处于不同价值层面上的人物。当我们说《新青年》文化群体和文学研究会是现实主义的,创造社是浪漫主义的,现代评论派、新月社是西方资产阶级文艺的忠实信徒,左翼文学是马克思主义的,我们所看到的是一部什么样的文学史呢?这是一部西方文化瓜分中国现代文化和文学的历史,是一部西方各种文化和文学流派在中国划分势力范围的历史。同样,当我们说五四新文化运动对中国传统文化的批判是一个根本错误的批判的时候,当我们依然以传统的价值标准衡量中国现代文化和文学现象的时候,这意味着什么呢?这意味着我们现代的中国人仍然应当像中国古代人一样想,一样做,我们不应有与中国古代人不同的思想和认识。所以,"名"的问题实质是一个自我的独立意识的问题,是承认不承认中国现代文化和文学独立存在的权利问题,是承认不承认中国现代知识分子有独立创造的权利的问题。所有这些现在仍很流行的语言概念,实际上都没有起到对中国现代文化和文学史的描述作用。我认为.假如我们抛开这些中国现代作家在自身的成长和发展过程中所使用的西方的和古代的词汇,而从他们自身及其作品的实际考察中国现代文化和文学的历史,我们更能看到真正属于我们现代人的文化和文学的历史。在这里,真正属于这个历史的不是像现实主义、浪漫主义、现代主义、后现代主义、马克思主义、实用主义、新人文主义或儒家传统、道家传统、载道、言志这些外来的与古代的语言概念,而是它的一系列真实的文化和文学现象以及对这些文化或文学现象的直接考察。五四新文化运动不是一个现实主义的运动,也不是一个浪漫主义的运动,它是脱离了固有的科举道路、具有了初步的现代科学文化知识的平民(非官僚的)知识分子的文化运动。这个文化运动体现了他们在中国社会开辟发挥自己社会作用的文化空间的努力,所以他们在文化的传播方式和文化的观念的革新上都做出了自己的贡献。科学、民主、人道主义、个性主义等等概念在他们那里都是作为现代社会的基本观念提出来的,是人人都应具备的最基本的观念,而不是他们自己独立身份的标志,甚至也不是他们已经达到了的思想高度。正因为如此,所以这些概念并无法体现他们自身的本质,仅仅用它们,我们无法说明陈独秀、李大钊、胡适、周作人、刘半农、钱玄同、鲁迅彼此各异的发展。在"五四"开辟的新文学的狭小空间中,青年一代有了发展自己的可能,但同时也必须在竞争中为自己的发展开辟道路。在20年代初,形成了三个比较大的文学势力。文学研究会不是以现实主义的文学原则组合在一起的,它是最早企图把全国新文学作家都组织在一起的文学社团,所以它几乎容纳了当时在国内进行创作的所有新文学中青年作家,其创作也几乎包容了各种不同的倾向,与其说它是一个现实主义文学社团,倒不如说它是在中国本土成立的新文学作家的联合会,只是较之由尚在日本留学的创造社成员有更多国内生活的描写,而在彼此的竞争中,像茅盾这样的文学研究会的理论台柱则更倚重外国的现实主义、自然主义理论,但只要我们把文学研究会会员的文学创作同法国浪漫主义作家乔治·桑、雨果等人的小说进行一番比较,便知道他们对现实的描写并不更接近西方的现实主义，而只是一种自然的取材方式罢了。它体现的不是现实主义创作方向，而是中国新文学作家在当时的中国社会上所可能选取的文学题材。他们多数出身农村，对农民的生活面貌有直观的了解；他们多是青年学生或毕业不久的青年学生，所以他们多写青年男女的恋爱生活；他们所从事的工作是大、中、小学的教师，所以中下层的知识分子的心态能在他们的作品中得到较为深刻的反映，而青春期的感伤情绪、在军阀混战的社会中这些知识分子的无力感则造成了他们的作品的主要情绪格调……这一切只在现实主义的理论中或在言志载道的传统中都是不可能得到较为清晰的说明的。我们向来把创造社直接用浪漫主义予以说明，但真正能够说明它的产生与发展的不是浪漫主义文学主张，而是他们的存在状态。他们是一群在日本留学的青年学生，青春的热情同在异国他乡的孤独无助感几乎构成了他们创作的全部特征，西方的文学影响有助于他们当时思想情感的表现，但对他们的发展没有起到关键作用，多变恰恰是这些青年的主要特征。他们的"主义"常常变化。现代评论派、新月社则是留学英美归国的一些知识分子，这些知识分子的主要思想倾向和创作倾向也不是由英美的某个思想学说决定的，而是由他们在中国社会上的实际地位决定的。他们是在中国社会上受器重的一批新的知识分子，现代教育的发展为他们提供了较为稳定的职业和较为稳定的生活环境。他们是中国现代社会中的大学学院派的中坚力量。重节制、讲礼节、反极端（极端保守和极端激烈）、爱中庸，向来是这个社会阶层的特征。到30年代，学院派之外的社会知识分子多数倾向左翼。他们之倾向左翼的主要原因不在读了马克思主义的著作，而是在倾向了左翼之后才去读马克思主义著作。他们对马克思主义的了解是很肤浅的，决定他们创作的是中国社会的现实状况，而不是马克思主义理论。这时的英美留学归国的知识分子多数仍保持着原来的中庸和平的态度并与左翼知识分子发生了直接的思想对立。对40年代的文学发生最重大影响的是抗日战争的爆发，中国的固有传统和外国文化与文学的影响都是在这一现实基础上发生的。总而言之，中国现代文化和中国现代文学的主要根据在中国现代社会和中国现代知识分子的思想意识状况，用中国固有的传统和西方文化与文学的影响都不能精确地描述它的特征和它的发展。我们不能把中国现代文化和文学的研究放在中国固有的和外国文化与文学的概念系统上,我们应有仅仅属于中国现代文化和文学研究的语言概念,用中国现代的"名"概括、说明中国现代文化和文学的现象及其历史的发展。

这可能是个艰巨的工作,但却是不能不做的工作。

原载《北京师范大学学报(社会科学版)》1995年第1期

当前中国现代文学研究中的若干问题

保守与革新，原本是一个发展过程的两个相辅相成的方面，但在我们的文化价值观念里，却有了褒贬之分，好像一个人可以不断革新下去而不必保守任何东西。革命，革革命，革革革命，这样一直革了下去。假若我们总是这样地否定自己并且以此证明我们不是保守派，那我们到底怎样看待我们的现代文学，就连自己也说不清楚了，那我们还革什么新，研究什么现代文学呢？

我们现在的中国现代文学研究，是在"文化大革命"的基础上，通过对"文化大革命"一系列价值标准的证伪过程奠定了一个新的基础的。在"文化大革命"中，中国现代文学研究学科实际上已经被过去我们称之为极左的思潮所摧毁，只有鲁迅作为一个亡灵被当时的权势者祭拜着，但祭拜的也不是他的思想和文学，而是别人加在他身上的所谓对毛主席革命路线的忠诚和热爱。当时的转变就从鲁迅研究开始，就从鲁迅改造国民性的思想入手，就从鲁迅的文学创作入手，开始重新奠定中国现代文学的价值标准和思想基础。在那时候，这个基础是通过对五四新文化和五四新文学的重新阐释找回来的，所以在一个时期当中，鲁迅和20年代文学成了我们研究的重心。这个研究远远超过了当时所谓"拨乱反正"的界限。所谓拨乱反正，是要拨"文化大革命"之乱，反"十七年"之正，但是，五四新文化与"十七年"用的不是同样的文化标准，在"五四"的旗帜之下，我们形成了研究中国现代文学的新的观念架。但是，同一个研究过程可以有各种不同的理解，而理解的不同，又可以导致不同的研究倾向。我们之所以对"文化大革命"及此前的价值标准进行全面的反思，正是因为它坚持的是"主流论"。这种"主流论"不是把文学的发展作为各种不同派别、不同创作个性并存竞争的结果，而是把它看作一派简单地压倒另外一派的结果。这种"主流论"导致的是文化专制主义，是中国现代文学的自我否定。但是，对新时期中国现代文学研究，也有另一种不同的理解，并且随着"革新"热的加温而有愈演愈烈之势。他们把新时期的中国现代文学研究理解为非左翼文学战胜左翼文学、非马克思主义文艺清除中国现代文学史上马克思主义文艺的影响的研究过程。客观上，这种理解又与新时期文化开放的具体特点联系在一起。

中国现代文学是在对外开放的过程中发展起来的，但那时的开放要比我们现在的开放全面得多，广阔得多。在中国现代文学史上，去日本、美国、英国、德国、法国、苏联的留学生都从不同的国度接受了不同文化和文学的影响，他们之所以接受这些影响而没有接受其他文化和文学的影响，又与他们自己的不同思想基础和审美趣味有关，也就是说，不同文化和文学的影响发掘了不同人的不同的思想和审美的潜力，创作了不同的文学作品。他们之间虽有矛盾和斗争，但中国现代文学又是由他们共同创造出来的，而不是用单一的文化倾向和单一的个性创作出来的。"十七年"中国现代文学研究走向崩溃的基本教训，就是用单一的文化标准和单一的文学趣味人为地削剪现代文学史，而不把它看作一个系统，一个结构，一个在矛盾对立关系中各自发展的统一的过程。在我们新时期重新走向开放的时候，是在美国文化在世界上具有了比当时更大国际影响的时期，苏联的社会主义阵营由于自己发展道路上的严重困难而失去了过去对中国文化的影响力，日本、德国文化由于二战的影响也尚未重新恢复自己的全部活力，英国和北欧由于自身空间不足以容纳更多走出国门的中国人，它们的文化对中国知识分子的影响力也受到了很大的限制。在这种情况下，新时期的开放实际上主要是对美国文化的开放。新时期走出国门的中国知识分子，更多的是到美国学习的知识分子，他们同时也把美国汉学界的中国现代文学研究成果输入进中国大陆。必须指出，这种影响对我们大陆的中国现代文学研究是起了促进作用的，在先的夏志清，在后的林毓生、李欧梵等都以其杰出的研究成果给大陆的中国现代文学研究者以多方面的启发，他们的成果已经融入大陆的中国现代文学研究之中来。但是，我们也必须看到，美国汉学界的中国现代文学研究，与我们大陆的中国现代文学研究是有不完全相同的基础与特点的，因而也与我们在总体上有所不同。二者是互相吸收、互相借鉴的关系，而不能以人代己，简单挪用。1949年以后，中国大陆和美国长期隔离。大陆的文化思想和文学思想是沿着陈独秀、李大钊、鲁迅到左翼文学再到延安文艺这条线索发展起来的，但到1949年之后，当用这个单一的线索代替了对整个中国现代文学史的研究之后，尤其是政治对文学研究的严重干扰，导致了中国现代文学研究的枯萎乃至毁灭。但是，美国汉学界又是从另外一条线索上发展而来的。1949年之后的台湾文学研究界由于与大陆不同的政治倾向，甚至就没有建立起一个独立的中国现代文学学科，鲁迅和大批中国现代文学史上有影响的文学作家的作品无法得到出版，更无法进行研究，能够得到出版的多是胡适、徐志摩、梁实秋这些留学英美的知识分子的作品。台湾的学者是在与大陆不同的严峻局势中逐渐开拓自己的研究范围的。大陆与美国的隔离状态，使美国的汉学界更多受到台湾学者的影响，他们在美国更自由的条件下挣脱了台湾本土的政治限制，把中国现代文学的研究提高到了新的水平。但在美国，仍与中国现代文学发展的基础有根本的不同，他们处在美国文化环境的内部，接受的主要是美国文化的影响，就其自然趋向就更侧重于中国现代文学史上的英美派知识分子，在研究材料的占有和分析材料的观念上，自然地具有自己的特点。这些特点我们应当重视。他们有他们的特点，也就意味着我们也应有我们的特点。这并非说我们要有意与他们有所区别，这种区别是自然具有的。他们是从中国大陆当代文化的外部观察和了解中国现代文学研究的。"不识庐山真面目，只缘身在此山中"，我们要时刻注意他们对我们的观察和了解，以避免我们一叶障目的弱点，但我们对我们所处的文化环境却有更细微更切身的了解。"如鱼饮水，冷暖自知"，他们也是很难体验到我们所体验到的东西的。这种人生体验和文学感受的不同，使我们对中国现代文学的

当前中国现代文学研究中的若干问题

感受和理解与他们也会有自然的差异。他们所重视的，我们未必重视；他们不太重视的，我们未必不重视。我们之间也会有各种差异，但这种差异也建立在不同的文化心理之上。每一个研究者，都不可能为后来的研究提供万古不变的、绝对完善的研究成果，我们只能用自己的心灵为后来的研究留下我们自己真实的思考与理解。我们身历了前人、后人和国外同行都不可能重新经历的人生。就是国内的一个中青年中国现代文学研究者，假若他不只是任意用一种新异的观点来获取学术界的关注或为了讨好别人的话，也会与国外同行有诸多不同的特点，因而也会有自己不能不保守的固有的观念。但是，我们在新时期的开放中，接受的是单方面的影响，这种影响很快使我们的中国现代文学研究只向一个方向偏离，并且很快越过了美国汉学家而向台湾固有的基点倒转，从而有可能把我们的中国现代文学研究重新引向了狭窄的道路，破坏了它的结构的完整性，并使它面临着新的潜在的危机。

在这里，我认为有必要提出鲁迅研究和左翼文学研究的问题。

1949年之后，为什么在大陆能够建立起一个中国现代文学研究的独立学科，而在台湾却不能建立起这样一个学科呢？这里有一个中国现代文学学科之所以能够成立的基点问题。从现在说来，这个基点就是五四新文化运动。但是，"五四"之后，陈独秀、李大钊离开了文学领域，主要去从事政治革命了；胡适、钱玄同、刘半农虽然还有一些文学创作，但主要转入了学术研究领域，他们在文学上的贡献也比鲁迅小得多；周作人虽然一直从事创作活动，但他到了抗日战争时期成了汉奸，在他周围形成的现代文学作家的圈子也是很小的。在五四时期鲁迅就是一个主要的创作家，在20年代他与众多的作家一起经历了中国现代文学的奠基期，虽然他与各派文学家的关系有疏有密，但却以独立的个性与整个20年代的文学联系着。到30年代，他成了左翼的一员。不论左翼文学有多少不尽人意的地方，但在30年代却是一个影响巨大的文学派别，不但包括很多著名的中国现代作家，而且也推出了许多至今不可忽视的青年作家，另有一些像巴金、曹禺这样的著名作家，也因为不满于国民党政府的文化专制而接近左翼，40年代它又团结了一批新的作家，如老舍、闻一多等人。这样，到了1949年，鲁迅、郭沫若、茅盾、冰心、叶圣陶、许地山、朱自清、郁达夫、闻一多、巴金、老舍、曹禺、田汉、夏衍、洪深、丁玲、萧红、臧克家、艾青、田间、赵树理这些在现代文学史上影响深远的作家，就都能纳入中国大陆现代文学研究中来，从而也就有了中国现代文学学科的整体框架。而在台湾，恰恰无法把这样一些作家组织在一起，它所能够予以认可的作家是极少数，无法体现中国现代文学史的全貌。也就是说，尽管我们以前所建立的中国现代文学史的整体框架是不够完整的，并且后来导致了自我的毁灭，但在我们的固有基础上，到底还是组成了它的一个整体框架的，不论我们过去有没有对它的自觉意识，但这个学科赖以成立的基点就在这个框架内部，则是毫无疑义的。而在台湾固有的文学研究中，是不存在我们这个学科赖以成立的基点的。从外部的原因而言，整个中国现代文学是在反对文化专制主义的斗争中存在与发展起来的，反文化专制主义的一方自然会获得更多文学作家的同情，因为文化专制主义向来是文学艺术发展的大敌，文艺家不论在任何时代和任何民族里，都是需要较之其他行业的从事者更大得多的自由空间的。在这里，鲁迅及其所体现的思想倾向有着特殊的作用，他是连接不同文学派别的一个重要支点，他的基本思想就是中国现代文学史赖以成立的思想基点。当"文化大革命"把中国现代文学史的框架拆散之后，我们在几乎没有其他理论助力的情况下，只通过重新阐释鲁迅便重建起了中国现代文学史的整体框架。这当然取决于我们自己思想意识的变化，但也说明在鲁迅的思想和作品中具有这种潜在的力量。为什么到处树敌的鲁迅能够起到这样的作用呢？这要从鲁迅的个性主义来解释。个性主义有两个不可或缺的侧面：其一是"所遇常抗"，绝不让权势者和多数群众的文化暴力湮灭自己的独立立场；其二是承认人的基本存在权利，承认别人有坚持与自己不同的独立立场的权利。正是这种对不同个性以及对不同个性之间的竞存竞争权利的承认，才能把各种相互矛盾着的不同派别的现代作家的作品组成一部完整的中国现代文学史。鲁迅与胡适、高长虹等人的毫不留情面的争辩，并没有影响他对他们的文学贡献的承认，直到30年代鲁迅还承认胡适在五四时期是他的先驱者，并且把他的《尝试集》作为中国新诗的主要成就推荐给外国人，把他的小说史的研究成果推荐给青年研究者。鲁迅是一个屏障，隔

当前中国现代文学研究中的若干问题

开了左翼和右翼。但通过这个屏障，又连接了中国文学界。这个屏障是透明的，是通过他的个性主义编织而成的。从他的一方，既可通向左翼，把左翼作家的作品纳入中国现代文学史之中来；也可以通向右翼，把胡适及他所代表的英美派作家的作品纳入中国现代文学史之中来。但是，从胡适、梁实秋、苏雪林等赴台作家的一方，却无法把大批左翼作家纳入一个统一的框架当中来。就他们个人而言，有的是讲宽容、重大度的人，但他们评论人及文学作品的价值标准却是中国传统道德主义的。他们不是把彼此之间的矛盾纳入不同思想倾向之间的冲突中来理解，而是通过对对方整体人格及其存在价值的否定来解释。中国的传统道德原本是具有极大的排他性的，他们也就由此带上了极大的排他性。他们这个屏障是不透明或半透明的。胡适不否定鲁迅，但却不会承认整个左翼文学；梁实秋承认鲁迅的小说，但否认鲁迅的杂文，对左翼文学阵线也取根本否定的态度；苏雪林原本是承认鲁迅小说的艺术价值的，但因为对鲁迅道德人格的否定，后来连他的小说也变得不可容忍了。

必须指出，中国大陆"文化大革命"的结束，并不主要是中国知识分子自我觉醒的结果，在其中起关键性作用的还有政治内部的斗争。"政治先行"，中国知识分子才掀起了一个思想解放运动。这个过程和五四新文化运动是不同的，这同时也给这个思想解放运动带来了极大的不确定性。政治的变化，使一些知识分子开始重视自我的人生体验和审美体验，中国现代文学研究者也以自己的人生体验和审美体验重新感受和思考中国现代文学和文学作家的创作。在这时。他们在徐志摩、戴望舒等过去被否定或部分否定的作家的作品里，感受到它们不可忽视的价值，又从国外汉学家重视的沈从文、张爱玲、钱锺书等人的作品里，认识了他们的意义。他们感受的范围更广阔了，在自己的头脑里形成了关于中国现代文学史的新的观念，过去以简单的政治标准建立起的文学史框架显得狭窄了，不合理了，左翼文学的主流地位也受到了挑战。但对于他们，绝不意味着他们原来就掌握的文学史知识已经全部消失，不论这个框架如何调整，鲁迅仍是鲁迅，左翼作家的作品仍是存在的，别人的出现并不意味着他们的消失，这里主要是一个重新组织整理的问题，是一个更深入思考中国现代文学发展的规律问题。但是，这个转变也有可能以另外的形式实现，一个中国现代文学研究者并不重视如何具体感受和分析中国现代文学作品，而是为了自己与"文化大革命"及其以前的观点划清界限。这个界限不是在精神上而是在外表上区分开来，其结果必然和过去历次政治运动的表态一样，过去说是黑的，现在就说是白的；过去说是白的，现在就说是黑的。谁否定得大胆，谁就最新潮；谁改口得快，谁就最"先进"。他们在美国汉学家的著作里，看到的不是他们对中国现代文学的独立感受和思考，而只是看到一些"新观点""新结论"。他们接受了这些观点，就以为自己已经把握了中国现代文学，已经与旧的观念划清了界限，成了最"先进"的。但"新"，是有时间性的，过不了几天，别人也知道了，就不再"新"了，他们还要去找"新"的说法。这样"新"而又"新"，他们就"新"过了美国汉学界，"新"过了当前的台湾学者，"新"到1949年前后英美派作家的道德主义那里去了，甚或新到三四十年代专门制造下流新闻的小报记者那里去了。他们尽管是少数人，但代表着最"先进"的思想潮流，这使我们中国现代文学研究界的有些人也觉得不说点鲁迅的缺陷好像过于保守了点，因此也自觉不自觉地转向了道德主义批判。这种道德主义的特点是，研究者不是从发掘作家作品的思想意蕴和艺术成就出发发掘和研究作家的生平、思想和道德人格，而是从指摘或评说作家的道德人格出发搜集作家的生平资料、轶闻趣事，窥视和评论作家的作品。岂不知这种道德主义是不能成为一个学科的研究方法的，中国传统的道德主义从来都是个人的，印象式的，它不具有自己的确定性，"婆说婆有理，公说公有理"，并且以此对人做出的是终身判决，不承认对方与自己不同观点的基本权利。同样是道德评价，同样是真诚的，萧红与苏雪林两个人对鲁迅的评价就有天壤之别，二者之间几乎没有讨论的余地，因而也没有科学的研究。大陆的中国现代文学研究者在当前主要是在一种文化开放的条件之下，随着单一的潮流走向了这个潮流的极点，在这里，我们遇到了道德主义，并由此而重新返回到或明或暗地有意否定鲁迅的道路上。这种道德主义的否定，走的是一条"创新"的捷径，因为没有任何一种方式比传统的个人道德挑剔再简单的评论方法了，这是任何一个长舌村妇都能熟练运用的，但它却不是一种学术研究的方法，它使我们放

当前中国现代文学研究中的若干问题

弃了对鲁迅思想和作品的亲身感受与认真的理性思考，使全部的鲁迅研究变得毫无意义，正像在妇姑勃溪之中就不再有理可讲了一样。与此同时，它也使我们在无形中离开了中国现代文学研究的思想基点。在中国现代文学史上，几乎只有鲁迅，使你无法仅用政治立场和道德行为的方式予以较为妥帖的解读，你必须立于个性主义的立场上，承认一个人坚持自己不同于任何人的独立立场的权利，同时这种坚持又毫不意味着对别人同样权利的剥夺，因而永远以思想的而不是实力的方式从事完全自由的论争，才能把鲁迅纳入正常的研究过程，而这是能够构成中国现代文学整体框架的最根本的思想基础。总之，对鲁迅的研究牵动着整个中国现代文学研究，牵涉到中国现代文学研究学科的独立思想基础，在鲁迅研究中，我们应当少凑些热闹，多做些更严肃的理性思考，多做些艰苦的阐释性探讨，在此基础上开辟我们创新的路，略微保守一点，"跟"潮流"跟"得略微慢一点，或许对我们更有些好处。

对鲁迅的研究，又直接牵涉到历次文化的与文学的论争。文化和文学的论争不是吵架，不是政治权力的争夺，不论彼此的观点发生何等大的分歧，都是在社会不同人和人群之间发生的思想观念的分歧，都是不同文化选择和文学选择之间的争论。胡适不是段祺瑞，梁实秋也不是蒋介石，他们手里没有枪杆子，他们的言论是可以通过言论反驳的，左翼有发表自己见解的自由，他们也有他们发表自己见解的自由。这是社会每一个公民应享的最基本的权利。文学史家对历史上任何一个文化的和文学的论争，都必须在承认二者发言权的基础上进行社会的和理论的分析，而不能在不承认不同观点的发表权利的基础上进行。文学史家对历史上发生的各种文化的和文学的论争之所以应进行研究，是为了了解历史上不同的人对同一问题有过什么不同的认识，以及为什么有这种不同的认识，他们各自在自己的立场上有没有体现或发现前人所没有体现或发现的对文化和文学问题的新的理解，从而提高我们对文化和文学问题的认识能力。因此，已经脱离开那个时代的具体论争过程的文学史家，不再是那时论争的参加者，而是它的思考者和分析者。不论你对他们的论争取着什么分析态度以及你现在的基本立场是什么，你都要承认争论双方所体现的不同倾向是当时具有发言权的不同社会成员或不同社会阶层的观念的表现，都有可能包含自己相对的合理性。当时的争论，因是不同社会文化观念和文学观念的争论，所以对立双方是取着不同的立场的，是以申明自己、反驳别人为基本形式的，不论各自采取什么样的战略，他们像正在比赛的两支球队，没有一方是为了对方多进球。但在比赛结束之后的评球过程中，评论员的评论却不能只是为了任何一方的输赢，你应当对之做出客观的评价，不论你主观上是倾向于哪个队的，客观地总结争论双方的利弊、发现各自的优长和作用，都是首要的任务。你不能再像争论的任何一方，只是为一方提供论据而不承认对方的任何证据。不难看出，这正是所有严肃的历史学家所持的基本态度，是恩格斯的《费尔巴哈与德国古典哲学的终结》《自然辩证法》，罗素的《西方哲学史》，鲁迅的《中国小说史略》所共具的特征。这些历史著作的作者都有自己的独立主张，但在评述历史时，都不是只承认与自己相同派别的贡献而否认对立倾向的任何贡献。假若没有不同倾向及不同倾向的矛盾和斗争，就没有人类文化史和民族的文艺思想史，有，也是一个凝固的东西。1949年之后，在中国现代文学研究学科成立的时候，大陆研究界以简单的政治审判代替了对历次文化和文学论争的理论探讨，而把所有与左翼作家有过论争的文化或文学派别一律作为非法的、完全错误的派别简单地予以了政治排斥。这实际上是对胡适、陈西滢、梁实秋、胡秋原、苏汶、林语堂等人的公民权利的剥夺，是在剥夺了对方辩护权利之后对对方进行的法律判决。当把同样的方式用于大陆知识分子自己的时候，对知识分子的政治迫害就开始了。"文化大革命"结束之后，由于这种观念的沿袭，使中国现代文学研究界避开了对这些论争的理论阐述，从而使这个领域成了较少有人涉足的地带，大多数新编的中国现代文学史也删去了有关内容。但是，无人研究不等于没有矛盾，恰恰在这一领域，中国现代文学界分歧最大，矛盾最多，认识最混乱。这同时也给求新求异者提供了方便。只要把"立场"一变，把对立面的观点当作自己的观点，便具有了"创新"的意义，有了反潮流的性质。我们的研究界大都不满于"十七年"的解释，也就容易转而同情于这些言论。但是，这种"翻案"的办法，在方法论上则是与此前的批判文章相同的。在对待历史的论争上，谁要是只在这二者之间简单地挑选一方作为自己

当前中国现代文学研究中的若干问题

现在的立场，谁就仍然只是重复历史上的争论，而没有在原来争论的基础上迈出任何微小的一步，其论述也就没有了研究的意义。在这简单的跳跃性变化中，也与我们对外文化开放的单向性有关。中国传统的趋同心理往往使我们的学术观点在自觉不自觉中就向与我们关系比较亲近的人接近，其实这是要不得的。学术研究与人事关系是两码事，我们必须在我们的研究现状的基础上不断推进我们的研究。过去的错误应当使我们变得更复杂一点，对历史的透视力更强一点，不但能超越于现代文学史上的左翼理论家，也应能超越于现代文学史上的英美派理论家。只有我们能从自己现有的独立思想立场对争论的双方做出客观的阐释，我们才会从历史的争论中发现对我们现在的文学发展和文学研究的发展非常重要的东西，才能丰富我们对中国文化和中国文学的理性认识。在这里，重视对中国现代文学史上的历次文化和文学论争的研究，重视左翼文学界提出的一系列问题和他们对这些问题的解答方式，不仅仅以我们现在的观点一笔抹杀他们的观点的意义和价值，仍然是十分必要的。这比从左翼立场一下子跳到左翼对立面的立场要保守一些，但这种保守对一个文学史家是重要的，是为了保守住自己的研究对象，保守住自己研究对象的结构的完整性。用任何一派观点骂倒了另外一派，这个史，就不是完整的历史了，我们也没有什么可研究的了。清一色的左派和清一色的右派，捋几下，就能捋得比韭菜还要齐，你还研究什么？我认为，至少有一点我们是不能混淆的，即，三四十年代的左翼文化系统，是那时反对文化专制主义的主要文化力量，因而它也承担着文化专制主义的最大压力。当一个有着成熟的理论修养的阶层无法起到为中国广大知识分子争取更大自由空间的作用时，另一个在理论修养上可能比较幼稚的知识分子阶层就只能以自己的力量争取自己存在与发展的权利，从而也就有了自己的独立性。不论它当时的存在有多少不尽人意的地方，以及后来的发展会导致什么样的结果，但在当时的历史上，它都是一个无法否认的事实，一个没有别的派别可以代替的文化力量，一个获得了自己历史地位的理论派别。

理论，是一种理性的选择，创作是一个更复杂得多的创造活动。理论可能有助于或有害于一个作家的创作，也可能与他的创作毫无关系，只是他说明自己创作的一种附加方式。所以，文学史家既要注意文艺思想对作家创作的影响，又不能仅仅用作家的文艺思想代替对他的创作的欣赏和评论。1949年以后，现实主义或革命的现实主义、社会主义的现实主义成了文坛推崇的创作方法，一时间凡是主张现实主义、特别是左翼现实主义的作家都有了崇高的地位，而所有其他派别的作家，都成了资产阶级和小资产阶级的，其作品当然也是不好的，至少是有严重缺陷的。后来的文艺斗争，都成了革命现实主义与反现实主义的斗争，谁失败了，谁的现实主义头衔也就被摘下来了。弄到"文化大革命"，除了鲁迅，所有中国现代作家都不是革命现实主义的了。实际上，在"十七年"当中，讨论了多次现实主义，我们还是弄不清什么是现实主义，因为当只有现实主义作品才能称得上是好的文学作品的时候，当所有无法否认的作品都被当作现实主义作品，而所有被否定的作品都被说成是反现实主义作品的时候，现实主义是什么，人们也就无论如何也说不明白了。这里的问题是，文学性从来就不只存在在一种文学样式中。只把一种文学样式挑出来而把其他文学样式都扔到文学史篮子的外面，这个篮子盛的就不是一部完整的文学史了。"文化大革命"之后，现实主义一尊的局面被打破了，现代主义在国外的崇高声誉使我们骤然对现代另一些作家的作品刮目相看。在这里面，有两种情况，一是我们原本就认为好的作品或原本就可以认为好的作品，只是囿于当时的文艺思想，无法表述对这些作品的真实感受，现在有了一种相应的理论，就很自然地将这种理论和这些作品的研究结合在了一起，开拓了我们的中国现代文学的研究领域，其作用是不可低估的。但也有另外一种情况，即用现代主义的理论代替对作家作品的评价，凡是现代主义的，都好像在历史上受了莫大的委屈，都要给予"重新评价"。而现实主义的作品，好像在历史上吃香的，喝辣的，如今不应该再像以前那样看重它们。这里有一个问题，就是文学作品的价值不是靠理性判断出来的，而是靠心灵欣赏出来的，理性上的、理论上的变化是很快的，而欣赏趣味的变化是很慢的，是在一生一世的慢火焙烤中养成的。但当现实主义被"淡化"、现代主义被提倡的时候，我们中国现代文学研究也就出现了严重的倾斜。这种倾斜不仅是数量的，同时还是质量的。也就是说，是以什么尺度衡量的问

当前中国现代文学研究中的若干问题

题。理论可以阐述一个研究者的感受，但也可以蒙蔽一个人的感受。当一个人孜孜不倦地用口嚼含一块冰凉的铁块时，只要你坚持含下去，终能感到它的湿润，它的香甜，它的不尽的余味，但这不是从铁块当中获得的，而是从你咂吮的过程中由你自己的唾液带给你的感觉。我们都是搞文学的，我们都要做出文章来。当一种创作方法成了被社会首肯的、尊崇的方法，我们就到我们的研究领域找出这类的作品，要从这种作品当中咂摸出好处来，我们咂摸来咂摸去，终于咂摸出味道来了，并且越来味道越浓，越来越感到妙不可测。这实际是一种潮流蒙蔽了你的感受。弄到现在，过去被我们捧到很高地位的作品似乎都没有了多大的意思，而过去被抛在历史角落的作品都有了韵味。于是愈加相信左翼作家当中没有值得一提的好作品，而非左翼作家的作品都是味隽意浓的。这一切好像是自然然地发展过来的，好像是沿着文学性的尺度量过来的，但结果真是"文学性"的胜利吗？实际上，在中国现代文学研究中，"优美"的传统得到了过剩的研究，而"力美"的传统却相对被忽视了；狭小的美被过于张扬了，而开阔的美被严重冷落了；"幽默"被强化了，而"讽刺"却被弱化了。同样是重新进入研究视野的优秀作家张爱玲和路翎，对张爱玲的研究就比对路翎的研究充分得多，热乎得多。中国现代文学史是两种美学风格交错发展的历史，优美的与力美的，两者都有发展，其发展又都不是那么充分的，过去只讲力美而不讲优美，导致了文学史研究的枯萎，现在如果只把优美作为文学性的标志，也将对我们中国现代文学的研究造成毁灭性的影响。左翼文学中确有一些概念化的作品，但作为一种独立风格的追求，在题材的开拓、力美的创造、社会历史意识的注入、与民族命运同步起伏发展的感情情绪、长篇小说新的结构模式的试验、新的新诗形式的创造等等一系列方面，都是为其他文学派别所无法代替的。总之，我们不能冷落所谓现代主义的文学传统，但也不能"淡化"所谓现实主义的文学传统。我认为，在这方面，我们也有必须保守的东西，不能一味跟着一种思想潮流向前跑。中国人好讲方向，实际上，历史是曲曲弯弯地发展的，文学史就更是这样。任何把历史用单一的标准理成一条直线的企图，都将有害于文学史的研究。要避免单一化，就要把一种倾向放到由各种倾向构成的总体文学格局中来思考，来研究。脱离开整体格局，就会形成婆说婆有理、公说公有理的局面，研究的意义也就不大了。

中国现代文化与中国现代文学的发展有一种不平衡的现象，即中国现代文学是五四新文化运动的产物，而中国现代文化却不等同于五四新文化。五四新文化运动是在反对康有为和以他为旗帜的"孔教会"的复古主义的斗争中掀起来的，并且在其发展过程中一直受到传统主义者的阻抑。这两个传统在中国现代文化中都贯彻下来，任何一个都没有绝对地战胜另外一个。五四时代的辜鸿铭、梁漱溟作为中国现代另一种文化倾向的代表人物与《新青年》群体所代表的文化倾向取着对立的形势，他们开创了中国现代新儒学的传统。这两派文化势力都是中国知识分子在中国文化面临西方文化的挑战时做出的文化反应，但二者所取的文化战略却有根本的不同。《新青年》群体以借鉴西方文化、改造中国传统文化、重新建设中国新文化的方式迎接西方文化的挑战，新儒学家则用坚持中国传统文化、以中国传统文化抵御西方文化的侵蚀迎接西方文化的挑战。在中国古代，儒家文化就一直被专制主义政权用来维系现实的统治秩序，到了30年代，国民党政权在面临着国内外重重矛盾而又无力在实际上予以解决的时候，提出了"新生活运动"，学术界的新儒家学派也得到了新的发展。二者并不是同一种文化势力，但客观上它们在反对左翼文化中往往起了彼此呼应的作用。1949年之后，新儒家学派在台港地区继续得到发展，并影响到美国汉学界。"文化大革命"结束之后的中国知识分子的思想解放运动，在最初的阶段是重新阐释五四新文化传统的基础上进行的，那时的五四新文化已经成为中国文化的一个有机组成部分，已经成为中国文化的一种传统。重新阐释"五四"，就是重新阐释五四新文化传统，在本民族文化内部找到重新发展的起点，实现对"文化大革命"文化的反叛性革新。五四新文化是在对外开放的过程中建立起来的，文化开放自然也是那时中国知识分子所着重提倡的，但其着眼点也在中国文化的实际发展。当新时期文化度过了最艰难的时期，中国政治、经济、文化都有了开放的机制之后，新时期文化的支点发生了无形的位移，如果说上一代人是在鲁迅身上感受到中国文化发展的精神力量的话，新的一代学人则是在西方当代文化的发展中找到自己理想的

当前中国现代文学研究中的若干问题

文化模式的。理想的转移更迅速地冲开了中国的国门，中国重新建立了与世界的联系。但在这种理想中，包含的已不主要是文化的要素，经济的要素很快超过了文化的要素，但这也导致了后来的文化逆转。国家对外的开放，主要着眼于经济的发展，对外的开放必然首先是对西方发达资本主义国家的经济开放，经济上窘迫的中国知识分子大量流入美国。但当他们实际地进入西方文化圈之后，才真正意识到自己并不完全适应于西方文化，对西方文化更切近的了解使他们对西方文化的梦幻般的理想破灭了，他们像欧游归来的梁启超，重新回到自己反对过的中国文化，寻找支持自己精神的文化支柱。与此同时，中国文化名流在走进世界文化舞台之后，也发生了感受上的变化。他们在中国文化圈中大都是以西方文化为旗帜革新中国文化而获得在中国文化舞台上的突出位置的，但依靠这一点恰恰无法在西方文化舞台上获得西方学者的认可。对西方文化，他们在西方学者面前没有更大的发言权，而对于中国文化，他们又比西方学者持有更激烈的批判态度，这种尴尬的处境使他们的文化选择也自觉不自觉地发生着或明显或不明显的变化。以上这两部分人都是新时期获得最充分发展的文化精英，西方文化对中国文化的压力通过他们的感受被强化起来，港台和国外汉学界新儒家学派的文化思想就有了被理解和接受的基础，当他们反观国内的五四新文化传统的阐扬者时，也就发现了他们的"愚昧"和"无知"，并以自己固有的广大影响扩大了新儒家学派在大陆文化界的影响。但在这时，也就与我们中国现代文学史这个研究学科有了一些关系。不论中国现代文学史在其发展过程中发生了多少复杂的变化，它到底是五四新文化运动的产物，没有这个运动，就没有中国新文学，也就没有我们现在所研究的这个学科。任何一种文化都是有侵犯性的，新儒家学派文化思想的浸润性发展，实际上对中国现代文学研究学科产生了颠覆性的威胁。一个否定五四新文化运动的文化思潮已经蔓延到政治、经济、文化各个领域，并且还在继续发展中。

一个学科同一个人一样，有自然死亡，有他杀，有自杀。自然死亡是在它得到充分发展之后，已耗尽了自己的生命力而成为过去的历史，不再以独立的姿态参与社会的竞争。我认为，我们中国现代文学研究者中的多数人都会在下意识中感到，我们这个学科还没有到自然死亡的年龄。在大陆，这个学科在50年代初正式诞生，但很快就被肢解，到了"文化大革命"它就不复存在。中国现代文学研究在新时期重新诞生后，也只有十几年的时间，在台港和国际汉学界它还是一个刚刚得到发展的学科。直至现在，我们在对中国现代文学的认识上还有如此多的重大分歧没有解决，就足以说明这个学科还是富于生命力的。对于中国现代文学学科，至少在当前还不可能有人发一纸公文，硬性命令解散它，取消它，也就是说，他杀的可能是不存在的。我们中国现代文学学科的危机主要在于自杀。我认为，当本质上属于新儒家文化思想的价值标准悄悄潜入中国现代文学研究学科的那一天起，我们实际上已经开始做集体性的自杀了。在过去，我们总是把中国现代文学从50年代到"文化大革命"的解体过程全部视为政治干预的结果，也就是说把它视为政治他杀，但我认为，它的自杀的成分甚至比他杀的成分还要大得多。当一个学科的研究者只着眼于自己内部的矛盾斗争而对其他文化派别的侵犯性活动熟视无睹，甚至乐意借用外部的文化力量达到在内部矛盾斗争中的现实胜利时，这个学科所进行的一切斗争都成了自耗性的，它的自杀行为也就开始了。我们可以看到，新儒家的文化思想，包括那些从根本上否定五四新文化运动的价值和意义的观点，已经开始侵入中国现代文学研究的观念体系。五四文化断裂论、白话文革命的错误论、"五四"科学主义论，这些本质上属于新儒家学派的五四文化观当运用来研究中国现代文学的时候，否定的绝不是哪一派的文学，而是五四新文化和五四新文学诞生的权利。当它连诞生的权利也没有了的时候，当它只是中国文化和文学的一个怪胎的时候，这个学科还有什么存在的价值呢？现在，我们的研究成果成多少倍地增加了，但我们对这些研究成果的感受却淡漠了，中国现代文学的研究似乎成了自言自语的活动，成了表现自己学术水平的广告性宣传，彼此交流的意义、在整个社会文化中的作用，都大大降低了。其中的原因是多方面的，但其中一个最主要的原因就是我们这个学科的理论基点已经被模糊了，这个学科在整个中国文化中的独立个性如果不再存在，它的独立作用也就无法发挥了。中国现代文学并不是所有中国文化思想的儿子，而只是五四新文化的儿子，它有自己存在的独立基点，因而在中国现当代文化中也有自己的独立作用。在中国文化已经无可逃脱地进入到世界文化的大格局之后，中国文化永远存在着两种不同的应对方式，一种是在新的条件下执着地坚持中国传统文化的固有价值观念体系，以与其他各民族文化相抗衡；一种是重新在全人类文化的固有成果的基础上重新思考中国文化的出路，不断对中国传统文化做出批判性反思，在求整个中华民族现当代生存与发展的过程中重建适应新的生存条件的中国新文化。前者由新儒家学派体现着，后者由五四新文化体现着，它们各有自己的独立文化价值标准和文化思想，同时在中国现当代文化发展中发挥着作用。新儒家学派以其传统的力量制约着中国现代文化的发展速度，而五四新文化则在传统文化的制约中挣扎着推进中国现当代文化的发展。新儒家学派是在反对所有离开传统的新的文化选择的过程中发展过来的，五四新文化则是在不断反思固有的传统、追求中国文化的现代化发展的过程中发展起来的。中国现当代文学天然地植根于五四新文化的根基上，它是中国新文化的主要载体。中国现代文学研究是以承认中国现代文学存在的合理性为基本前提的文学研究学科，而它的存在的合理性就是五四新文化革命的合理性的证明，它的存在的文化基点也就是五四新文化的基点，只有用五四新文化的基本价值标准来阐释它，了解它，才能说明它的意义和价值，离开了这一标准，不论在哪个局部问题上看来多么有道理，但在整体上起到的却必然是瓦解它、解构它的作用。瓦解了它，解构了它，我们这个学科也只好作鸟兽散了。用句更悲壮的话来说就是，中国现代文学学科的研究者作为一种社会的文化力量，注定是必须坚持五四新文化的方向的，一切背离它的总体方向、放弃它的基本价值标准的企图，在其他的文化领域可能是合理的（如在京剧界、国画界、中医界等等），但在中国现代文学界却绝不能被认为是合理的。人是有个性的，不同文化学科也是有个性的。一个学科放弃它的个性，就是放弃它的生命，放弃它的存在的权利，就是一种自杀行为。在这里，我们必须保守，必须像一个人保守自己的生命一样保守住五四文化革命和文学革命的合理性，并且公开立于与新儒家学派相区别的文化价值标准上，以与新儒家学派相对立的文化派别的面貌立于中国文化的舞台上，在对立中共存，在相反中相和新的标准，我们不但为郭沫若、茅盾找回了存在的价值，同时也为胡适、徐志摩找回了存在的意义。在当时，国外汉学家的中国现代文学研究成果也帮助我们开拓了研究视野。夏志清的小说史、司马长风的文学史，使我们重新发现了张爱玲的《传奇》、钱锺书的《围城》，我们中国的研究者也把研究的范围扩大到了象征派、现代派的诗（再后来又有九叶派的诗），沈从文和新感觉派的小说，李健吾等人的戏剧，周作人等一大批作家的散文。所有这些研究，对我们整个中国现代文学研究都是极为重要的。可以说，50年代李何林、王瑶、唐弢、丁易、刘绶松等老一辈现代文学的研究者为我们建立了中国现代文学学科，但在整个研究规模和研究成果上那一时期却大大逊于这一时期。我认为，这时期中国现代文学研究的真正意义，在于恢复并进一步完整了中国现代文学的格局，重新建设了我们的中国现代文学研究的独立学科，我们中国现代文学研究者也有了一个自己的活动领域，有了发挥我们自己独立作用的社会空间。"十七年"的中国现代文学学科的格局原本就是不够完整的，文学的主流意识不是把各派的文学都当作有自己独立的存在权利和独立社会意义的文学派别，而是只承认"革命文学"的合法地位，其他各派的文学有的被当作一概否定的对象，有的被排在较低的等级上，即使像巴金、老舍、曹禺这些被称为"进步"作家的作品，也要为他们专门钉上一个"思想局限性"的尾巴，好像左翼作家就没有自己的思想局限性一样。我们的文学史还没有写成，胡风就被打成了反革命，像胡风的文学理论、路翎的小说、绿原等人的诗歌就这样在我们的文学史中消失了；1957年的反右派斗争之后，我们的文学史就基本不再是一部真正的文学史，右边原本是一个坑，徐志摩、戴望舒、周作人、林语堂、沈从文都陷在右边这个坑里，弄得面目模糊、一身污秽。现在左边也是一个坑，胡风、路翎、冯雪峰、丁玲、艾青都陷在左边这个坑里，缺胳膊少腿，不成形状。其他的人都站在当中的独木桥上，还说什么中国现代文学史，到了"文化大革命"，独木桥上的那几个人也摔了下去，我们中国的现代文学史这个学科也就不复存在，中国现代文学的研究者也都到"五七"干校劳动去了。所以，这时期中国现代文学研究的真正意义就是重新建立了中国现代文学学科，恢复并完善了中国现代文学史的整体框成，不能承认新儒家学派独霸中国文坛的权利。虽然我们也不能不承认新儒家学派有为自己争取合法存在的权利。在中国，新儒家学派与五四新文化之间的关系，就像在西方文化中唯心论与唯物论的关系一样，在文化上是对立的，在存在与发展的权利上是平等的。关键是我们绝不能放弃我们自己的平等权利。

在这里，我对"二十世纪中国文学"这个概念谈一点自己的看法。这个概念是钱理群、陈平原、黄子平三位先生在80年代中期提出来的。我认为，这个概念的提出至今看来仍有很重要的战略意义，并且是中国一种基本观念（时间观念）发生了根本变化在中国文学史研究中的表现。在中国古代，以干支纪年的循环论人生观念和以王朝更迭为历史断代方式的政治决定论观念在中国现当代文化发展中已经逐渐被以世纪纪年的社会发展观念所代替。这种纪年的变化同时也会影响于实际的历史发展。例如，像西方19世纪的世纪末思潮就是在以世纪纪年的方式下产生的具有实质意义的文化现象。在中国未来的文化史和文学史中，世纪纪年的形式将越来越具有实质性的意义，因而也会成为文化史和文学史的主要断代形式。这从19世纪和20世纪之交中国文化发生根本性变化的时期开始，将历史的描述放在世纪纪年的形式框架中自然是合理的。但在这里，也就发生了一个中国新文化和新文学的起点问题，特别是当新儒家学派向来以对五四新文化的否定为实践目标的时候，"二十世纪中国文学"把新文化和新文学起点前移就大大降低了五四文化革命和五四文学革命的独立意义和独立价值，因而也模糊了新文化和旧文化、新文学与旧文学的本质差别。（我这里说的五四新文化和五四新文学是从1917年开始的文化革命和文学革命运动，因无新的更精确的概念，故仍沿用旧的概念。）起点对一种文化和文学的意义在于，它关系着对一种文化和文学的独立性的认识。在这里，有两点是非常重要的。一、文学是一种语言的艺术，脱离开五四白话文运动，就无法确立新文学与旧文学的根本区别。二、中国新的独立知识分子阶层的形成是以"五四"知识分子走上文化舞台为标志的。这个阶层是以自己的文化活动直接作用于社会的，不经过政治权力的中间环节。洋务派是以传统的官僚知识分子为主体的，维新派是以在野知识分子为主体的，但这些在野知识分子的文化活动仍以取得政治权力为目的，他们的文化理想不通过政治权力的中介就无法实现。只有到了五四新文化运动的倡导者，才不再以取得政治权力为主要目的，他们从事的完全是社会的文化事业。这也是中国新文学产生的文化基础。中国现代文学的社会性不等同于政治性，它直接在社会上发挥自己的作用。对它的解读也主要是社会性的，而不主要是政治性的。对于"二十世纪中国文学"这个新的概念，把"五四"作为中国新文化和新文学的起点是一个旧有的观念，但我认为，保守这个旧观念，坚持以五四新文化运动和新文学运动为20世纪中国文学的起点，只把此前的文化发展作为它十月怀胎的过程，而不把那时的文学作为20世纪中国文学，还是极为必要的。

  一个研究学科有自己的个性，有自己独立存在的权利，也有自己对不同文化现象进行取舍并以这种取舍压迫不同倾向的权力。五四新文学的一个重要作用就是把现代白话文的文学上升到了中国雅文学的高度，把它作为中国文学发展的主要形式。在现当代，仍然有很多旧体诗词的创作，作为个人的研究活动，把它作为研究对象本无不可，但我不同意把它们写入中国现代文学史，不同意给它们与现代白话文学同等的文学地位。这里有一种文化压迫的意味，但这种压迫是中国新文学为自己的发展所不能不采取的文化战略。这里的问题不是一个具体作品与另一个具体作品的评价问题，而是一个引导现代中国人在哪个领域发挥自己的创造才能的问题；不是它还存在不存在的问题，而是一个它在现当代中国存在的意义和价值的问题。中国国粹派的一大误区就是总是希望在提倡国粹的形式下保存国粹，实际上正是他们，不断地给国粹以毁灭性的破坏。秦始皇兵马俑的崇高价值恰恰在于现代人谁都不再为自己修筑同秦始皇一样的坟墓，假若现代中国人仍然以为自己修筑这样的坟墓为荣，秦始皇兵马俑的价值就会一落千丈了。我们压迫现代中国知识分子不要再以写旧诗词为立国之本，才使中国古代的旧体诗词作为中国古代知识分子的独立创造而永远保持着自己不可逾越的崇高地位，成为历史的瑰宝，吸引着我们去研究，去欣赏，去借鉴，而后去进行自己的独立创作。

  相近的情况还有通俗文艺的问题。中国现代文学是社会的文学，它有其向通俗化发展的一种倾向，但它是雅文学而不是俗文学。中国现代雅文学和俗文学的区别在于文学意蕴的高低优劣，而不在于它是否易懂易读。为什么赵树理的小说不是俗文学而是雅文学？因为他的作品的意蕴能在毛泽东文艺思想的价值系统当中获得社会意义的说明；为什么大多数鸳鸯蝴蝶派小说和黑幕小说不是雅文学？因为在中国现代美学和文艺学说中找不到对于它们的社会价值和美学价值的崇高意义的说明，这些作者也大都不以美学的和社会意义的追求为自己的创作目的。他们的创作以单纯迎合读者阅读趣味（不等同于我们所说的美学趣味）为目的而取得更大的经济效益。对于这样的文学，中国现代文学史也具有一种压迫性。这种压迫性是为了保证中国现当代文学的严肃性，它体现着文学目的与经济目的之间所必然存在的矛盾和斗争。在更多的情况下，使单纯以经济为目的的文学作品不能同时也获得高雅文学的权威意义，这样才能保证创作家的分流不至于只涌向趣味文学阵营。在西方，诺贝尔奖的得主不是以发行量为标准的，而是以艺术追求与社会追求为标准的。当然，这并非说二者的界限是绝对的，在俗文学创作中就没有杰出的文学作品，但把原来的俗文学作品转化为雅文学作品之前，必须对它做出现代美学的和社会学意义的充分阐释，不能仅以读者面的广狭、影响的大小、有没有知识分子喜欢它而进行直接的过渡。在没有这样的充分阐释之前，不把它们作为中国现代文学史的正式入选作品是合理的，对其所体现的倾向取着一种压迫性的姿态也是合理的。在以上两方面，我的观点也有些趋于保守，但我认为，这种保守也是应该的，是有利于中国文学和文学研究的发展的。一个没有任何规定性的学科和一个把任何一个细节都做了无法更改的硬性规定的学科，都是死的学科，都无法进行正常而有效的研究工作。

1996年1月13日于北京师范大学中文系
原载《中国现代文学研究丛刊》1996年第2期

对一种研究模式的质疑[1]

从鸦片战争开始，中国文化进入了一个新的发展时期。从五四新文学运动开始的中国现代文学包孕在这个文化之中，并且成了它的最主要的内容之一。自古以来，文化和文学在中国，较之在任何一个西方国家都有更加密不可分的关系，这种传统一直延续至今，致使迄今为止的中国现代文化的研究著作，几乎没有一部不把中国现代文学和现代文学家作为中心内容之一，中国现代文学的研究著作也没有一部能够避开中国近现代文化的发展而仅从文学研究文学。蔡元培、陈独秀、胡适、鲁迅、周作人、李大钊、郭沫若、梁实秋、胡风、毛泽东这些人物既是中国文化史上的人物，也是中国现代文学史上无法忽略的人物，在他们身上所体现的中国文化与中国文学的互包性一点也不亚于从老子、孔子、庄子、孟子、韩非子、荀子、屈原、司马迁到黄遵宪、梁启超、严复、王国维这些人物所体现出来的这种互包性。中国文化和中国文学的这种互包性也产生了它们在研究模式上的统一性。也就是说，中国文化的研究模式，也是决定着中国文学研究整体面貌的一种起主导作用的研究模式，二者是一个统一模式的分别运用，其操作方式在本质上也是一致的。

鸦片战争作为一次战争的意义远远小于它作为一个历史的、文化的

---

[1] 此文在发表时题目为《对一种研究模式的置疑》，"置疑"二字明显不当，故改为"质疑"。

象征的意义。正是这种象征意义，决定了它在中国历史和世界历史上的重要地位，它象征着二者开始在结合中形成一种世界文化的统一体。但这种结合不是一次实现的，不是双方预先协议中的行为，它是通过在特定时空条件下的特定关系而实现的一种接触和结合。就其物理的意义上，结合的双方是对等的，作用力永远等于反作用力；但就其精神的意义上，任何特定的结合都不可能是完全对等的，主动的一方在精神上获得优越感，而被动的一方在精神上受到压抑。鸦片战争就是一个在物理学的意义上对等的但在精神的意义上极不对等的一次中国文化与西方文化的接触，它决定了此后相当长的历史时期二者结合的方式，也决定了这种结合的特殊过程。在这个结合中，西方文化长期处于主动性的地位，而中国文化则处于被动性的地位。必须注意到，正是中国文化这种极端被动的地位，使中国近、现、当代文化总是在西方文化中攫取自己的发展动力，至少在形式上是如此，给人的最直接的印象是如此。从鸦片战争至今的中国文化，没有一次有实质意义的转变不是在吸收西方文化的前提下实现的，没有一次不把西方文化的原则作为自己变革的原则。不难发现，这种历史的发展形式也构成了中国近、现、当代文化的基本研究模式。这种研究模式的基本特征是在中国文化与外国文化（主要是西方文化）的二元对立中考察中国近、现、当代文化暨文学的发展，我们下面称它为中国文化与西方文化二元对立的研究模式。这种二元对立的基本模式又直接转化为另一种二元对立的模式，即新与旧的二元对立模式。在这个模式中，所谓新的，就是接受了西方文化影响的；所谓旧的，就是没有接受西方文化影响的中国固有的文化传统。为了明确起见，我们把它归结为下列两个图式。

中国近、现、当代文化研究的基本模式：

西方文化
↓
中国文化

这个基本模式在发展过程中转化为下列的形式：

对一种研究模式的质疑

```
西方文化——新文化
  ↕      ↕
中国文化——旧文化
```

在这个模式中，还不包括人的明确的价值判断。也就是说，新的并不一定是好的，旧的也不一定是坏的。但它可以和不同的价值取向相结合而构成三种不同的分模式。第一种是文化进化论者或曰文化急进主义者（在这里，名称并不重要，我们在后文再分析它的特征）的文化模式。在他们的理解里，新文化就是西方传来的文化，就是先进的文化；旧文化就是没有接受西方文化影响的中国固有的文化传统，就是落后的文化。简括为一种模式就是：

```
西方文化——新文化——先进文化
  ↕      ↕      ↕
中国文化——旧文化——落后文化
```

但是，这个模式并不是所有人都能接受的，在另一些学者那里，西方文化并不代表先进文化，而是西方文化侵略的产物，是需要抑制和反对的，中国传统文化才是中国人民应当发扬光大的文化传统。在他们这里，这个模式具体表现为：

```
西方文化——新文化——外来文化侵略
  ↕      ↕      ↕
中国文化——旧文化——民族文化传统
```

这是一个文化保守主义或曰文化复古主义（在非贬义的意义上）的文化模式。在这两个文化模式之间，还必须存在一个中立的模式，这个模式既不把西方文化作为绝对好的文化，也不把中国固有的文化传统作为绝对好的文化，但它仍是在二元对立的框架中来论述中国现当代文化的发展的。这个模式可以这样表示：

```
西方文化────新文化────精华和糟粕的浑融整体
   ↕           ↕              ↕
中国文化────旧文化────精华和糟粕的浑融整体
```

迄今为止，我们在研究中国近、现、当代文化及其发展的时候，用的几乎都是这三个模式。它们被持有不同文化观念的学者所运用，并形成了各种不同的研究著作。在中国现代文学的研究中也是如此。必须指出，我们并不否定这些研究著作所取得的丰硕成果，也不否定这种研究模式在中国近、现、当代文化暨文学研究中的合理性，但是，在他们实际上使用着一个共同的文化模式的时候，三者却有各不相同的理论前提，彼此之间根本无法实现平等的对话。文化进化论或文化急进论者是以文化的发展是一个不断进步的过程为前提的，他们把新的就视为好的，把旧的就视为不好的，在中国现代文化史上，他们是西方文化的自觉输入者，同时也往往是西方文化优胜论者。但是，他们的文化进化论本身就是一个理论虚设，因为谁也无法最终证实文化的变迁就是一个不断前进的过程，更无法证实新的就一定好于旧的，郭沫若的诗就一定好于李白的诗，鲁迅的小说就一定好于曹雪芹的小说。这个虚设只是他们自己的虚设，是为其他两派所不能承认的，因而他们只能构成一个自为系统的研究阵营，不断为观点相同的人提供越来越多的论据，却无法让不同观点的人接受自己的研究模式。文化保守主义者或曰文化复古主义者也是如此。他们的理论前提是一个民族的民族性是通过它固有的文化传统体现出来的，对这种文化的任何背离，都意味着对自己的民族性的破坏，他们反对对中国固有文化传统的批判，把维护中国固有的文化传统视为自己最神圣的职责。但是，他们的理论前提也只是一个理论虚设，是无法得到最终的证明的，因为谁也无法最终证明一个民族的固有文化就是这个民族不可改变的本质体现，谁也无法最终证明一个民族离开了自己固有的传统就不再具有自己的独立性。他们这个虚设也是自己做出的，为其他派别所无法承认。第三个研究模式被人们广泛运用，但这并不因为它的效能，而因为上两种研究模式有不可解决的矛盾。当以

对一种研究模式的质疑

上两种研究模式之间的矛盾发展到尖锐对立的地步时，就会有人以第三种研究模式调和前二者的矛盾，但这也使它们的矛盾转移到自己的内部来。因为在二元对立的模式中，只有两个尖锐对立的基点，除此之外就只能置于两个对立面之外，以旁观者的姿态作壁上观，而这是不可能消除固有的矛盾的。这个研究模式也是建立在一个虚设的理论前提之上的，这个理论前提就是我们在任何时候对精华和糟粕都有一个极其明确的判断，不会把精华当成糟粕，也不会把糟粕当成精华，并且我们彼此之间只能有一个区分精华和糟粕的价值标准。显而易见，这也是一个理论虚设，因为谁也无法保证自己对事物的判断是永远正确的，并且文化的接受是在人的理性成长过程中进行的，是边接受，边形成自己的理性判断力，那种事先做出的精华和糟粕的区分只能是别人做出的区分，但别人做出的区分就一定是可靠的吗？事实证明，中国近、现、当代在文化思想和文学思想上的任何分歧，都是因为各自的文化价值标准的不同而引起的，所以这个研究模式在表面上消除了矛盾，但在实际上只是掩盖了矛盾。这三种不同的研究模式在中国近、现、当代文化的研究中至今仍是三种不同的研究模式，它们为我们留下了一系列问题，这些问题是无法依靠它们的自身而得到解决的。

如上所述，这三个在研究实践中尖锐对立的研究模式，实际上只是一个研究模式的不同运用，这就是西方文化与中国文化二元对立模式。这个模式也是可以成立的，它是在中国文化与西方文化开始接触之时，在二者的界限尚保持着鲜明的不可混淆的确定性的时候形成的。在那时，西方文化和中国文化是作为两个截然不同的整体存在在世界上，人们也开始在二者的分别中看待它们。但是，在中外文化交流中中国一方的被动性，使这个模式在一开始就带上了直接实践性的目的，不同的人是以不同的目的使用这个模式的，并且各自有不同的社会感受做基础，离开了理性的认识目的。从鸦片战争至今的一个半世纪之中，中国文化暨中国文学都发生了巨大的变化，这个变化是在中外文化暨中外文学的综合力量的作用下发生的。时至今日，中国文化和西方文化暨中国文学和西方文学之间的界限已经不像那时那么明确，这就使三者之间的鸿沟更难消除，不但不再是加强相互理解的认识模式，反而主要成了不同文化派别进行无求同愿望的斗争手段。与此同时，中国近、现、当代文化暨文学的存在本身，也使这种二元对立的模式失去了存在的基础。直至现在，使用这个模式的研究者还不能不把鸦片战争以前的中国文化作为中国文化的整体来运用，所谓弘扬中国文化就是弘扬中国鸦片战争以前的文化，把整个中国近、现、当代的文化完全排除在中国文化之外，这不是太有些武断了吗？而当我们把中国近、现、当代文化也包括在中国文化的整体之内，这个模式的二元对立性质也就变得模糊不清了，因为你永远无法证明他们的文化创造就不是中国文化的组成部分，也无法证明他们的创造就一定是与西方文化截然不同乃至对立。在鲁迅与果戈理之间，在郭沫若与惠特曼之间，在胡适与杜威之间，在梁实秋与白璧德之间，能用这种二元对立的模式说明什么问题呢？他们之间的差异就一定是中外文化的整体差异造成的吗？

当我们在实践上感到这种研究模式的局限性之后，我们具体思考一下它之所以会导致这种结果的原因就是十分必要的了。这个我们过去常用的研究模式有一个最不可原谅的缺点，就是对文化主体——人——的严重漠视。在这个研究模式当中，似乎在文化发展中起作用的只有中国的和外国的固有文化，而作为接受这两种文化的人自身是没有任何作用的，他们只是这两种文化的运输器械，有的把西方文化运到中国，有的把中国古代的文化从古代运到现在，有的则既运中国的也运外国的，他们争论的只是要到哪里去装运。但是，人，却不是这样一部装载机，文化经过中国近、现、当代知识分子的头脑之后不是像经过传送带传送过来的一堆煤一样没有发生任何变化。他们也不是装配工，只是把中国文化和西方文化的不同部件装配成了一架新型的机器，零件全是固有的。人是有创造性的，任何文化都是一种人的创造物，中国近、现、当代文化的性质和作用不能仅仅从它的来源上予以确定，因而只在中国固有的文化传统和西方文化的二元对立的模式中无法对它自身的独立性做出卓有成效的研究。与此同时，这个模式在文化与人的关系上表现为文化目的论，似乎中国近、现、当代的知识分子的存在只是为文化服务的，有的是为了中国固有文化传统的继承和发扬，有的是为了西方文化在中国的传播和蔓延，有的是为中国的老祖宗服务的，有的是为外国洋鬼子服

对一种研究模式的质疑

务的。实际上，在文化与人的关系上，文化永远是服务于人的，是中国近、现、当代知识分子为了自己的生存和发展吸取中国古代的文化或西方的文化，而不是相反，因而他们在人类全部的文化成果面前是完全自由的，我们不能漠视他们的这种自由性。运用这种模式的研究者几乎无一例外地都事先为中国近、现、当代的知识分子规定了一种不可违背的文化选择原则，有的要求他们必须从西方文化中获取自己的文化原料，有的要求他们必须从中国古代的文化中获取这种原料，有的则要求他们必须按照他们的标准首先分清精华和糟粕，然后再接触它，了解它。他们所忽视的却恰恰是每一个具体的人在自己的条件下需要做出怎样的选择，以及这种选择本身对他自己的生存和发展具有什么样的意义。历史上的人不是为我们的需要进行自己的文化选择的，正像我们不是为了一万年以后的人进行文化选择的一样，他们有根据自己的需要进行选择的权利，我们必须承认他们依照自己的需要进行选择的自由性，关键只在于他们在做了这种选择之后有没有给我们留下他的不同于其他人的文化创造。此外，这种研究模式主要停留在以主观态度评论的层次上，而不是把中国近、现、当代文化暨文学当作一个客观的历史进程。假若离开中国近、现、当代知识分子对中国传统文化与西方文化的主观态度，我们就会看到，不论他们在言论上有多大差别，却没有一个人是把中国传统文化当作一个包罗万象的全部予以接受或予以排斥的，也没有一个人是把西方文化当作一个包罗万象的全部予以输入或予以拒绝的。整体的中国文化和西方文化都只是一种综合性的概念，是在各自的主观意识中形成的，因而不同的人对这两个概念有着不同的理解和感受，根本不存在超于这种不同感受和理解之上的一个绝对的中国文化和西方文化的概念。在实际的历史发展中，人们面对的都是中国文化或西方文化中的具体的文化对象或文化现象，它们都不可能是中国文化和西方文化的整体。假若结合中国近、现代史发展的具体情况，我们就会看到，把中国文化和西方文化作为两个对立的个体来意识，只是在从鸦片战争到五四运动这一历史时期才有其典型性，新文化和旧文化的对立到了五四运动达到高峰，但此后不久，这种新旧对立的简单模式就被新文化自身的发展消解了，此后文化和文学的斗争便不在新与旧的简单模式中展开，而是在新文化阵营内部展开。不论是胡适还是鲁迅，在这时都不再是所有西方文化的支持者，同时也不再是所有中国文化的批判者，与他们在五四新文化运动之中的文化姿态有了本质的不同。而对于我们中国现代文学的研究来说，五四新文化运动固然是一个重要的内容，但却不是全部的内容，整个中国现代文学是在超越了新旧文化的简单对立之后在新文化阵营自身的分裂过程中发展起来的，对于它，中外文化（或新旧文化）这种简单的二元对立模式，说明不了多少问题。"文化大革命"结束后，我们从长期的封闭中走出来，开放的需要几乎成了全民族共同的需要，这种二元对立的模式又被广泛运用于文化或文学的研究中，并起到了它应起的作用，但历史又很快跨越了这样一个历史时期，当开放已经成了一个既定的事实，这个模式的自身局限性便充分表现出来了，不但它自身已无法对更为复杂的文化或文学的现象做出有效的说明，而且在这种模式中又一次发生了断裂性的变化。曾几何时，那些大力提倡西方文化的文化急进主义者，现在又以同样的热情大力提倡中国传统文化，因为在这种二元对立的模式中，只有这么两条可资选择的道路。他们不是把中国文化的希望放在西方文化的输入上，就是把这种希望放在中国固有文化的继承上，而这两种方式都不能最终地拯救我们，因而我们就不断在这二者之间跳来跳去。

我们所致力的目标是离开我们常常使用的中国文化和西方文化的二元对立模式，而从另外一个角度重新考察中国现代文学的发展过程。我们仍然坚持在中国近、现、当代文化发展的总进程中考察中国文学的发展，仍然不会脱离开中国现代文学与中国传统文化和西方文化的关系，但我们并不认为，中国现代文学的发展只是中国现代作家在二者之间做出不同选择的结果，而是把它们共同作为中国现代作家在进行自己的文化或文学选择时的文化格局，他们只能在当时的文化格局中进行自己的选择，并且他们也有权利在这个格局中做出各不相同的选择。所以我们首先要进行的是中国现代文学产生时的中国文化和文学的基础格局的分析。在这个基础的格局中，既有中国古代产生的各种文化成果，也有在外国、特别是西方产生的各种文化成果，而这个格局本身会呈现出各种不同的文学发展态势，由于中国现代作家带着个人的特点出现在这个格

对一种研究模式的质疑

局，才使这个基础格局的一个或数个发展态势转化为实际的历史发展。我们认为，在中国现代文学的发展中起关键作用的第二个因素，是作家个人的特点和他们的文化或文学的实践活动。他们的特点和实践活动的性质并不仅仅由基础文化格局的总体发展倾向造成，同时还由他们的独特经历、文化教养等更带个人性的因素造成，基础文化格局激活了这些个人的创造力，同时这些个人又为这种发展态势注入了各不相同的个人因素，从而使每一个文化或文学的运动都不可能是它的提倡者所原来设想的样子，它是由一个个活生生的中国现代知识分子在这样一个文化格局中发挥了自己的创造力而决定的，而不仅仅是中国固有文化传统和外国文化传统自身决定的。在这个层面上，我们将分析他们与中国文化和外国文化的关系。但在这里，我们与一般的分析有以下三个方面的不同。一、我们并不认为中国文化传统和外国文化传统的继承是一种集体性的行为，更不是集体性的职责，而是一个时期中国知识分子的纯个人性的选择，这种选择是在他们面临的具体文化环境中根据自己的需要与可能做出的，而不是根据凌驾于他们之上的一种普遍性原则做出的。在更多的情况下，这些因素已经构成了他们个人的自然素质，是连他们自己也不总是有明确的自觉意识的，他们对中国文化和外国文化所表示的主观态度是他们针对当时的具体文化现象做出的主观反映，是有具体的内涵的，既不是永久性的结论，也不体现他们全部文化和文学活动的实质。二、在每个个体人的文化选择中，中国文化和外国文化的界限是极不明确的，中外文化的差别只在他们的阅读活动中才是相对明确的，一旦进入实际的文学创作，它们就都在这种创作过程中溶解了。在每一个可资分析的创造品之中，都同时有个人的、中国传统的和外国的三种因素同时发挥着自己的独立作用，但三者又是不可分的。为此目的，我们认为有必要提出一种可以叫作"对应点重合论"的观念。例如，鲁迅对周围现实的反讽态度与果戈理等外国作家对他们自己的社会的反讽态度，与吴敬梓等中国古代作家对他们那时的中国社会的反讽态度，在鲁迅这里构成了一种重合关系，由于这种重合，三者的界限在鲁迅这里已经不具有实际的意义，你同时可以用三种不同的方式指称它，你可以说它是外国文学的影响，也可以说它是中国古代文学传统的继承，又可以说是鲁迅个人的独立创造，但不论怎么说，都并不意味着中外文化的简单对立。鲁迅作品的意义不是在与外国文学的对立中取得的，甚至也不是在与中国古代文学的对立中取得的，而是在中国当时的文化语境中，在与当时其他文学作品的联系与区别中取得的。三、由于我们认为文化和文学的选择是一种纯个人性的行为，所以我们只在每一个人的选择活动中看待他们的选择，我们认为脱离开这种具体选择的东西方文化优劣论是毫无用处的争论，企图为所有人制定一个万古不变的文化战略也只是我们的梦想。在文化选择的途径上，我们并不认为学习外国就是发展中国现代文学的唯一正确的途径，也不认为继承和发扬中国固有的文化传统就是这样的途径，在中国现代文学史上起关键作用的并不是学习外国和继承传统的问题，而是中国现代知识分子自身创造力的发挥问题。不想依靠自身的努力去创造自己的文化或文学，不论是中国传统还是外国传统都帮不上我们的忙；只要专注于以自身的努力去创造自己的文化或文学，不论是中国的传统还是外国的传统都会给予你助力。这是我们所注重的第二个因素：在基础文化格局中形成的新的文化力量的分析及他们的具体创造性活动。但一旦他们出现在中国文化和中国文学舞台上，从而也就根本改变了中国现代文化和中国现代文学的总体格局，所以我们接着考察的是新的文化格局，这是我们注重考察的第三个因素。在这里，我们重视的是新的文化力量对固有文化格局整体面貌的改变以及它与这个文化格局中其他部分的互动关系。我们并不认为新的一定好于旧的，但是历史的发展总是由一种新事物的出现而激活整个文化格局，使这个历史不致在一个固定的点上停留下来。新的文化格局又呈现出与基础文化格局不同的发展态势，它再一次通过人的活动而把其中一个或数个转化为实际的历史进程。我们认为，整个中国现代文化史就是在这样一个周而复始的运动中形成的，是由无数偶然性构成的一个必然过程。

原载《佛山大学学报》1996年第1期

关于"重写文学史"的几点感想

广义的"重写文学史"实际就是我们从未间断过的文学史研究,从现在《上海文论》已经发出的几篇文章来看,我认为仍然没有超出这个广义的"重写文学史"的范围。只要是研究,便不是简单的继承和因袭,便要对文学历史的发展提供新的资料和新的观点,子子孙孙无穷匮地你抄我、我抄你便没有"研究"的必要了。这样,在研究的过程中,人们便对文学史有了新的认识,从而也就需做新的描述。从这个意义上,我们天天在做着"重写文学史"的工作,有些先生对当前"重写文学史"的工作寄望过大,有些先生又把它视为难以容忍的行为,我认为都没有必要。

狭义的"重写文学史"是在文学史研究发展到一定阶段,积累了较多的新的研究成果,人们在整体上或在一系列重要环节上有了与原有文学史不同的认识之后发生的。这种狭义的"重写文学史"实际应是对最近一个时期的文学史研究的研究,要着重研究最近的文学史研究提出了哪些重大的问题,人们在哪些方面有了不同于以前的新认识,如何把这些新认识体现在新的文学史的编写中。当然,为了把平时已经积累起的研究成果有效地体现在文学史的编写中,还需要集中讨论一些新的有关的问题,但这不应是狭义的"重写文学史"的重点。显而易见,从这个狭义的"重写文学史"的观念来要求已发的一批文章,我认为其重心是有些偏离的,人们还太集中于个别作家和作品的讨论，还太着重于个人的创新和独立见解，因此也就与平时的文学史研究还没有明显的区别。

从中国现代文学研究的历史上来看，凡是社会思想和文学思想发生重大变化的时候，便会产生一种"重写文学史"的冲动或要求。在20年代，还没有系统的新文学史，但像胡适的《五十年来之中国文学》，已经把中国的新文学运动纳入到了中国文学的历史框架之中。20年代末，创造社、太阳社提倡"革命文学"，其中一个重要内容便是以他们的观点重评第二个十年的文学发展史。与此同时，朱自清先生则以自己的观点在清华大学讲授"中国新文学研究"。30年代，出现了王哲甫等人的正式的新文学史著作，而李何林先生在30年代末编写的《近二十年文艺思潮论》，不但可视为对王哲甫等人的文学史著作的一个方面的"重写"，同时对创造社、太阳社等作家的史论文章也是一次"重写"。因为他的思想观念和文学观念与创造社、太阳社是不同的。三十年代中期的《新文学大系》的编写，可说是一次对第一个十年的新文学进行整理、研究的大规模的行动，为今后的文学史编写奠定了坚实的基础，鲁迅等人的导论可说是新文学专史一类的文章。但周扬在延安鲁迅艺术文学院讲授的"新文学运动史"，实际上对以前的文学史都进行了"重写"，因为，他是把新文学史纳入中国新民主主义革命的历史框架中来看待的。中华人民共和国成立后，可以说立即形成了一个"重写文学史的"高潮，王瑶、蔡仪、丁易、刘绶松、张毕来诸先生的文学史著作，便是这次大规模重写活动的优秀成果。人们知道，1957年之后，上述文学史著作便都不能采用了，刘绶松先生自己便不得不"重写"自己的文学史，王瑶先生的《中国新文学史稿》甚至还受到了批判。复旦大学中文系1957级文学组的《中国现代文艺思想斗争史》等中文系学生集体创作的文学史则是这时"重写"的结果。"文化大革命"期间，实际又有一次"重写"，只不过经过这次"重写"，现代文学史已经难以成史。我们这一次的"重写文学史"，是在"文化大革命"结束后社会思想变革和文学观念变革的基础上发生的，只要承认我们的思想观念和文学观念不应停留在"文化大革命"时期和1957年以后的五六十年代，也不可能简单地回归到50年代初的

关于"重写文学史"的几点感想

中国，就必须承认我们正在进行的文学史的重写活动。唐弢先生主编的《中国现代文学史》是在"文革"前组织编写而在"文革"后修订出版的，这时期还有多种文学史的编写。这都反映了重写中国现代文学史的社会要求，但我们还没有集中地讨论过这个问题，倡导者提出了这个问题并为此开辟了阵地，做的是件大好事，我看不出有什么值得责难的。

"重写文学史"是社会思想意识和文学观念发生明显变革后的产物，因而它就应该体现这种变化，其观点和结论便必然有与以前的文学史不同的地方。这个侧面，前一段的"重写文学史"的活动贯彻较有力，但我认为，它还有一个"文学史"的侧面。如果说社会思想和文学观念是个变动着的侧面，"文学史"则还有一个不动的侧面。我们应当把史的不动的本质同研究者观念的变动性结合起来，不但要注意我们观感的变化，同时也要注意历史的不可逆转的性质。例如对蒋光慈，对赵树理，对柳青，我们对他们的作品有了不同的感受，这是变化着的东西，但他们的作品在现代文学史上的影响，已经成了一种推不动的东西。我们不但要研究如何评价这些作家和作品的本身，我们还应分析他们之所以发生这种影响的原因，而只要注意到这一点，我们便会发现，他们之中还是包含着一些区别于同类作品也区别于其他类作品的思想特质和艺术特质的。实际上，这是中国现代文学史研究中普遍存在的问题，胡适的《尝试集》、鲁迅的杂文、郭沫若的诗歌、茅盾的小说，都存在一个现实的要求与历史的作用的双向选择的问题。史的论述与直接的欣赏和研究并不完全相同，我认为我们对这一点注意的是不够的。

在这里，还有一个研究者的主体性和历史评价的宽容性的问题。一个人乃至一个时代的欣赏趣味都往往是狭窄的，并且越是具有强烈的艺术感受力，其爱好的范围往往越是狭小，鲁迅不会喜爱郭沫若的诗，郭沫若也不爱读鲁迅的小说，但文学历史的叙述又必须要求很大的宽容性，它不允许仅仅以历史家个人的爱好叙述历史。在这时，研究历史现象自身发生的原因并进而理解历史便是十分必要的了，试图站在这种角度欣赏和理解这种风格的作品，是扩大历史家的宽容度的有效途径。我认为,这个问题也是应当注意的。

"重写文学史"是个极有意义的课题,我希望能继续坚持下去,并且要更深入地进行,草草收兵很难达到预期的效果。

1989年7月27日于北京师范大学
原载《上海文论》1989年第6期

关于中国现代文学史编写问题的几点思考

一、关于"史"的观念

中国现代文学史也是"史",是"史"就有一个"史"的观念的问题。在中国文化传统中,这个"史"很重要。如果说"经"是中国文化的皇帝,"诗"是中国文化的皇后,那么"史"就是中国文化的"宰相"了。"诗"要美,但再美也得附于"经",不能离"经"叛"道",正像皇后不能和别人通奸一样。"乐而不淫,哀而不伤"才是"诗"的正则。"史"要实,但再实也不能离开"经"的意旨,正像宰相不能背叛皇帝一样。"孔子作《春秋》,乱臣贼子惧","史"是鞭挞乱臣贼子、弘扬忠臣烈士的,而区分乱臣贼子和忠臣烈士的标准就是"经"。"经"已经是固定的,已经有我们的古圣先贤给发明了出来,所以已经不需要中国知识分子再苦思冥想,只有"诗"和"史"是中国知识分子能够干的事情。而在"诗"和"史"中,"诗"更普及,是个读书人就能诌上几句歪诗,虽然当"诗圣"也不容易,但当诗人却不难。中国古代的知识分子人人都是诗人。但"史"却不那么容易了,那得由皇帝亲自选拔,一个知识分子要被选入国史馆参与修史,那可不是那么容易的事情。并且作诗之人无权,美不美、好不好得由别人说,诗人自己不能强迫人家。而修史本身就是一种权力,虽然在大处得由皇帝说了算,但皇帝管不了那么多。皇帝管不到的地方，就得由修史的知识分子来做定夺了。他的笔尖往这一歪，一个人物就是好人；往那一歪，一个人物就成了坏人了。而一经写在了"史"上，你就再也洗不干净。别人没有修史的权力，后代人得靠"史"来了解过去之事，他写在"史"上之事就成了唯一的"历史事实"，即使你感到有点不得劲，也拿不出真凭实据来，"好人"的坏事和"坏人"的好事早就让他给"隐"了去，你想翻案，可就没有那么容易了。并且已经是前人的事，与己无关，谁还去找这些麻烦？所以，这个"史"的权力是很大的，修"史"之人的权力也是很大的，"史"在我们中国知识分子心目中的地位就高了起来。但是，当"史"落到了我们这些在学校里教书人的手上之后，就跟原来的"史"不一样了。我们不是被特选出来的一个更小的知识分子群体，因而也没有独立于其他知识分子的更高的文化权力。凡是在大学中文系教书的人，都得教文学史，我们既没有专利，也没有专权。你可以修史，我也可以修史。这个"史"没有了唯一性，也就没有了权威性。我们仍有治史的资格，但这个资格的来源却不一样。中国古代修史之人的资格是由皇帝赐予的，是因其对"经"的精深的理解和高度的忠诚而被选用的，有了这个资格，皇帝就准许你阅读皇宫里保存的大量别人见不到的历史资料，你就成了历史家了。这本身就有一个资格认证的问题，不是谁想成历史家就能当得了的。我们的修史则完全是个人的行为，不包含任何更高一级人士的资格认证。我们之能修史，首先因为我们是一些文学作品的"读者"。文学作品是供读者阅读的，是在社会上公开发行的。我们是这些作品的读者，我们对这些文学作品已经有了一些感受和了解。文学作品是在几千年的文学发展史上积累起来的，它给我们提供了一种整理和叙述这些文学作品的框架。这个框架是以时间的先后为序的，是有一种先后继起的发展变化的脉络的。当我们以这样的形式叙述这些文学作品，我们就有了文学史这种文体形式。这种文体形式又是在我们和我们的读者之间发挥沟通作用的。对于历史上的文学作品，我们是读者；对于文学史著的读者，我们则是作者。我们的读者同时也是文学作品的读者，但他们不可能没有选择地读完全部中外文学作品，他们要提高文学作品阅读的质量，得对现有的文学作品有一个整体的了解，以便根据自

关于中国现代文学史编写问题的几点思考

己的需要选择自己要读的作品。我们这些能治文学史的人，都是在一个领域读过更多的文学作品、对一个时期的文学有更多的感受和了解的人。我们治史就是让我们的读者先对文学史上的文学作品有一个整体的了解，以供他们根据自己的情况选择自己的文学读物。所以，我们的"史"与古代的"史"就有了轻重之分，这是由文化的普及带来的。读书的人多了，能修史的人多了，一个知识分子的价值就相对降低了。人的权威性下降了，"史"的权威性也下降了。别人已经不把"史"看得那么重，我们自己看得那么重就显得有点可笑了。如果说"史"的观念，我认为对于我们中国知识分子，这个"读者"的观念是第一位的，不要把"史"看得那么重是第一位的。不看那么重，心灵就相对自由了些。心灵一自由，我们选择的范围也就会大一些。在过去，一个知识分子做一辈子学问，就是为了重新修一部"史"，至少也得参与修史。修不成"史"，就好像一辈子一事无成。一旦修成了一部"史"，又觉得在这个领域里没事可干了，其他都成了一些小事，干着没意思了。其实，作为一个"读者"，我们能做的事是很多的。就大的方面，也有三件：一是批评，二是史论，三是文学史。我把作家、作品的研究都视为批评。在过去，我们把批评视为写文学史的准备工夫，那是因为我们过于看重文学史了。实际上，任何一部文学史，也无法把像凌宇的《从边城走向世界》、钱理群的《周作人论》、汪晖的《反抗绝望》这样一些作家作品论的内容都包含在其中。批评是独立于文学史的。除了我们这些在大学教书的人是依照文学史的框架阅读文学作品之外，其他的所有读者都是根据自己的爱好读书的。他爱鲁迅，就想对鲁迅了解得更多更深；他爱沈从文，就想对沈从文了解得更多更深。对于他们，批评比文学史更重要，批评就有了自己的独立性。"史论"从名目上是为了编写文学史的，但它也不是文学史的附庸，它也是独立的。它是把文学史上提出的问题作为独立的研究对象的。它解决的不是文学史怎样叙述的问题，而是对文学史上出现的问题和文学现象怎样看的问题。像我们所做的大量的中国现代文学与外国文学、中国古代文学的关系的研究，大都与文学史的叙述没有直接的关系。文学史的写作只是我们能做的事情中的一件，并且不是最重要的一件。要说重要，它在五六十年代最重要，因为那时是中国现代文学学科正式建立的年代。王瑶、丁易、刘绶松、唐弢诸位先生为我们搭了一个中国现代文学史的架子,我们现在感到有必要调整这个架子,但我们产生调整这个架子的愿望是从我们的文学观念的变化而来的,是从对一些作家作品的评价而来的,这些实际还是批评和史论的问题,它是否已足以构成一个与前代文学史截然不同的文学史的架子,我们还是说不清的。我是同意和支持王晓明、陈思和诸位先生提出的"重写文学史"的主张的,也是同意和支持根据自己的教学需要编写新的文学史的,但这仍然不能把文学史的写作看得那么重要,看得高于批评和史论。我们有了这么多的现代文学研究者,假若人人编写一部现代文学史,中国现代文学史书可就"海"了去了。文学史只是我们教学的底本,有一种底本可用,教学时把自己不同的观点补充进去,对于现代文学史的教学是没有大的妨碍的。大多数的人做什么呢?做批评,做史论。这么多的人做批评,做史论,我们就不能把批评和史论当成比文学史低一头的事情了。大家各自在自己能够发挥作用的领域发挥作用,并且互相影响,我们整个中国现代文学的研究事业才会持续地发展下去。只要这样一看,我们就知道,我们现代的文学研究乃至整个世界文化的研究,实际已经进入了一个批评(包括史论)的时代。世界上绝大多数的文学研究者从事的都是文学的批评,而不是文学史。"史"已经不是文化的宰相。文化没有了皇帝,也没有了宰相。人人都成了文化的公民,做得好些的是好公民,专做偷鸡摸狗的事的是坏公民,但公民还都是公民。"史"仍是其中一事,不可轻看,但也不必特别看重它。

二、关于"文学"的观念

中国现代文学史是"文学"的历史,所以这个"文学"的观念也是重要的。如上所述,在中国古代,"经"是中国文化的皇帝,"诗"是中国文化的皇后。皇帝以"威"重,皇后以"美"显。"威"重令人敬,"美"显惹人爱。所以,中国文化向来是非常重视文学的。中国知识分子常常埋怨中国社会不重视文学,这是说不过去的。倒是在西方文化中,文学的地位是向来没有这么高的。西方的政治家极少同时是文学家，而中国古代的政治家大都同时是诗人、文学家。在中国古代，当不成诗人、文学家的，也当不成政治家。我认为，我们的问题不是出在太不重视文学，而是出在太重视文学。荒山野岭的花草树木，长得再粗再大，再鲜再美，谁也不想据为私有。假若我们都认为某棵树是神农氏所栽，属于无价之宝，大家就都要来抢了。这一抢，国家就要砍掉周围的树木，筑起围墙，设上岗哨，保护了起来。它就有了一个归属的问题，有了一个"经"和"道"的问题。这个"经"和"道"是决定它的归属的，仅仅这棵树，是没有确定的归属的，它的归属是人们对它的重视的结果，是从外部附加到它身上的。屈原的诗就是屈原的诗，是他当时情感情绪的一种表现。我们说他是爱国主义诗人是按照我们的价值观念对它的一种评价，这种评价使我们感到屈原的诗是在爱国主义的原则指导下创作成功的，是有一个"道"的，也使我们觉得他的诗好就好在这个"道"上。但其实不是，遵从这个"道"的，何止千千万万，为什么独独屈原成了这么伟大的诗人？这里还是一个生命体验和情感体验的问题和诗的表现问题。屈原孤独得就要死了，人们还是不了解他，不同情他，这种生命体验和情感体验先就有了与众不同的性质；他又是有用文字进行表达的能力的，于是就成了一个伟大的诗人。五四新文化运动就是中国文学家自动从皇后的高位上走下来，把自己当作一个普通公民来对待的运动。成了一个普通公民，说话就自由多了。但是，作为一个运动是如此，对于其中每一个文学家并不都是如此，搞来搞去，又把文学搞得严肃了起来。这一严肃，就又把文学的"道"提到了文学的前头，定语看得比主语更重要了。我们有现实主义的文学、浪漫主义的文学、现代主义的文学、后现代主义的文学。似乎"文学"并不重要，前边那个定语才更重要。我们把文学的观念就当成了那个定语的观念。在这个时候，我们的"文学的观念"就像长了翅膀一样飞了起来，反而把"文学"扔在了地面上。毫无疑义，新时期是一次思想解放的运动，但这个运动更是我们说的那种定语的解放运动，真正的文学观念是无法像这类定语的变化那么快的。在80年代初期，就有人提出"观念年"和"方法年"的口号。这实在有些令人欢欣鼓舞，但也有些可怕，正像要把我这个活了四五十年的黄种人在一年之中就变成白种人一样，我不能不怀疑这个手术的成功率。我认为,我们的真正的文学观念是很难说的。《红楼梦》我喜欢,《水浒传》我也喜欢;辛弃疾的词我喜欢,李煜的词我也喜欢;杜甫的诗我喜欢,陶渊明的诗我也喜欢;陀思妥耶夫斯基的小说我喜欢,巴尔扎克的小说我也喜欢;莫里哀的戏剧我喜欢,契诃夫、奥尼尔的戏剧我也喜欢;鲁迅的杂文我喜欢,张爱玲的小说我也喜欢;戴望舒的诗我喜欢,艾青的诗我也喜欢……你说我的文学观念是什么样的?我认为,这种文学的观念是文艺理论家的事,不是文学史家的事。文艺理论家要为新产生的文学找到一种理论的说明,他们得创造新的理论语言。次之是批评家,他们要把过去想说说不清的问题说清楚,也要注意吸收新的理论语言。但这都不代表他们全部的文学观念。文学史家也要了解新的文学理论,但一旦进入文学史的写作,这些理论就没有显著的作用了。对于文学史家,文学观念的问题根本就不是一个重要的问题。他依靠的是自己对历史上的文学作品的实际感受,不是理论。他感到哪些文学作品是我们当代人还可以一读的,他就得把那些文学作品介绍出来。文学史家没有砍树的权力,只有选择叙述对象的权力。他不能为了保护鲁迅而砍掉徐志摩,但也不能为了保护徐志摩而砍掉鲁迅。面对文学历史的茂密的丛林,他不能挨株地加以叙述,他只能选择那些他认为有代表性的,在松树中选择更粗更壮的,在杨树中选择更高更直的,在柳树中选择枝条更柔更密的,但他却不能只写松树而不写杨树。对于他们,定语并不重要,主词才最重要。什么主义的都行,但你得是好的文学作品。文学是什么?文学就是我们的精神的家庭。在自己的工作单位里,我们不能太自由,我们最好要衣履整洁,穿上西服,打上领带,言谈举止也要彬彬有礼,适度约束一下自己,但回到家,就不妨脱了外衣,摘下领带,言谈举止也不必那么拘谨,各随其愿。假若说文学观念,我认为对于我们这是最最重要的文学观念。有人认为,我们当前的一些作家和批评家,对文学的态度太不严肃了。实际上,我们中国作家和批评家的不严肃,恰恰根源于太严肃。我们太重视文学,都想在文学界当皇帝。他要在家里也穿西服,就要求人人都不能脱衣服;他要像刘伶一样在家里脱得精赤条条的,就要求人人都要脱得精赤条条的,似乎别人在家里穿个裤头也不足以称为真正的文学家。这看来很不严肃,实际上还是太严肃。文学是不能用一个定语固定下来的。文学从来都是在不同风格、不同倾向的竞争竞存的过程中发展起来的。文学史家不能仅仅用理论的标准区分它们，而要用心灵。心灵拣选那些能感动它的东西，而不是拣选怎样感动它的东西。批评家的标准要单一，不能一天一变。文学史家的标准不能太单一，太单一就无法发现文学发展演变的轨迹了，文学史就不是文学史，就成了一堆文学理念的证明材料了。

三、关于"现代性"的观念

我们"治"的是中国现代文学史，这个"现代"自然也就格外令人注目。五四新文化运动进行的就是一个文学现代化的运动，但近年来，我们对这个"现代性"的问题产生了很多疑惑，也进行了很多讨论。我认为，这个问题也不像我们的理论讨论所说的那样严重。这里的关键问题不是一个有没有现代性的问题，而是一个怎样理解现代性的问题。在过去，我们总把现代性当成一个价值判断的标准，似乎现代的一定比古代的好，古代的一定比现代的不好。这就把进化论引进了文学史。实际上，历史不是按照不好—好—很好—最好的路线发展的。要是这样，我们人类还有什么事可干？历史是在动，但动是不得不动。不动，连原来能有的东西也没有了。一动，现在的东西就与古代的不一样了，就有了现代性。它是不是一定比原来的东西好，因为产生的环境条件先就不一样，怎样比较？这个比较也只能是各个人的感受中的比较。我说鲁迅比曹雪芹伟大，你说曹雪芹比鲁迅伟大，我们争一万年也争不清楚。但有一点则是确定无疑的，那就是我们不能把曹雪芹写到中国现代文学史上，古代文学史家也不能把鲁迅写在中国古代文学史上。鲁迅是现代作家，自然就有与中国古代作家不同的特征，这就有了现代性。第二，古代社会是一个有矛盾的社会，现代社会也是一个有矛盾的社会。孔子与老子有矛盾，鲁迅和胡适也有矛盾。所以，现代性并不是一个完全统一的概念。我们过去把保守主义就当成没有现代性的主义，实际上，在中国现代历史上产生的所有保守主义，都只是"现代保守主义"。辜鸿铭是一个保守主义者，但他同时又是一个外国留学生，能熟练地掌握好几门外国语，这就是他与古代保守主义不一样的地方，也是他在中国近现代社会能成为一个保守大家的原因。自然人人都有现代性，我们争的就不是什么现代性和非现代性的问题，而是在现代世界上如何进行具体的文化选择的问题。只要懂得了这一点，我们就会知道，有很多的争论，实际是与我们的文学研究无关的。有的是围绕政治的选择展开的，有的是围绕经济的问题展开的，有的是围绕对一个人或一些人的评价展开的，有的甚至是围绕对西方两种不同学说的价值评价展开的，争论的双方各有自己不同的潜台词，而这些潜台词实际大都不是由于太关心我们的文学发展而产生的。只不过"城门失火，殃及池鱼"，我们的现代文学也有一个"现代性"的问题，就把我们也捎带了进去。对于这些捎带的问题，我们不必从纯理论的争辩中去思考，因为它们本身就不是一些理论问题，而是一些实际的问题。例如，关于五四白话文革新的问题，关于五四新文化运动造成了中国文化的断裂的问题，关于鸳鸯蝴蝶派文学和新武侠小说的问题，关于中国现代格律诗词的问题。在有些人看来，似乎中国现当代文学的成就不高，是因为五四白话文革新造成的。这是一个死无对证的问题，因为我们的文学史就是这个样子的，假若没有五四白话文革新会不会产生出新的李白、杜甫来，谁能说得清呢？但要作为一个实际问题看，问题就简单了，那就是论者若坚信白话文伤害了中国文学的发展，他就应当像胡适提倡白话文运动一样进行一次复兴文言文的运动，并且自己首先进行"尝试"。假若这个"尝试"成功了，我们自然也会改变对五四白话文革新的看法。假若论者仅仅把这样一个实际的问题当作一种理论来言说，并且至今仍然用白话文进行写作，说明论者本人就不把自己的观点看得那么认真，我们这些原本同意白话文革新的人也就不必那么认真。五四新文化运动是否造成了中国文化断裂的问题也是这样。现代中国确确实实存在着很多很多的麻烦，但这些麻烦是不是由于五四新文化运动造成的，则是另外一个问题。胡适没有贪污盗窃，陈独秀没有贩毒，鲁迅也没有发动"文化大革命"，现代中国的麻烦要从分析这些麻烦的具体原因入手，随便找一些知识分子去顶替是不行的。鸳鸯蝴蝶派文学和新武侠小说作为一种文学现象是应该进行研究的，但鸳鸯蝴蝶派和新武侠的哪些文学作品应该纳入现代文学史的叙述

关于中国现代文学史编写问题的几点思考

之中去，那得看它们在中国现代文学史上有没有提供一种新的文学范例。过去我们的文学史没有收入张爱玲，现在我们注意到了她的作品，感到她的创作确确实实对中国文学的发展是有推动作用的，即使当代的读者也有必要阅读她的作品，我们就把她的作品写入了中国现代文学史。鸳鸯蝴蝶派的作品和新武侠小说也应作如是观。文学史不是流派史。在政治上，不是有一个政党就有这个政党的成员进入议会，它得参加竞选。文学竞选的条件是文学作品的艺术上的创新性。鸳鸯蝴蝶派和新武侠小说也得提交这样的文学作品，不能仅仅靠这两个名目入史。现代格律诗词属于另一类情况。中国现代文学发展史与中国古代文学发展史是不同的。在中国古代，没有一个专业作家的队伍，文学家同时是政治家，政治家大都是文学家。到了现代社会，知识分子成了一个独立的阶层，我们有了一个相对独立的文学作家的队伍，我们的中国现代文学主要是由这样一个作家群体创造的。而中国古代格律诗词，由于在中国古代文学的崇高地位，成了很多中国知识分子业余写作的体裁，成了个人抒情解闷或私人间交往的手段。这样的创作是大量的，比新文学作品数量还大，但在整体上仍然主要沿袭了古代诗词的风格。在我们已经有了大量优秀的中国古代格律诗词的情况下，是否还需要一代代的读者阅读并熟悉现当代格律诗词的创作，我认为是一个应当严肃对待的问题。现当代格律诗词一当纳入中国现当代文学史，我们的文学史就不再主要是现当代作家创造的文学史，大量的党政干部、画家书法家、学院派教授、宗教界人士就将占据我们现当代文学史的半壁江山。这也是一个实际的问题，从理论上是讲不清的。依我看，还是让对这些作品有兴趣的人自己去专门从事这方面的研究，他们可以另写中国现当代格律诗词史，我们的中国现当代文学史依然维持新文学史的固有性质。……以上所有的问题，都说明中国现代文学的现代性的问题已经不是一个理论问题，而是一系列实际的问题。我们又长了一个世纪，尽管我们的脸长得越来越粗糙了，没有了年轻时的细皮嫩肉，但再长回去也没有可能了。我看，我们还是继续向前长吧！

四、关于"文学史"的观念

我们的文化从宋明以来就是讲"理学"的，所以很重"理论"。而宋明理学的理论又与西方的理论有所不同。它不是逻辑性的、推理性的，而是扎根在一个更抽象的"理"或"道"之上的。用抽象的"理"或"道"再去联系实际，就把实际也搞抽象了，往往弄得人心里怪别扭，但又说不出话来。因为你一说话，就碰着那个"理"或"道"了，而那个"理"或"道"又是万万碰不得的。西方的理论是推理性的、逻辑性的，它是先从实际说起。实际是大家有目共睹的，是不容歪曲的，然后从实际中按照逻辑程序演绎出理论来。我们现在不讲宋明理学了，西方的理论成了我们很多人的理论，但这些理论一到中国，就有了宋明理学的味道。人们不说西方人讲的什么，为什么讲，是从怎样的实际对象上讲起的，而是先说它讲了什么。我们就用他们讲的理论去联系我们的"实际"，实际上我们的"实际"并不是西方那些理论家的"实际"。这就把我们弄糊涂了，我们重新陷入了许多理论的怪圈，原本明明白白的事情我们也弄不明白了。原本我们知道鲁迅的小说是小说，但据说艺术是不能有功利目的的，而鲁迅是主张"为人生的艺术"的，是有功利目的的，所以鲁迅的小说似乎又不是小说了。新时期以来的文学研究，是从思想解放入手的，是从理论输入入手的，是从文学批评入手的，新的理论确确实实起了关键性的作用，但这些理论也为我们设了一个个的怪圈。我认为，中国现代文学史的写作，先得摆脱开这些理论的影响。但这不是轻视理论，而是我们的理论就在我们的文学中，就在我们的文学史中。我们得从我们的文学和我们的文学史中发现出我们的理论来。我们的理论不能完全等同于西方的理论。

除了这些先入之见的理论外，我们的文学史写作实际只有两件事最重要：一是确定哪些文学作品应当写，二是它们之间是怎样区别和联系起来的，亦即把它们构成在时间上连续流动、有分又有合的动态的过程，构成我们的文学史。

首先，文学史不是作家史，而是作品史。文学史不是为作家树碑立

关于中国现代文学史编写问题的几点思考

传的，而是让读者了解我们现代文学史上的文学作品的。在过去，我们老是争论文学史写谁不写谁，我认为更重要的是写哪些作品而不写哪些作品。由于历次的政治运动，冤枉了好多人，我们的文学史也不敢写他们的作品了。"文化大革命"后，被冤枉的人都平了反，于是我们又感到应该为他们在文学史上平反昭雪，文学史里装的人越来越多，似乎谁都不应不写。其实，这两种倾向都不是应该有的倾向。文学史不是革命史，也不是反革命史。不是谁革命谁就能进文学史，也不是谁反革命谁就能进文学史。我们要把对一个人的总体评价同对一个作品的总体评价区分开来。周作人是汉奸就是汉奸，不能因为他的小品散文写得好就连他的汉奸行为也觉得是可以原谅的，但我们也不必因为不能原谅他的卖国投降行为而把他的小品散文也说得一钱不值。这是两个问题，而不是一个问题。我认为，只要我们摆脱开为个人树碑立传的史学观念，这些问题是可以逐步得到解决的。科技史是为了记叙人类科学技术的发展史，文学史是为了记叙人类文学的发展史，它们都是为了人类一项必不可少的事业服务的，而不是为了哪一个人的荣和辱而存在的。对于我们中国的文学史家，还有一点特别重要，即我们的文学史写作不是为了展示我们的学问的，而是向当代的读者介绍历史上的文学作品的。文学史不是写的内容越多越好，不是把我们读过的文学作品都写到文学史上去。我们是研究现代文学的，自然应当尽量多地阅读现代文学作品，但并不是所有的现代文学作品都有让当代读者阅读的价值。我们的文学历史越来越长，我们当代人背不动这么沉重的历史的包袱，这个历史的包袱是由我们这些专治文学史的人来背的。这是我们的工作，我们背着是为了别人不背。我们写到文学史上的应是为当代文学作品所无法代替的，当代读者仍有必要阅读的。有一些文学作品，是只有那个时代的人才能创作出来的，是无法重复的。我们当代的读者需要比当代文学作品更丰富、更多样的文学作品，所以我们仍有必要把历史上的文学作品也介绍给他们。《红楼梦》只能产生在中国古代社会上，鲁迅杂文只能出现在鲁迅手中，时代一变，文学就变，这些作品的独立性就保持下来。它们有独立性，为其他作品所无法代替，当代读者就仍能产生新颖感，仍能产生阅读趣味。有一些作品则不同，在当时，它们还新鲜，但后来的作品更多了,更好了,它们就不新鲜了。这些作品在当时也有存在的价值,但到了现在,就没有存在的价值了,我们就不必把它们写到文学史上去。这是一个历史的沉淀过程,我们要让需要沉淀下去的尽快沉淀下去,而让那些需要浮起来的更高地浮起来。《红楼梦》在中国古代文学史上越浮越高了,《大八义》《小八义》在中国古代文学史上越沉越低了。这就是历史。我们的中国现代文学史不要越写越厚,而要越写越薄。那么,我们的现代文学不就萎缩了吗?不会!因为我们还有批评和史论。批评和史论会因现代文学研究的发展而越来越丰富,它们集中在那些当代人仍在关注着的作家作品和理论问题上。总之,文学史家要为当代读者着想,不要心存炫示自己学问的心思。文学史家是应当有学问的,但不能炫示学问。文学史家的学问要在选择的精到中表现出来,而不是在叙述作品的多少中表现出来。

  选择的精到取决于两个因素,一个是阅读面的广泛,一个是鉴赏力的高度。阅读面的广泛使文学史家能够尽量发掘出前人没有发掘出的好的作品来,鉴赏力的高度使文学史家能够更敏锐地感受出作品的真正价值来。我们中国的知识分子向来重视"学问",我们自己也常常称我们是"做学问"的,所以前一个问题对于我们中国知识分子几乎是不必说的,唯有后一个问题,对于我们十分重要。如上所述,我们文学史家实际是一个"读者",而没有或极少当过真正的"读者"的又恰恰是我们这些学院派教授,我们这些文学史家。在学校里,我们是学习的。老师给我们传授文学史知识,告诉我们哪个作家的哪部文学作品的思想性怎样,艺术性怎样,其历史地位怎样。我们为了掌握这门知识,就去阅读相关的文学作品。在这时,我们实际不是一个文学作品的读者,而是为了印证我们学过的文学史知识。老师说:"这个苹果是甜的,你尝尝是不是?"我们尝了,确实是甜的,于是我们记住了这个苹果是甜的。但这与那些渴了在街上买苹果吃的人是不同的,他们的感受更锐敏,他们不仅仅知道那个苹果甜不甜,还记住了他的全部感觉。这所有的感觉都在吃的那一刹那才感觉出来,给他的心灵一个新鲜的刺激。这就是我们专门学习文学史的人与一个"读者"的不同。我们毕业了,成了批评家,成了文学史家,我们已经很难摆脱我们的批评家的身份,我们仍然不是一个纯

关于中国现代文学史编写问题的几点思考

粹的读者。一个读者不像我们这样读文学作品。他读《红楼梦》，并不管哪一回是纲，哪一回是目；这里表现了人物的什么样的性格特征，那里反映了一个什么样的社会问题；哪里用了画龙点睛法，哪里使用的是象征主义手法。他们不往小说里添东西，他们就是读。小说家说了什么，他就知道了什么，没有说的，他也没有想，他是一直跟着小说的情节走的。而我们却常常不是这样。我们把文学作品打碎了，分割了，我们走不到小说世界的深处去，只在边缘上时进时出，再也没有作品使我们泪流不止，再也没有作品使我们怒发冲冠。我们在作者最痛苦的时候看到的是一些抒情名句，在人物的生死关头注意的是场面描写的生动。我们成了一些在文学作品面前铁石心肠的人，我们失去了对文学作品喜怒哀乐的情感性的真正感觉。我认为，这才是我们文学史家最危险的倾向，它使我们无法真正感到文学作品的本体了，也感觉不到文学作品之间的巨大差别了。一切的差别都只是一些外部特征的差别，一切的评价都是从一种固有的理论标准中衡量出来的。现实主义时兴了，我们就用现实主义的标准；现代主义时兴了，我们就用现代主义的标准。实际上文学作品是超于这些标准的。文学作品是写给读者看的，不是写给批评家和文学史家看的。写给批评家和文学史家看的作品往往是最不好的文学作品。所以，我们在选择文学作品的时候，要首先回到读者那里去，按照一个读者的方式阅读作品，感受作品。

按照一个读者的方式阅读作品、感受作品，并不是要放弃对文学作品的价值评价。恰恰相反，我认为，只有我们真正像读者那样感受到了文学作品的本体，我们才能够感觉出文学作品与文学作品之间的巨大差别来。喜剧不是简单的"逗乐子"，悲剧不是简单的"煽情"，一个作品在我们心灵中能不能引起真正的震撼，它在哪个心灵层次能够发生震撼作用，这不是靠着它的外部特征可以判断出来的。有一个批评家的故事使我终生难忘。据说有一天晚上，已经很晚，哥里格洛维奇抱着陀思妥耶夫斯基《穷人》的手稿来到别林斯基的寓所，一进门便兴奋不已地说："我们俄国又出了一个普希金！"别林斯基笑着回答："出个普希金哪有这么容易！"但当他和哥里格洛维奇连夜读完陀思妥耶夫斯基的这部处女作之后，自己也激动万分地说："我们俄国又出了一个普希金！"两个人没有休息，又一同去见这个乳臭未干的青年作家（根据记忆复述）。这个故事使我感动的有两点，一是他们对真正杰出的文学作品的那种精神契合力，二是他们对自己民族文学的那种发自内心的关心。我们虽然不必都有他们那样敏锐的思想艺术的感受力，但他们那种用自己的心灵感受文学作品的方式和他们对自己民族文学的由衷的关切，却是应当为我们所努力做到的。说实话，我一直不明白为什么我们中国的一些批评家总是那么乐于戏弄几句鲁迅，似乎戏弄几句鲁迅浑身感到愉悦。假若我们真正用我们的心灵感受到过鲁迅的作品，假若我们真正是从关心我们中华民族文学事业发展的角度进行文学批评的，我不认为这里面有什么可高兴的。我认为，只有我们的文学史家更多地用自己的心灵感受我们的现代文学作品，我们才会感到，中国作家乃至世界上所有文学作家的哪怕任何一点成就，都同时是我们生命的一部分。我们珍惜他们的成就，同时也是珍惜我们自己的生命。因为一个读者与感动过他的文学作品是分不开的，我们的精神是在这些文学羊水中孕育成长的。

我们有了感到应当叙述的中国现代文学作品，我们才有现代文学史的叙述框架。在过去，我们往往认为，中国现代文学史的历史框架是客观存在的，只要我们忠实于这个客观的历史事实，我们就有了这个框架。实际并非如此。历史不是所有历史事实的堆积和排列，而是我们挑选出来的部分历史事实构成的历史过程。我们现在的中国古代文学史与历史上的文学史不同了，为什么？因为我们需要叙述的文学作品不同了。一旦小说、戏剧与诗歌、散文有了平等的文学地位，我们的古代文学史的框架就与过去有了根本的不同。我们是根据要叙述的文学作品确立文学史的框架的，而不是先有了框架而后向里面塞作品的。我们要叙述这些作品的产生过程，我们就不能仅仅排列这些作品。在这时候，我们才感到，一些文学运动、一些文学现象、一些文学流派、一些文学论争，乃至一些我们在开始感到不必叙述的文学作品，是在完成这些文学作品的叙述时不可或缺的。我们在选择文学作品的时候，着眼的是这些作品对于当代读者的现实的意义。只有到了这个时候，我们才感到，文学作品除了对于我们当代人的现实的意义之外，还是有对于历史上的文学发展的意义的。这两个方面的意义有时是统一的（这表现在一些最优

关于中国现代文学史编写问题的几点思考

秀的作品上），有时则是相对分离的。这里的一个显著的例子是胡适的《尝试集》。作为一部诗歌作品，仅就对于我们当代读者的意义，我们没有必要把它写入中国现代文学史。但它在历史上的作用却是巨大的、不可磨灭的，没有它，就没有全部的中国现当代的新诗创作。所以我们必须把它写入中国现代文学史。但在这里，也有一个写法的问题。《尝试集》的意义就是它的"尝试"的意义，就是它对中国文学和中国诗歌的革新意义。仅就这个意义，它的价值就是非常重大的了，我们不必再用镢头硬挖它的什么思想意义和艺术价值，好像非要用评论其他诗歌作品的方式才能把它抬高到它应有的高度。与此同时，对于这类的作品，我们绝对是不可轻视的。什么形式主义，什么违背诗歌创作的规律，都与这类的作品无关。正像我们不能用不懂外语、不懂马克思主义哲学责备老子和孔子一样，创造者的价值在于他的创造，完善这种创造是后人的责任。创造者创造的可以同时是思想艺术成就更高的作品（像鲁迅的小说），但也可以是像《尝试集》这样的思想艺术成就不很高的作品。但不论是什么样的，我们都没有理由责备它。

　　文学史不是思想史，也不是文艺理论史，它的思想性应当是在成功的文学作品中实际表现出来的，它的艺术性应该是成功的文学作品实际实现了的，都不应是作家自己用理论的语言表达出来的。中国现代文学是在外国文学、中国古代文学的影响下发展的。一个作家同时受到创作和理论的影响，而这两种影响并不总是协调一致的，并且影响和实际达到的也往往有很大的距离。一个作家宣布自己是马克思主义者，并不意味着他就是一个马克思主义者；一个作家宣布自己受了佛教思想的影响，并不意味着他的作品就真的表现了佛教思想。一个人主张现实主义艺术，他的艺术风格未必是现实主义的；一个作家大讲象征主义，他的作品未必是象征主义的。对于这些，我们必须以他的作品为主。我们可以另外有文学运动史、文艺思想史、文学流派史、文艺论争史，但在文学史中，一定要从叙述文学作品的创作出发。仅就我的看法，我们现在的中国现代文学史仍然充斥了太多非文学作品的叙述，致使我们的文学史在纵向的推进上太慢，在横向的铺排上太多，令人感到过于沉闷。在这方面，它既不如外国文学史，也不如中国古代文学史。我们的中国现代文学史太好讲思想、讲理论了，我们的作品分析似乎也太多，太雷同。我们文学史上的作品介绍应与文学批评的作品分析不同。文学批评是对一个作品的全貌的分析或更深入的挖掘，文学史上的作品应是不同文学作品的联系与区别的描述。在这种描述中应能看出中国现代文学演变发展的脉络来，看出彼此的联系与区别来。例如鲁迅小说与20年代的乡土小说，20年代的乡土小说分明是沿着鲁迅小说的题材特征发展起来的，但20年代的乡土小说反映的范围更广泛了，而在风格特征上少了鲁迅小说的压抑愤懑，多了对小人物物质命运的同情。我们应该通过作品的介绍看出中国现代文学是怎样分流又怎样交叉汇合的脉络来。把它写成"史"，不要把它写成"论"。

原载《文学评论》2000年第5期

传播学与中国现代文学研究

传播学作为一个独立的学科在近年来的兴起是中国学术研究中一个值得注目的现象。中国现代文学，从某种意义上说来，其本身就是与文学媒体的变化紧密联系在一起的。没有现代印刷业的发展，没有从近代以来逐渐繁荣发展起来的报刊，就没有五四文学革新。实际上，现代小品散文的繁荣，现代杂文的产生，诗歌绝对统治地位的丧失，小说地位的提高，中国话剧艺术表演性能的一度弱化与阅读性能的一度加强，莫不与现代报刊这种主要传播媒体的特征息息相关。即使说现代白话文就是适应现代报刊的需要发展起来的，也不为过。

但是，在我们将传播学理论引入中国现代文学研究的时候，也存在着一个重要问题，即中国新文学发展的特殊环境条件以及与传媒的特殊关系。我们必须看到，中国现代文学与中国现代媒体的关系同中国古代文学与中国古代传媒、西方文学与西方传媒的关系是不尽相同的。在西方，在中国古代，文学的传播基本上是由上层向下层的逐渐浸润过程。在西方中世纪，文学的接受范围基本上局限在贵族阶级，其创作者也主要是贵族阶级中的成员。他们与贵族阶级中的正统派也有矛盾，但这种矛盾主要是贵族阶级内部的矛盾，它反映的是贵族阶级成员间的情感倾向与道德倾向的矛盾，是文学艺术与宗教道德的矛盾，而不是或不主要是文学与文学的矛盾。那时的剧场等文学媒体重视的主要不是怎样的文学，而是哪些文学作品才是优秀的文学作品，才能打动观众或读者的心灵，从而获得社会效益和经济效益。此后的发展是文学向社会中下层的浸润，像列夫·托尔斯泰、福楼拜这样一些贵族出身的作家也表现出了强烈的平民倾向，而像契诃夫、狄更斯这样一些平民出身的作家则通过文学进入社会的上层。在这时，媒体追逐的是文学发展的潮头，从总体说来，谁能够把握住文学发展的潮头，谁能够首先推出体现文学发展新趋向的杰出文学作品，谁就能获得更好的经济效益，其媒体的社会影响力也就更大。在不同派别的文学中，有些是传统手法的沿袭，有些是新的艺术形式的探索，但在新与旧之间并没有一个不可逾越的鸿沟，由古典主义到浪漫主义、现实主义、现代主义、后现代主义的发展演变过程是连续的，但又是递进的。不论是其连续性还是其递进性，都是以杰出的文学作品为标志，不是以理论的说辞或作品的数量为标志。雨果是一个浪漫主义作家，巴尔扎克是一个现实主义作家，但雨果对巴尔扎克的文学成就却有着较之一般人更深刻的感受和了解，文学还是有着高度的统一性的。到了当代社会，媒体的主动性加强了，媒体的选择在有形与无形间影响着文学作品的生产。但媒体的选择仍然是有层次性的，大量的畅销书满足着广大社会群众的审美趣味，也能够获得较好的经济效益，但这类书籍的出版并不意味着媒体就将这些畅销书当作最优秀的文学作品。也就是说，商业价值与审美价值并不处于尖锐对立的情势中，文学及其价值还是有着相对统一的标准的。

在中国古代，媒体的作用相对较小，高雅的诗文是通过创作者之间的直接交流获得其传播的，其次就是像《文选》《古文观止》《唐诗三百首》这样的选本，其作用也主要由于选者，而不由于出版家。宋代以后，印刷业发展起来，但正统诗文是有确定的价值标准的，出版业没有自己独立的选择标准。小说、戏剧这样一些在当时被视为"低俗"的文学形式发展起来，它们的传播在更大程度上依靠媒体，但媒体对它们的重视却仅仅在其商业价值，而不在于它们的文学价值。作者和读者也都主要从休闲娱乐的角度对待这样一些作品。所以，在文学从上层逐渐向中下层浸润的过程中，媒体发挥着自己的作用，但并没有大的主动性。是文学带动媒体，而不是媒体带动文学。

中国现代文学就其性质是中国现代的社会文学，亦即它是在中国现代社会联系中发生和发展着的文学，但在实际的传播范围和影响力上，它却不具有西方文学和中国古代文学那样广泛的社会性。它是由少数留学生创立的一种新的性质的文学，但在中国社会中却没有广泛的社会文化基础。广大无文化的群众几乎不是文学的受众，各种民间文艺形式起到调节他们物质生活的部分作用，但所有文艺性的生活都不是他们生活中不可或缺的有机组成成分。在社会政治领域、经济领域乃至在高层知识分子之中，有着不同于新文学的另一种文学，那就是中国古代的文学。中国是一个有着悠久的文学历史传统的国家，在数千年的历史中积累了大量各种形式的文学作品。在高层的知识分子之中，中国古代正统的文化和文学是其主要的欣赏和研究对象，他们的文化观念和审美趣味也是在这样一种文学的基础上形成的，新文学几乎不在他们的文化视野之内。在政治领域，中国高层知识分子的文化观念和审美趣味是主导，这种文化观念和审美趣味与现实政治的需要也有更加协调的关系，新文学及其作家与现实政治的需要有着更加明显的距离，有时甚至表现为公开的矛盾和对立。在刚刚形成的现代经济领域，虽然也会表现出对现代文学的某些兴趣，但就其实质，更是从商业经营的角度出发的，而不是他们实际文化观念和审美趣味的反映。就其主导倾向，他们的文化观念和审美趣味更属于中国古代非正统的消闲文化和娱乐文化。他们对新文学发展构成的压力不是政治的，而是经济的，并通过媒体而发挥其实际作用。在相当长的时间里，接受新文学的几乎只是少数爱好文学的青年学生，即使他们，当毕业之后进入政治、军事、经济等社会领域，也常常因为现实的需要、观念的变化而走到与新文学观念相反对的社会立场上去。这样，政治、经济、文学在中国现代社会就形成了三足鼎立的态势，它们对文学的感受和理解是各不相同的，有各自独立的文化和文学的价值标准，这种不同有时是隐蔽的，有时则表现为公开的矛盾。所有这些矛盾，到了中国现代文学的传播媒体这里，都集中了起来，明确化起来。这就使中国现代文学的传播媒体与西方和古代的文学传播媒体都有着截然不同的特征。

　　文化传播媒体，就其社会作用，是文化的，但就其自身的基础，则是经济的。政治则可以用国家权力的手段控制媒体的经济命脉，或者给以经济的资助，或者禁止其发行，断绝其经济的来源。在社会的文学基础观念相对统一的情况下，媒体的主要意向就是把握文学发展的最新动态，了解读者阅读趣味的新动向，并利用尽量先进的科技手段实现传播手段的现代化。但在政治、经济、文化三种不同力量的冲突格局中，媒体就有了三种不同的选择方式，并且这三种不同的选择方式都不可能是完美无缺的，都必须付出其中一个或两个方面的牺牲。你要保证经济上的高利润，就必须迎合经济领域和广大市民阶层的审美趣味，扩大发行量，但这同时也就必须牺牲自己严肃的文学追求，牺牲自己高雅的社会声誉和国家权力的政治保护。现代文学史上的鸳鸯蝴蝶派文学杂志坚持的就是这样一种办刊方针。你要将自己置于政治权力的直接保护之下，你就必须始终坚持为现实政治服务的原则，用文学的手段实现政治宣传的目标，这不但要放弃文学的独立性和新文学的精神价值追求，有时也会影响自己的经济收入，使自己更严重地依赖在国家的经济资助上。20世纪30年代"民族主义文学"派的文学杂志走的就是这样一条文化道路。你要坚持知识分子的独立精神和新文学的精神价值，你不但会失去国家政治的有效保护，时时准备承担政治上的压力，还必须克服自身的经济困难。像《前哨》《申报·自由谈》，像《七月》《希望》，走的就是这样一个文学的独木桥。当然，更多的文学传播媒体走的不是这样一些极端的道路，但在其内部，同样汇集着这三种不同的力量，同样有一个寻找这三种力量的平衡点的内部张力关系。中国现代文学传播媒体的普遍的内部紧张性，恐怕是在中国古代和西方都极少能够遇到的。

　　面对中国现代文学传播媒体内部的这种紧张性，传播学的研究理所当然要以传播媒体的存在和发展为主要衡量标准。在这样一种艰难的环境中，那些能够找到尽量维持自身的生命并为现代文学的发展做出更多贡献的传播媒体，自然就是成功的传播媒体。但到了我们现代文学研究界，到了把传播学的理论运用于中国现代文学研究，其基点就必须有一个根本的转移：它不是以媒体自身的生存和发展为基本前提，而是以中国现代文学的生成和发展为基本前提。就其媒体自身，《新青年》不是中国现代出版史上最为成功的杂志；就其编辑学意义上的杂志编辑，陈独秀不是中国出版史上最优秀的杂志编辑。但从中国现代文学的角度，

传播学与中国现代文学研究

《新青年》不但是一个优秀的杂志,同时也是一个伟大的杂志;陈独秀不但是一个优秀的编辑,同时也是一个伟大的编辑。我认为,意识到中国现代文学研究与一般传播理论的这种根本区别,是更成功地运用传播学理论研究中国现代文学的一个基本前提。

2003年10月16日于汕头大学文学院

原载《读书》2004年第5期

重视对中国现当代作家晚年的研究
——闫庆生《晚年孙犁研究》序

假若我们将中国现当代文学研究同中国古代文学研究、外国文学研究对比着加以思考,我们会觉得中国近现代文学研究显得有些虚浮,鼓囊囊的,有些落不到实处。在中国古代文学研究中,尽管也有很好的批评文章,但在绝大多数的情况下,批评家的批评相对于所批评的作品来,常常显得有些干燥,批评家所说的好处,远不如作品本身给人的感受那么深刻和细致。而在中国现当代文学研究中,情况则常常相反。假若我们只读批评文章而不读原作,会觉得原作是一个非常了不起的优秀作品,但一读原作,就像是在房顶上向下跳,有点失重的感觉,觉得批评家所阐扬的那些意义和价值更是从批评家的理论推理中产生的,而不是从作品本身蒸发出来的。我认为,直至现在,批评和创作结合得较为紧密的,还是外国文学研究领域,特别是译介到中国的外国文学批评作品。外国文学批评中也有各种不同的流派,也有各种不同的批评方法,但读了这样一些批评作品,再读原作,并不感到很大的落差,至少觉得批评家的批评对于自己感受和理解原作是有实际帮助的,没有损害原作,也没有凭空给原作添上一些不相干的累赘。虽然我这种说法颇有点"崇洋媚外"的味道,但在我的阅读感受里,确实存在着这样的印象。

中国现当代文学研究之所以会显得有些虚浮,原因当然是多方面的,但其中一个很重要的原因,恐怕是因为研究者面对的往往不是作者

重视对中国现当代作家晚年的研究

的全人，而是作者一个时期的一个或一些作品。在中国现代文学学科正式成立的时候，除了像鲁迅这样的少数作家已经走完了自己人生的全程，绝大多数作家尚在人世，还在以自己的方式进行着自己的文化活动，无法对他们做出"盖棺论定"式的整体把握。我们评论的是他们特定时期的特定作品。这些作品在当时确实是有影响的，并且是以特定的思想、艺术倾向在历史上发生影响的。批评家要阐释他们的价值和意义，就要把他们当时的思想和艺术倾向独立出来，并以这种倾向的价值和意义具体阐释他们作品的价值和意义。在这里，他们的价值和意义就是其思想和艺术倾向的价值和意义，其思想和艺术倾向的价值和意义也就是他们的价值和意义。李金发诗歌的价值和意义就是象征主义诗歌的价值和意义，象征主义诗歌的价值和意义就是李金发诗歌的价值和意义；茅盾小说的价值和意义就是现实主义小说的价值和意义，现实主义小说的价值和意义就是茅盾小说的价值和意义；穆时英、施蛰存、刘呐鸥小说的价值和意义就是新感觉派小说的价值和意义，新感觉派小说的价值和意义就是穆时英、施蛰存、刘呐鸥小说的价值和意义……但在这里，也就发生了一种抽象的理论概括和一个具体作家的具体文学作品的差异和矛盾的问题，亦即本质论和现象论的差异和矛盾的问题。抽象的理论概括是在本质论的基础上建立起来的，任何本质论的规定在其质上都是纯粹的，在其度上都是达于极致的。"现实主义文学"就不是古典主义、浪漫主义、现代主义、后现代主义文学，"革命文学"就不是不革命的文学、反革命的文学，其质是纯而又纯的，并且具有典范的意义。但这样的文学作品在实际上是根本不存在的，世界上存在的所有具体文学作品都是在现象学意义上的存在，而不是在本质论意义上的存在。作为一种现象学意义上的存在，都是个别的、特殊的，而个别的和特殊的则是一种极为复杂的存在形式，不可能只有单一的质素。即使那些看来非常单纯的作品，像童话、寓言、民间故事，存在的也不是单一的主题和单一的艺术倾向，而是由各种矛盾着的主题和矛盾着的艺术倾向交织而成的，只不过其中的一个主题遮蔽了其他所有的主题，其中的一种艺术倾向遮蔽了其他各种不同的艺术倾向。当我们在本质论的基础上对它们的价值和意义进行无限度的演绎和无限度的阐释的时候，其批

123

评就不可能不超出作品本身的容量,造成大量的语言泡沫,显现出虚浮乃至虚矫的特征。这种批评倾向,只要纳入一个作家一生经历的全过程中来感受、来理解、来思考,情况就有些不同了。

实际上,一个作家和所有的人都一样,是处在不断变化的过程之中的。我们知道,中国现当代的历史是一个大动荡、大分化的历史,它不断冲击着一个人的生活,也不断冲击着一个人的文化心理和思想感情。可以说,在中国现当代的历史上,没有一个知识分子是没有受到这种外力的强烈冲击的,也就是说没有一个中国现当代知识分子一生只有一种思想倾向和艺术倾向。即使排除了社会大环境的影响,一个人的自身也是时时变化着的。从少年到青年,从青年到中年,从中年到老年,人的体质发生着变化,人的知识结构发生着变化,人的文化心理发生着变化,人的人事关系也发生着变化。所有这一切,对一个作家都是至关重要的,都会影响到他的创作思想和艺术风格的或显或隐的变化。只要从这种变化的角度看,一个作家任何一个时期的任何一个作品都不会完全等同于他当时所自觉意识到的思想和艺术的基本倾向,仅仅通过对一种思想和艺术倾向的推理论述是不可能揭示其作品的真实含义和实际价值的。在这里,他自觉意识到的思想艺术倾向仍然是重要的,但被他当时意识到的思想艺术倾向遮蔽着的各种不同的潜质则更加重要,因为恰恰是这些潜在的质素,制约着他自觉意识到的思想和艺术倾向,不但孕育着他后来的发展,也内在地决定着他当时作品的实际风貌,或深刻或浅薄,或精细或粗劣,或成功或失败,都取决于这诸多内在质素的共同作用,而不仅仅取决于他自觉意识到的思想和艺术倾向。假若批评家只注意到了其中的一种因素,永远不可能对其作品做出恰如其分的整体把握和细致入微的艺术分析。就以巴金一生的创作为例,我们假如不从他的长篇小说《家》在创作上取得的成功出发,是无法具体感受到他早期与无政府主义思想的实际精神关系的。我认为,在精神上,与其说巴金更是一个无政府主义者,不如说他更不是一个无政府主义者,倒是像胡风、路翎、萧军这样一些从来没有信奉过无政府主义思想的诗人、作家,在精神上更接近无政府主义。用句中国的话来说,无政府主义者都是一些硬心肠的人,而巴金却是一个软心肠的人。无政府主义者也主张社会的互助、人间的爱,但他们不但憎恶国家权力,也憎恶顺从国家权力的"庸众",在现实世界感到孤独和绝望,因而不惜用生命去反抗强权。巴金的心始终没有过这样的冷,也没有过这样的硬。对于他,无政府主义充其量只是宣泄自己青春热情的一个文化孔道罢了。他是以同情无政府主义者的态度描写无政府主义者的,而不是以无政府主义者的态度描写无政府主义者的,所以他无法像阿尔志跋绥夫等西方作家那样从容不迫地描写无政府主义者的思想心理及其所从事的反抗强权的暴力活动,在艺术上也显得过于逼促和粗陋。一直到《家》的出现,巴金才让我们看到,他真正同情的其实是那些无告的弱者,他的同情心实际上是极其热烈的,这也是他的《家》在艺术上能获得更大成功的原因。谈到巴金的《家》,我们总是笼统地论述它的反封建意义,但只要考虑到1949年之后他的思想变迁,我们就会看到,他的反封建实际上更是从青年的幸福追求出发的,与鲁迅的反封建有着极为不同的含义。他描写的是老年对青年的束缚和禁锢,鲁迅描写的是封建等级制度造成的人与人之间普遍的隔膜和冷酷。不难看出,正因为巴金关注的更是"老年"和"青年"的关系问题,所以到了20世纪50年代,他就不再反封建了,他的作品也由社会批判一变而为社会歌颂。这时的事实也进一步证明,即使在他的早期,他也不是一个真正的"无政府主义者",而是一个真正的"有政府主义者";他追求的实际不是"无政府",而是"好政府"。他早期之所以信奉无政府主义,只是因为他感到当时的政府太黑暗、太冷酷了,一旦有了一个他还满意的"好政府",他就连自己信奉过"无政府主义"这个思想经历也以为是个错误了。但是,巴金之歌颂新社会,却与普通意义上的"歌德派"有所不同,因为他的歌颂是真诚的,而不是虚假的。这种区别仅以他当时的作品是无论如何也说不清的,但只要结合他"文革"后的《随想录》,他与"歌德派"的区别就非常明显了。"歌德派"是不必忏悔也不会忏悔的,他们从来不展示自己真实的内心世界,现在就更不能展示自己真实的内心世界。巴金的忏悔是真诚的,说明他当时的歌颂也是真诚的。但是,直到晚年,巴金的忏悔仍然不是一个思想家的忏悔,而是一个真诚的人的忏悔。所以,说他一生的思想多么深刻,是大可不必的,但他是一个比我们更加真诚的人。他是依靠自己的真诚而写作的。他的作品始终是袒露的，缺少含蓄之美；始终是散漫的，缺少严谨的结构，但热情、清爽、不小气、不狭隘、不卑屈、不下作，在中国能够做到这一点，已经是很不容易的事情。他的《随想录》不是他一生思想艺术的最高峰，但却能够照亮他一生的思想道路和艺术道路。对于我们现代文学研究者、特别是巴金研究者来说，是有着不可替代的作用的。

不只巴金有一个晚年，所有现代作家都有一个晚年。虽然这些人的晚年大都不在现代文学这个时段里，并且他们的晚年也是各不相同的，其中有些人甚至离开了文学创作的队伍，在晚年没有文学作品问世，但要更加细致深刻地感受和理解他们在现代文学史上的文学创作，不研究他们的晚年是不行的。研究他们的晚年，不是为了用对他们晚年的评价代替对他们在现代文学史上的创作的评价，而是为了更深入细致地感受和理解他们当时的创作。研究，在某种意义上就是从整体中看部分，再由部分看整体。当时的整个文学背景和文化背景是一个整体，作者一生的经历和创作也是一个整体。后来的发展是由当时的复杂性所孕育的，所以后来的发展也能揭示当时一些潜在的质素，使我们有一个更加深入和细致的感受和理解。我们好说"本质"，实际上，"本质"更是在变化中呈现出来的，是在与不同事物的比较中呈现出来的，没有变化就没有"本质"的，没有比较就没有"本质"，完全静止的、孤立的事物是无所谓"本质"。什么"革命文学"了，什么"自由主义文学"了，什么"现实主义文学"了，什么"现代主义文学"了，什么"现代性"了，什么"反现代性"了，都只是一些本质性的规定，仅仅通过这类名词的阐释来阐释中国现代作家及其作品，是无法取得实质性的研究成果的。

在这里，我附带谈一下当代文学研究的问题。当代的作家大都还没有自己的晚年，即使到了晚年的作家也还没有走完自己人生的全程，也就是说，他们还走在自己人生和创作的旅途上。严格说来，对这样一些作家的研究还不能是"历史的"研究，而应属于批评和评论的范畴。历史的研究，是有整体的确定性的研究。我们研究鲁迅，不论对他是褒是贬，但都不能没有一个整体的把握，不能没有一个相对确定的看法。但对正在从事着文学创作的当代作家来说，过早地为他们下任何整体性的

重视对中国现当代作家晚年的研究

结论不但是不必要的，也是不合理的。我们应当为任何一个活着的人留下发展变化的足够的空间。我们可以对他们的具体文学创作进行这样或那样的批评，但却不能判定他就是一个什么样的作家。人还活着，任何的变化都是有可能发生的，过早地为一个作家下结论是缺乏有力的根据的，并且有可能限制一个作家在思想和艺术上的新的追求。这实际也从另一个方面说明了作家晚年研究的重要性。

闫庆生教授是我的师兄，不论是为人还是为文，一向严谨扎实，一丝不苟，并且特别重视理论上的开拓，从不人云亦云，每有所作，必有独到的视角和独具的理论视野。他的硕士学位论文《鲁迅杂文的特质》是中国鲁迅杂文研究中的第一部专著，在鲁迅研究史上也有不可代替的位置。这部《晚年孙犁研究》则是他的一部近作，是他多年精心研究的新成果。他在全书的第一个自然段，就开宗明义地论述了晚年孙犁研究在整个孙犁研究中的地位和作用。他说："孙犁作为文学大师的实绩，主要在于他的晚年。以'晚年'为审视点来研究孙犁，有助于打通这位作家早年、中年和晚年的创作，从动态发展中把握其一生创作与文艺观、美学观的演变及其价值，从中找出某些带有规律性和学科意义的线索，从而，为文学史提供比较典型、完整、深入的个案。只有这一个案做扎实了，并在它的基础上展开纵的和横的两个向度的真切比较，孙犁这位文学大师的真正价值，才可能被学术界和广大读者进一步认识。"这对我有很大启发，故从这一点出发，说了以上这些话。取之于人，用之于人，权作闫庆生教授这部新作的序言。

2004年11月5日于汕头大学文学院
原载《中国现代文学研究丛刊》2005年第1期

中国现代文学研究与中国现代文学教育
——《多维视野中的中国现代文学》序

在现代中国，文学研究是附丽于文学教育发展起来的，文学教育是附丽于整个国家教育发展起来的，整个国家教育是附丽于国家意识形态的需要发展起来的，而国家意识形态则是附丽于国家政治实践的需要发展起来的。特别是我们中国现代文学研究就更是如此。

我们中国现代文学研究学科是在1949年之后的中国大陆正式建立和发展起来的，在此之前，中国高等学校的文学教育主要由中国古代文学教育和外国文学教育两个主要部分构成，五四新文化运动之后刚刚产生和发展起来的中国现代文学还没有进入到中国高等教育的教学范围之中去，少量有关中国现代文学作家及其作品的评论文章或著作还主要是在中国现代作家内部的相互交流中产生的，并且更大量的是中国现代作家内部不同派别或不同个人之间的论战文章，即使像胡适、陈子展、钱基博、王哲甫等人的现代文学史著，1935年良友图书公司出版的《中国新文学大系》以及各卷的序言，李何林的《近二十年文艺思潮论》，朱自清在清华大学、周扬在延安鲁迅艺术学院讲授中国现代文学的讲课提纲，也因为这个历史阶段还没有正式结束而缺乏历史的完整性，无法从宏观上对中国现代文学史做出整体的把握，无法作为一个完整的学科进入中国高等教育的讲堂。1949年中华人民共和国的成立，标志着中国政治一个旧的历史阶段的结束和一个新的历史阶段的开始，也标志着中国新文学一个旧的历史阶段的结束和一个新的历史阶段的开始，中国现代文学才作为一个独立的学科进入到中国现代高等教育的文学讲堂。李何林、王瑶、丁易、刘绶松、唐弢等前辈学者在中国现代文学学科的建立过程中起到了关键的作用，中国现代文学研究也在中国高等学校中国现代文学教育的基础上发展起来，成了中国文学研究中的一个独立的研究领域。冯雪峰、胡风、周扬、李何林、王瑶、丁易、刘绶松、唐弢、陈涌等文学批评家、学院教授成为这个独立研究领域的第一批著名学者和批评家。

中国现代文学研究学科是在当时国家高等教育的基础上建立和发展起来的，而当时的国家高等教育所体现的也不能不是当时国家政治的意志和要求，这种意志和要求则是通过当时的国家意识形态发挥着自己具体的指导作用的。"教育为无产阶级政治服务"的教育原则、"政治标准第一，艺术标准第二"的文学批评原则等等，都具体体现了国家意识形态对中国现代文学教育和中国现代文学研究的指导作用。众所周知，中国现代文学是与中国现代政治革命文化平行发展起来的两种文化形态，在这样一个过程中，中国现代的部分作家是同情、理解、支持中国现代的政治革命斗争的，有的甚至亲身参加了革命，成为一个名副其实的革命作家，而20世纪30年代在国民党统治区出现的左翼作家联盟则是中国共产党领导的政治革命的文化同盟军，20世纪40年代在解放区成长起来的青年作家更是作为这个革命队伍中的一员而从事着自己的文学创作的，他们共同构成了中国现代历史上的革命文学传统。而另外一些作家则是远离中国共产党领导的中国革命的，其中一些人还曾公开反对过中国共产党，反对过革命文学和革命作家。在当时国家意识形态的指导下，中国现代文学不能不是以这样两种不同文学的矛盾和斗争为主线构造起来的。其中"革命文学"被作为中国现代文学的主流，它同中国现代政治革命取着基本一致的发展方向，是现代文学史家正面肯定的现代文学传统，其作品也在文学史中得到重点的叙述和阐扬；而与之对立的则是"反革命的文学"，它同政治革命的对象在精神上有着不可分割的联系，是现代文学史家极力否定的对象，其作品是作为批判对象而得到极为笼统的介绍的。处在二者之间的则是既非革命也非反革命的文学，但又因其各种不同的政治态度而有进步和落后之分,文学史家用"资产阶级文学"和"小资产阶级文学"这两个并不清晰的概念概括这类作家及其作品的价值和意义。这是一个历史的框架,也是那时分析研究中国现代文学的基本价值标准。所有中国现代作家和现代文学作品都是纳入这样一个历史框架和文学框架中感受、理解、分析和评价的。在当时,中国现代文学研究与高等学校的中国现代文学教育取着几乎完全相同的方向。研究是为了教学,教学也是为了研究。中国现代文学史的写作既是那时中国现代文学研究的主要研究成果,也是高等院校中国现代文学教育的基本教材,二者是相互为用的。

但是,这样一个以革命文学为基本内容、以政治态度为基本标准的文学研究框架与中国当代文学教育的基本精神和要求却存在着内部的差异和矛盾。中国现代革命文学在中国现代文学史上是一个重要的发展趋向,但却不是中国现代文学发展的唯一趋向,中国现代文学的最根本的基础是建立在五四新文化运动和新文学运动之上的,是建立在五四思想革命和白话文革新之上的。革命文学之所以在中国现代文学史上得到了较之任何一个历史时期都未曾有过的急遽发展,其原因不仅仅由于文学,更由于中国现代文学与当时中国社会和中国文化的整体关系。五四新文学刚刚在中国高等教育和世界文化、文学背景上产生和发展起来,在中国只有极其狭小的空间。社会教育的不发达,使最广大的社会群众不但与新文学无关,而且与所有形态的书面文学无关。城市中下层的市民群众习惯性地阅读着在中国古代白话小说基础上演变发展而来的鸳鸯蝴蝶派小说、武侠小说等通俗文学,虽然新文学也曾一度占领过这些小说的部分市场,但随着城市规模的扩大和出版业的发达,这些小说在城市市民中的影响并没有真正缩小,反而有逐步扩大的趋势。在政治、经济、文化教育等上层社会的知识分子中间,绝大部分人是在传统教育的基础上发展起来的,中国古代诗文仍然是他们主要的阅读、欣赏对象。留学归国的知识分子虽然越来越多,但他们大都是非文学专业的学生,其文学趣味不是仍然集中在中国古代诗文上,就是集中在外国文学名著上,对萌芽状态的中国新文学并没有过多的关注,也没有过多的趣味;即使那些在外国接受文学教育的归国留学生,也大都成了教授、学者,虽然他们也从事现代白话文的写作，但却不是以自己的文学创作意识自我的存在价值，而是以学者、教授、学问家和批评家意识自我的存在价值的，他们的批评标准也大都不建立在对中国新文学作家及其作品的同情和理解上，而是建立在外国文学理论和对外国文学名著的敬仰上。爱好文学的青年学生是这时期新文学作品的主要读者群，但也是新文学作品的主要创作者。他们大都来自中国社会的中下层，来自各省社会空间。他们不但在自己所出身的社会环境中感觉到中国社会的沉滞和守旧、贫穷和落后，他们在现代城市社会经历的也是窘困和落魄的生活，客观存在的民族危机和社会危机以及社会革命情绪的高涨，使他们极易接受革命思想的影响。也就是说，当时绝大多数的文学青年就其自身就有两种不同的思想倾向：就其个人的爱好，他们是文学青年；但就其社会地位和生活处境，他们又有革命倾向。在开始阶段，他们往往是带着青春期单纯的爱与美的理想从事文学创作的，也希望成为一个"纯正的"文学家和艺术家，但文学空间的狭小、实际人生的艰难、革命运动的影响，很快就使他们带上了革命的情绪，并开始自觉地从事具有革命意义的文学创作。1926年，国共两党联合北伐，政治革命的形势迅速发展起来，包括创造社成员在内的大量文学青年纷纷奔赴革命策源地——广州，参加革命，但是，在1927年国民党的"清党"行动中，他们中的大多数人同中国共产党的成员一样，成了被清除的对象，此后国民党政权的政治专制和文化专制，更进一步将他们同中国共产党领导的政治革命斗争结合在了一起，革命文学也就成了中国现代文学中的一个重要而强大的文学传统。不能不说，像这样强大的一个革命文学传统，不论是在中国古代文学史上，还是在外国文学史上，都是极为罕见的，它是在中国现代民族危机、社会危机和文化危机的特定背景下产生的，其根源不仅仅是由文学自身的性质决定的。但是，当将这样一个文学传统作为中国现代文学的主要文学传统写入中国现代文学史的时候，就与我们当代的文学教育发生了内在的深刻矛盾，使我们的中国现代文学教育失去了应有的层次感和完整性。

中国现代革命文学传统确确实实是中国现代文学史上一个重要的文学传统，这样一个文学传统也确确实实是值得中国当代知识分子继承和发扬的，特别是像鲁迅这样既具有摧枯拉朽的战斗风格，又具有含蓄蕴藉的思想文化内涵；既具有震撼人心的精神力量，又具有鬼斧神工的艺术魅力的文学创造，是中国文化和文学历史上不可多得的文化瑰宝，是中国当代知识分子必须继承和发扬的文学传统。但这样一个传统却有着自己特定的社会背景和文化背景，而不是在任何一个时代都能够很自然地产生和发展起来的。文学教育同所有的教育一样，是循序渐进的，是有层次性的，是从受教育者易于接受和乐于接受的作品开始的，首先建立起基本的审美趣味，然后逐渐扩大文化视野和文学视野，从而达到能够感受、欣赏、理解人类历史上各种不同形态的文学名著的目的。革命文学不是基础层面的文学现象，而是在特定社会历史条件下发展起来的特定文学现象。任何一个时代的文学青年都不可能首先成为一个革命文学作家，而后才成为一个一般意义上的文学作家，而是首先从感受和理解自我和自我生存的生活环境、社会环境开始。假如从这样一个角度感受和理解中国现代文学的发生和发展，我们就会看到，中国现代所有那些不具有明显革命性质的作家及其作品，与其说是与中国现代革命文学直接对立的，不如说是中国现代革命文学赖以存在和发展的基础。不论是周作人、林语堂，还是沈从文和张爱玲，都是以描写自己所熟悉的生活环境和社会环境为特征的，其作品也带有从容性和亲切感，当我们否定了所有这些文学作品的价值和意义，也就否定了中国现代革命文学存在和发展的基础，中国现代革命文学的独立价值和意义也就得不到有力的显示和充分的说明了。这个道理是不难理解的，当我们把章士钊、林纾、胡适、周作人、林语堂、梁实秋、杨荫榆、陈西滢、胡秋原、苏汶这样一些知识分子都说成是连一个普通公民的思想水平也不具有的反动知识分子的时候，鲁迅充其量也就只是一个具有普通公民思想水平的不反动的知识分子罢了，他的思想还有什么深刻性和革命性可言呢？与此同时，建立在文学教育基础上的文学评论，其标准不能是外在的，而应是内在的。对于文学，革命的标准只是一个外在的标准，它必须建立在文学标准的基础之上。也就是说，当一个作品是一部真正意义上的文学作品的时候，它才有可能是一部真正意义上的革命文学作品，否则，它的革命性就不是文学作品的革命性，而只是政治的标语口号。仅仅以革命与否评价一个时代的文学艺术，大量政治标语口号类的作品就会得到不适当的肯定，而那些虽然不具有革命性而确有思想价值和文学价值的作品则会受到不适当的否定。当代青年是在自己的社会生活环境中接受文学教育的，他们接受文学教育是为了逐步加强自己的文学素养，发展自己的审美趣味，提高自己独立的文学欣赏能力和文学创造能力。他们首先能够感受和理解的是与自己的生活有着更加直接联系的文学作品，而这样的作品在中国现代文学史上大多是那些非革命的作家创作出来的，而我们对这些作品往往取着直接批判的态度。当代青年在一般的情况下还无法直接感受那些具有社会革命性质的文学作品，而我们却用脱离开他们实际审美感受的抽象理论论证它们的价值和意义，甚至连那些在艺术上相当低劣的作品也给以基本的肯定。这就使我们的中国现代文学研究和中国现代文学史的写作与我们当代的文学教育处于严重错位的状态，并且背离了当代文学教育的基本精神和目的。它一方面培养了一大批脱离开自己具体的文学感受和审美感受，仅仅以抽象的革命理论教条评论、判断所有文学作品价值和意义的革命大批判家，另一方面则培养了一些仅仅以自己在狭小的生活圈子内形成的个人情趣和爱好感受文学作品的一般读者。前者逐渐麻木了自己的人生感受和文学感受，但却单方面地发展了一大堆马克思主义的理论教条，并把这些教条当作自己的文学思想，支撑着自己的文化自信心。他们成为历次政治批判运动的骨干，也成为中国现代文学的杀手。他们不仅逐渐强化了对中国现代文学史上那些非革命文学作家和非革命文学作品的批判，同时也逐渐加强了对20世纪30年代左翼作家和解放区作家及其作品的批判。不但瓦解了整个中国现代文学的传统，同时也瓦解了中国现代革命文学的传统。后者虽然逐渐强化着自己的审美感受，但这种审美感受却是在自己狭小的生活圈子内形成的，带有过于强烈的主观色彩和过于浅白低俗的性质，更多地停留在人事关系和日常生活情趣的层面，无法提高到社会人生哲理和普遍人类精神的高度，对于超出了自己狭小生活圈子的各种不同的人生体验和审美体验也缺乏起码的了解、理解和同情，并且在本能上就厌恶各种带有崇高色彩的事物和带有崇高色彩的艺术，因为各种不同的崇高感受只有在社会人生的整体关怀中才会产生，当时那种脱离实际的人生感受、审美感受而大力宣扬的革命理论教条损害了他们对真正崇高事物的感受和真正崇高艺术的欣赏。他们几乎是在没有任何现代社会理性基础的本能感受中建立起自己的审美直觉的。需要说明的是，以上这两种情况，有时表现在两种不同的知识分子身上，有时又可能是同样一个知识分子的两种不同的思想倾向：就其内在的审美情趣，他们可能属于第二种人，颇带点"小资情调"；但就其外在表现，他们又可能属于第一种人，颇有一副极左的面孔。但不论是哪种情况，都是中国现代文学教育的失败，都是不符合中国现代文学教育的基本精神和要求的。

"文化大革命"之后的思想解放运动是在"文化大革命"的文化废墟上发展起来的，重建中国现代文学教育的需要使我们首先关注的是那些"在十七年"受到批判和否定的作家及其作品的重新研究和评价。当我们将研究的目光转向这些作家的这些作品之后，我们首先感到的是一种轻松感和亲切感，这对于我们从"文化大革命"僵化的思想教条中解放出来重建自己的文学感受和审美感受无疑具有重要的价值和意义，这同时也是我们中国现代文学教育的根本任务。但在这样一个思想解放过程中，起到关键作用的阐释体系仍然不是在文学教育的基础上建立和发展起来的，而是在"拨乱反正"的二元对立的思想框架中建立起来的。在由"政治标准"向"文学标准"转换的表面形式下实现的并不真正是独立的文学标准的建立，而是从中国现代革命文学传统向中国现代非革命文学传统的简单位移。脱离具体的文学感受和审美感受的"思想分析"和"理论论述"仍是这时期中国现代文学研究的基本方式，外国文学理论及其具体批评方法的引进不但没有改变这种研究的套路，反而将这种套路掩盖在了大量西方文论的概念中，从而也把我们的审美情趣凝固在这样一些作品的审美层面上。我们回到了自我，但回到的却不是一个不断成长着的自我，而是一个将自己封闭在狭小的、平庸的生活情趣和审美情趣之中并以此拒绝人类社会所可能有的各种不同的人生感受和审美感受的自我。在过去，我们以"左"反"右"；在现在，我们以"右"反"左"。在过去，我们以崇高消解平凡（消解了平凡的崇高只能是虚假的崇高）；在现在，我们以平凡消解崇高（消解了崇高的平凡只能是狭隘和庸俗）。在过去，我们以鲁迅对别人的批评为标准否定那些被鲁迅批评过的所有作家和作品；在现在，我们以鲁迅批评过的所有作家和作品为标准否定鲁迅以及他对别人的批评。不难看出，中国现代文学研究的这样一种发展趋向与我们的文学教育的基本精神和要求也是不相符合的。中国现代文学教育是有层次性的，是要从感受和理解自我以及自我所熟悉的生活环境、社会环境入手的，但一个人却不能仅仅停留在自我和自我所熟悉的生活环境、社会环境之中，他必须不断扩大自己的生活视野和审美视野，必须不断把人类有可能产生的各种不同的生活体验和审美体验都纳入自己的生活视野和审美视野之中来，并把自己的精神境界和审美境界不断向更加崇高的高度升华。人都是渺小的，但却不能满足于渺小；人都是狭隘的，但却不能满足于狭隘；人都是自私的，但却不能满足于自私；人都是平凡的，但却不能满足于平凡。在20世纪三四十年代，像鲁迅，像郭沫若，像茅盾，像胡风，像艾青，像丁玲，像萧红，这样一些具有革命倾向的文学家，特别是鲁迅，体现的恰恰是中国现代知识分子不满于现实，不满于现实社会的沉滞与落后，不满于现实社会的政治专制和文化专制，起而追求社会解放和文化解放的文学倾向，尽管他们在自己的人生道路和文学道路上也有各种不同形式的坎坷和失误，但却是给中国社会、中国文化和中国文学带来生命活力的一批作家。否定了中国现代这样一个文学传统，仅仅满足于那些在不自由的社会上感到了自由，在不安定的社会里感到了安定，在充满了血腥的社会里闻到了花香，在枪炮轰鸣的社会里听到了鸟语，在饿殍遍地的社会里安坐品茗，并用文字编织着一个和谐美好世界的中国知识分子的文学传统，我们又从哪里汲取冲破自身的狭隘和自私、战胜自身的怯懦和软弱并把自己的精神境界和审美境界提高到现代中华民族和现代人类高度的精神力量呢？而这，不正是我们中国现代文学教育所必须承担的任务吗？

　　以上这些话，是我读了杜运通教授这部《多维视野中的中国现代文学》之后的一点感想。杜运通教授长期从事中国现代文学教学，这部书稿里的论文，大都是他在中国现代文学教学过程中写出来的，是他在中国现代文学教学过程中逐渐积累起的一些新的见解和认识，即使那些专门的研究文章，也分明不是"为研究而研究"，"为创新而创新"，而是浸透着他的丰富的教学经验和明确的教学意识的。但也正是因为如此，它们的"新"不是单靠"新理论"和"新方法"编织出来的，而是在不断感受和体验作品本身的过程中逐渐琢磨出来的，感受出来的，体验出来的。这样的"新"，表面上不像那些理论家和方法家的那么显豁，那么扎眼，但却也不像他们的那样似是而非，生硬怪僻，而带有更加实在、更加真切的性质。单靠"新理论"出的"新"，是可以被更"新"的理论所颠覆的；单靠"新方法"出的"新"，是可以被更"新"的方法所遮蔽的。文学作品是诉诸人的精神感受的，只有在自己的精神感受中感到的东西，才是任何新的理论和新的方法所遮蔽不住的。在这里，我们不能不提到杜运通教授的林语堂研究。在过去，我们把鲁迅对林语堂的批评当作对林语堂的终身判决，我们对林语堂的评价并不是从阅读、感受、体验他的作品自然地做出来的，我们甚至没有真正理解鲁迅对他的批评的实际用意，就把他和他的作品"扫进了历史的垃圾堆"。新时期以来，林语堂及其作品重新受到了我们的关注，但在很多中国现代文学研究者的笔下，林语堂及其作品的意义和价值却像风筝一样扶摇直上，好像鲁迅对他的批评不但毫无根据，而且反证了鲁迅的狭隘和过激。实际上，这样的评价同样不是通过阅读、感受、体验他的作品自然地做出的，而是依照另外一种政治意识对文学创作做出的主观想象。倒是杜运通教授，在他的林语堂研究中所表现出的是一个真正严肃的文学研究者的科学态度和求实精神。他阐释了林语堂及其作品的价值和意义，但同时也没有抹杀鲁迅对林语堂的批评的价值和意义。我认为，这才是一个研究者所应当持有的创新意识和求新态度，而这种态度，我认为，是植根于中国现代文学教育的精神和要求之中的。

原载《韩山师范学院学报（社会科学版）》2005年第2期

母爱·父爱·友爱
——中国现代文学三母题谈

一、谈母爱

对中国文学略有了解的人都会发现这样一个奇怪的现象,即中国古代社会是一个讲礼教、重人伦、崇孝道的社会,但除了一些劝孝的孝子故事之外,真正由文人学士创作的歌颂母爱、怀念母亲的文学作品却并不多见,成为传世名作的就更少。五四新文化运动是一个反封建的文化运动,五四新文学是在这个文化运动的基础上发展起来的,但恰恰是在中国现代文学史上,母爱的主题才开始成为中国文学的一个重要的文学母题。胡适、周作人、郭沫若、冰心、淦女士(冯沅君)、石评梅这些五四时期的作家,是不遗余力地反抗传统的礼教制度和家族制度的文化名人。鲁迅没有写过怀念他的母亲的散文,但把母爱这一主题上升为一个中国现代文学的基本母题的正是他。他的《野草》中有一篇散文诗,题名为《颓败线的颤动》,以空前壮丽华美的文笔,抒发了一个中国母亲的浩大的悲哀,其中足以感天地、泣鬼神、充塞宇宙、震颤人寰的就是伟大的母爱的力量。母爱的主题还在他的小说《狂人日记》《药》《明天》《祝福》《在酒楼上》和散文《为了忘却的记念》等作品中贯穿着,而他的《补天》则可以说是描写的一个中华民族的母亲,在鲁迅的眼里，中国现代人的创世神话中的至上神就是一个母亲的形象。为什么在崇孝道的中国古代社会里母爱的主题没有构成一个基本的文学母题，而在反对中国的礼教制度和家族制度之后的中国文学中母爱的主题反而成了一个基本的文学母题了呢？有些人把这作为中国反封建不彻底的证明，有些人又把这种文化现象当作直接继承中国古代优秀文化传统的结果。表面看来，这两种说法都有自己的道理，但实际上，它们都没有触及这个问题的实质。

母爱的问题不仅仅是一个文化的问题，更不仅仅是一个社会的或阶级性的问题，而是一个更根本的人性的问题，一个人的生命的基本存在形式的问题。文化的问题是后天的问题，而母爱的问题则是介于先天与后天之间的过渡时期的问题，它兼有先天的与后天的、生命的与文化的两种因素，并且成为后天的与文化的全部素质的基本载体。人的生命是一个由无意识到有意识、由无独立意识到有独立意识的发展过程，而这个转化过程，人是在母亲的磁力场中实现的。严格说来，母亲对于儿女不仅仅是我们普通观念中的一个人，而是一个世界，一个他或她的生命赖以存在和发展的世界，一个他或她生存的伊甸园。西方人所说的子宫意象，我们感到是一个太虚无缥缈的概念，但有一点则是可以肯定的，即在生命存在的无意识时期，一个人是在母体内度过的，是与母体所提供的一切生存条件相依存的，假若说一个人曾有过与外在生活环境完全协调、完全适应，因而整个世界对于他也是高度和谐的时期的话，那么，就是他与自己的母亲还处于同一个个体的时期了。实际上，一个人脱离开母体降生于人间，并没有完全结束这样一个人生状态，在他的生命存在的一个相当长的时期，母亲还是他的一切生存条件的提供者，他是在母亲的呵护下生存和发展的。这样一个时期是一个人还没有自我意识的时期，但它对整个人类的意义却是无论怎样估价都是不会过分的，人的全部的原始意象都是与这个时期的存在相关的，它构成了人类的无意识的意识，是人类全部意识产生的最根本的基础。人类关于和谐的任何感觉，都是与那时与母体的完全适应的关系相关联的。就个体的人而言，不仅在肉体上，而且在精神上，和母亲的互渗都是他生命的最早也是最基本的存在形式，二者联系的基础不是有意识的，不是理性的，而是在无意识中建立起来的。子女是母亲的心头肉，这句中国的口头语恰切地说明了子女与母亲在肉体和精神上的密切连带关系，而子女在最初就是作为母亲的一个有机组成部分而存在的。母亲是子女第一个凭直觉便能辨别出来的人，他获得的世界的最初信息就是从母亲那里获得的，并且依照与母亲的联系方式建立了与整个世界的最初的联系，而这将是他与整个世界的全部联系的基础，不论以后他对世界的感受和理解发生怎样巨大的变化，而这个基础是不会发生变化的。从有形的方面来说，他的最初的语言（广义的与狭义的）在通常的条件下也是从与母亲的联系中建立起来的，这使他首先以与母亲对话的形式与整个世界对话，以向母亲表达自我的方式表达自我。他与母亲的关系是他一生唯一一种完全和谐的关系，这种完全和谐的关系将永久地留存在他一生的意识与无意识之中，形成了他与母亲的割不断的联系。母亲是生命的保护神，这不仅依靠她的理智，更是她的本能。儿女的生命是与母亲融为一体的，这也不仅是一种理智的判断，而更是一种本能中的感觉。"母亲"这个概念是人类的集体无意识的产物，而不仅仅是哪一个人的母亲的具体的形象或特征，它对于不同阶级、不同阶层的人都是相同的，它在所有人的概念中都是自我生命的守护者，是感到和谐、温暖的对象。

　　人类的存在是一种悲剧的存在。这不仅表现在具体的人生命运上，而且更是由他的一系列基本存在形式所决定的，其中子女与母亲的关系则占着最重要的位置。在最初的意义上，子女与母亲是一个和谐的整体，是一种一而二、二而一的不可分割的有机体，但是子女的成长则意味着二者的分裂。这种分裂是子女的成长过程，但也是一个逐渐失去二者和谐关系的痛苦过程。子女自我意识的产生首先就是把自我与母亲区分开来，子女开始感到母亲不能满足他的愿望和要求，开始感到对母亲的不满，脱离母亲保护的愿望是一个人在成长期的主导愿望，而在这个过程中母亲总是处于被动的状态。矛盾产生了，彼此的有形与无形的痛苦也就产生了。但是，在儿女反抗母亲的保护、争取自己的更大的自由的过程中，又总是以过往与母亲的完全和谐的关系意识自己与周围整个世界的关系的，而这种关系实际上只存在于他与自己的母亲的关系之中。这种关系是无条件的关系，是建立在自然本能的基础之上的，而其他所有的关系都不可能是纯本能的，都不可能是无条件的，这使一个人在脱离开母亲的保护与更广大的世界建立联系的过程中总是会遇到各种挫折，这些挫折逐渐摧毁了他对完全和谐的世界的期待，也恰恰是在这种失望中，他的关于母亲的回忆便成了永久性的回忆，他在脱离开母爱的呵护之后才真正感到母爱的宝贵。他越是沿着加强自我意识的方向成长，他就越是感到更严重地失去了此前的和谐，就越是怀念母亲的慈爱。人的成长的最终表现形式是他的完全独立的意识的形成，这时他开始意识到自我是完全独立的，是任何其他个体的人都无法代替的，他只能自我为自我的存在负责，他与周围所有人的关系都是一个个体与另一个独立个体之间的关系，正像他自己必然以自我为中心建立与周围世界的关系一样，别的人也必然以他的自我为中心建立与周围世界的关系，他不能要求任何人像自己的母亲在他的儿时所表现出的一样，把他的所有要求当作自我的要求而代他思考，代他实现。在整个世界上自己是孤立无依的，童年的母爱永远成了过去的回忆，但也成了自我最美好的回忆。在这时候，母亲的形象才在自我的意识中上升到至高无上的高度，才成了自我的最高理想。世界上对于他什么最宝贵？母亲与母亲的爱！其他的东西都容易找到，都可以通过自己的努力去找到，但即使找到，你仍然是孤独的，仍然体验不到儿时的母亲怀抱中所曾经感到过的通体的舒适与和谐，而那才是你一生都追求而再也未曾追求到的东西。以母爱为标志的母亲在你的意识与下意识中都成了你的生命所渴求的理想境界。冰心有一首小诗，充分体现了一个有了自我的独立意识之后的人的本能般的感受。她写道：

母亲啊！
天上的风雨来了，
　鸟儿躲到它的巢里；
心中的风雨来了，
　我只躲到你的怀里。

最后，我们需要补充说明的还有：人类的一切最美好的理想实际都

母爱·父爱·友爱

产生于关于母爱的感觉。道家的回归大自然、儒家的大同理想、佛家的涅槃境界、基督教中的伊甸园、空想社会主义者的乌托邦、马克思主义中的共产主义理想，都是与人类关于母爱的向往密切相关的，它们的共同特征就是人与周围世界的完全和谐的关系，而这只有在人的无意识状态中与母体融为一体的时候才曾经存在过。在中外文化中，都经常把人类理想中的与自我有着高度和谐关系的事物或环境与母亲联系在一起，大地被称为地母，大自然被喻为母亲，回忆中的故乡或祖国也像是自己的母亲，说别人的关怀是慈母般无微不至的关怀，等等，等等，母亲是与所有最最美好的事物和环境联系在一起的，并且是它们的一个总称。母亲在人及人类的存在中具有最最崇高的位置。

  在这里我们也可以意识到这样一个有规律性的东西，即对母爱的感觉是与一个人的自我意识与独立意识的发展同步进行的。在一个人与母体在无意识中融为一体的时候，是一个人与母体关系最密切的时候，但这时他对这种关系却是没有任何感觉的，他把这种关系只作为一种自然的、不能不如此的，似乎所有人与人的关系都必然是如此的关系，因而他也不能把母亲与其他所有的人区分开来，把母爱当作多么宝贵的东西。只有在他逐渐有意识地脱离开母亲的保护之后，只有在他在更大的范围去寻找人与人之间的爱的时候，他才会知道，母爱只有在母亲身上才能找到，在任何其他一个人身上是不可能找到与之完全相同的爱的。世界上只有母亲的爱才是真正无私的，是博大而自然的，并且是不附加任何前提条件的。她爱你，只是因为你是她的儿子或女儿，不是因为任何其他的原因。中国古代的儒家思想学说，是重视家庭的人伦关系的，是崇尚孝道的，但它不是从人性自身来理解它和重视它，而是从其现象上、从社会和家庭的表面和睦的需要上来强调父母与子女的关系。这样，它便走上了通过抑止人的个性发展的方式企图永远保持母子的完全和谐，它无视子女在自我发展的过程中所必然发生的反叛母体、脱离母亲的保护的倾向，并用不孝的罪名笼统地压抑这种倾向的产生和表现，用简单的表面服从把子女永远限制在母亲的保护和管辖之下。这样，它实际是把作为两个独立的人的关系同作为母子的自然亲情关系混淆在了一起。作为两个独立的人的关系，它像所有的人与人之间的关系一样，是对立统一的关系，其中起重要作用的是利益关系，而作为自然的母子关系，则是完全和谐的同一个个体的关系，是超功利的，不计利害的你即我、我即你的感情关系。中国是一个农业的国家，生产力的发展极落后，像我们现在已经感到的统一的社会组织形式一直没有正式形成。在中国，整个社会对子女的教育和老年人的抚养可以不负任何责任，这些都必须通过父母与子女的血缘亲情关系来解决。所以，中国的儒家学说就把母子的感情关系同彼此的物质利益关系完全等同起来。子女一生都必须顺从父母的意志，子女对父母的关系主要是经济上的供养关系，这种供养主要是由于父母在自己幼时对自己的抚养，恰恰是在这种利益的关系中，埋没了二者自然感情的超功利性的纯美纯情的本质。父母加强了对儿女的经济上的期待，并因此而加进了更多的私利的性质；儿女背上了恩情的债务，掺进了更多的经济考虑。这极大地加强了子女在自我意识和独立意识产生与发展过程中的心理阻力，而这种阻力则起到了破坏母子自然亲情关系的作用。母亲把儿女独立意识增长的过程视为子女不孝的表现，把他们的自由选择当作对自己的背叛，儿女则在自己的自由选择的过程中经常遇到父母的阻挠。一个要自由，一个不能给他以自由，内在的矛盾就加深了，这实际是把一个人在社会上所遇到的所有矛盾都家庭化了，而在家庭关系中则把子女与父母划分到了相互对立的两边，世俗的人与人之间的矛盾在母子关系中逐渐上升到主要地位，不断冲击着母子美好的自然亲情关系的堤坝，使母与子都感到难以言传的痛苦。这种父母与子女的感情分裂首先发生在父母与女儿之间，女儿不能继续留在家庭内部起到赡养父母的责任，便为父母所轻视，母亲为生养女儿而感到自我的低贱，从而在下意识中对女儿产生敌对的情绪，而女儿则在父母的轻视中感到卑屈，出嫁后的女儿永远感到无法报偿父母养育之恩的情感负累。儿子则在自己的生存道路上必然处于与父母、与妻子、与自己的子女的三重感情联系的纠结中。儒家文化为中国古代人提供了这三种关系的较量中看待一个人与父母感情关系的方式，实际上使彼此成了互相压抑的力量，把成年男子置于了与《孔雀东南飞》中的焦仲卿似的尴尬处境之中。在这种情况下，子女对父母的自然亲情关系与儒家的孝道在本质上就成了两相对立的东西。当人们在内在情感上怀恋

母爱·父爱·友爱

母亲与母亲的爱的时候，往往是按儒家的要求没有尽到孝道的时候，而在他自以为尽到孝道的时候，恰恰则是他对父母的感情相对平寂的时候。这两种情况都使他无法把母爱的主题升华为文学创作的基本主题。对于母亲，中国古代文化几乎只有在母亲故去之后才常常用先妣事略一类的方式表示对她的忆念，但往往也不是感情的，而是依照传统妇德对之进行千篇一律的颂扬，很难成为艺术品位很高的作品。在五四新文化运动之后，中国现代知识分子社会化的程度提高了，他们离开家庭来到统一的中国社会的舞台上。在他们自我意识和自我独立意识的成长过程中，所要反对的已不是自我的父亲或母亲，而是整个社会的意识形态、整个社会的伦理道德观念，企图用爱的力量改造整个社会。也就是说，在中国古代社会一个人在成长过程中所遇到的与父母的具体的、个人间的矛盾，现在已经不被视为父母与自我个人间的矛盾，在他们的眼里，他们的父母也是旧的伦理道德的受害者，从而净化了自我与父母的个体人与个体人之间的世俗关系的杂质，把亲情关系从世俗关系中提取出来，加强了他们与自己父母的感情联系，从而也使这种关系上升为一种文学的审美关系。中国现代知识分子的社会化，不是疏离了人与人的亲情关系，而是更加强了亲情关系的感情性质。母爱的问题归根到底是一个人道主义的问题，只有那些企图以爱的理想改造社会、改造全部的人与人之间的关系的人们，才会更感受到母爱的伟大和崇高。母爱的主题在中国现代文学史上之成为文学的一个基本母题，实在是一个理所当然的事情。

应该说，在中国现代散文中母爱的主题的表现还是很不充分的，它之所以不充分仍在于中国现代作家还很难把这一主题的无限深厚的内涵充分展开，还不可能在人性的全部复杂性上展示母爱的伟大的力量。如前所述，母爱的最深厚的根源不是在其理性中，而是在其本能中，中国现代散文处理这个题材的方式还过于理性化，这显然受到中国传统伦理观念的巨大制约。倒是在脱离开纯自我的亲情关系描写的小说和戏剧中，如鲁迅的小说和曹禺的戏剧，有对母爱力量的更充分的表现。在中国现代散文史上，这类的佳作不少，但出类拔萃的伟大作品几乎没有。我认为，我们不必讳言这一点。

二、谈父爱

父亲和母亲一样，也不是一个个体人的概念。它是一个人类的集体无意识。不论世界上的父亲多么的彼此异样，形形色色，但父亲这个概念对于所有的人还是有着更多相同的本质和含义，连感情色彩也基本是相同的。在中国的文化中，母是地，父是天；母是生命的源泉，父是人生的原则；母是感情性的，父是现实性的；母是儿女的生命的保护神，父是儿女的指导者；母是温暖的巢，父是严峻的原则和纪律；母亲是国务院总理，父亲是最高人民法院院长。不论一个母亲多么严厉，但儿女不怕她；不论一个父亲多么慈和，但儿女却怕他。文化就有这么奇怪的魔力，像变戏法一样变出若干奇形怪状的人生现象。

实际上，这一切都是由于人的生存和发展的方式所决定的。人是在母亲的子宫中孕育成熟的，是在母亲的哺乳中生长的。母亲就是他自己，他不会从下意识中就害怕母亲，他在自然本能的条件下就与母亲有着亲和力，母亲的怀抱是他躲避一切外在危险的避风港、安全岛，他在本能当中就不把母亲当作异己的个体，他与母亲的分离依靠的是理智，而不是本能，即使理智上多么清楚母亲与自己是不同的，但在本能当中仍然不把她当作可怕的对象。父亲在一个人的生长过程中是撞进他的生活中的第一个陌生人，是第一个异于自己而需要适应他、了解他、习惯他并渐渐接受他的人。他之所以接受父亲，不是因为父亲作为自己的个体存在形式，而在于他与母亲的关系。他之所以接受父亲，是因为母亲接受他，是因为母亲总是把他送到父亲的手中，让他习惯他的爱抚，是因为母亲总是在父亲的面前表现出一种信任的态度。这个差别看来是如此的微小，但在人的一生中却是如此的巨大，它决定了人的一生对于父母各有不同的内涵：人的一生是与母亲逐渐分裂的一生，但这种分裂终其一生也不可能完全实现，他在本能上仍然是与母亲同体的，二者的分裂主要是理智上的，而不是本能和感情上的。而他的一生则是与父亲逐渐结合的过程，但这种结合终其一生也不可能最终实现，并且它要受到各种现实条件的制约。二者的结合主要通过儿女的后天的经验，通过对

母爱·父爱·友爱

父亲逐渐加深的理解，因而其中理智的成分更大于本能的和感情的成分。用句最简单的话来说，父亲实际上是儿女的第二个母亲，但这第二个母亲与第一个母亲对于子女有着完全不同的意义。第一个母亲是与他同体的，她对他的现实的感觉有最锐敏的感受，她在本能当中就敏感于他的肉体上的一切疼痛和不适，她不能不重视一切当前就给子女带来不适的一切，因而子女在母亲的身边从肉体上最感舒适，母亲对子女现实的痛苦最为关注，较之父亲，她代表子女的现在，而父亲更关心子女的未来。父亲对子女的爱带有更多的后天的成分，他对子女的现实的痛苦没有母亲那样的感同身受的能力，他更关心子女的成长和未来的前途，关心他的社会价值，为此，他总是自觉与不自觉地便以儿女的教导者出现，为了子女未来的发展，他更能忍受子女现实的痛苦，他是一个硬心肠，子女感到母亲唠叨但能感到此中的现实的关心，但在父亲的教导中往往感到一种冷峻的要求。母亲能原谅子女的任何弱点，而父亲则没有这种绝对宽容的心，他更重视儿女的生存意志，为此他可以把儿女抛到他们自己极难忍受的环境中，儿女需要理解父亲，而母亲的爱是直感到的，不需理智上的判断。儿女的独立性由于性别的差异而取着不同的形式。弗洛伊德学说把子女与父母之间的关系的差异悉数归于性意识，我认为其必然性是不大的，这实际上是在儿童自我认知和世界认知的过程中发生的一种不可避免的差异现象。在子女的成长过程中，母亲自觉不自觉地总是以自我的标准要求女儿，她对女儿的缺点容易表现出不耐心。女儿总是在母亲面前感到不如母亲的地方，她就在这种差异感中迅速成长，但这种成长的压力却是从母亲的身上感到的，她不断处于与母亲的矛盾中。父亲则对女儿与自己的差异冷静得多，他并不以自己的标准要求女儿，他对女儿更有宽容的精神。与此相反，母亲对儿子是宽容的，而父亲则不能容忍儿子与自己的差异，他总是自觉不自觉地用自己的标准要求儿子。这种差异还决定了女儿自己的自我意识的成熟早于儿子，而儿子的独立意识则早于女儿。当女儿感到自我与父亲的不同而在自觉不自觉中用着一种不同于对待自我的方式对待父亲时，她就开始意识到自我与周围世界的不同了，她开始在自我与世界的差异中感受世界和对待世界。儿子则不同，他在向周围世界认知的过程中受到了父亲的情感阻抑，使他更长期地愿望留在母亲的爱的卵翼下。但女儿在与父亲的关系中找到了新的协调乃至和谐，她就较之儿子更长期地在人与人的关系中把握自己和感受自己，她不把自己同周围的世界区分开来，并不把自我的存在仅仅从对自我的意义上来理解、来感受，她重视自我对别人的作用，因而也在周围人对自己的评价中来感受自己，她愿意爱别人，也希求别人的爱。儿子则因为在与父亲的关系中没有找到新的和谐，迟迟没有脱离开母爱的保护，所以他就更早地意识到自我的独立性。他一旦脱离开母爱的保护，便把自我与所有其他的人区分了开来，他开始以自我为中心感受和思考这个世界，并且作为一个完全独立的人而出现在社会上。在这时，他感到自己的一切要靠自己去争取，从而把对自我的意义就当作自己存在的意义。在这个过程中，女儿一般迟于儿子。当儿女在精神上真正成了一个独立的人，父亲的爱才开始被理解。母亲的爱是儿女直感到的爱，你不用多高的理解力就能够感觉到，但父亲的爱却不主要是直感的，他更从你未来的前途考虑，他要你接受的不是现在就需要的，而是你将来才需要的。因而父亲的爱是冷峻的，往往伴随着对儿女当前意志的压抑。但当你作为一个独立的人出现在社会中并独自与社会广大的人众建立了各种实际的联系之后，你才有可能把父亲与自我的关系同整个社会的千差万别的人与人的关系区别开来。在这时，也只在这时，你才能用自己的心灵直感到，不论社会上人与人的关系密切到何种程度，但都是后天的，都是建立在彼此的相互需要的基础之上的，都是有距离的，并且在最高的本质上都是为我的。任何社会上的人与人的关系都有极为残酷的一面，为了各自的利益而可以把你置于死地。父亲在儿女的感受中，也有无情的成分，但这种无情是受到父爱的自行的约制的，并且在其无情的背后蕴藏着的是对你的关心和爱护。在父与子的关系中，也必然有属于个体人与个体人之间的利益关系，这种利益关系所造成的父与子的矛盾是儿女最难忍受的，而只有儿女有了与其他人的各种矛盾关系的体验之后，他才会感到父亲作为一个独立的人所必然有的独立的利益考虑，从而更能理解他，并关心他，体谅他的痛苦。父亲的劝谕在劝谕的当时往往是笼统的、不具体的，因而也是带有迂腐色彩的，但在子女成为一个独立的人并有了相类似的生活经验之后，有时又会重新发现父亲教谕的价值和意义，发现自己仍是自己的父亲的儿子，父亲对自己的影响仍然是在所有影响中最重要的影响。也就是说，对父爱的理解和感受是需要更高的理解力和感受力的。子女越是自由，越是一个有独立意识的人，他就越能理解父亲的爱，理解父爱的伟大。假如说母爱体现了人类的人性原则的话，那么，父爱则体现着人类的社会原则。人类的理想的人性是彼此的爱，它反对任何的权威和压迫，但这只是人的最高的理想，是永远不可实现的理想。在人类的社会中，是需要权威的，是要有权威维持社会的原则和纪律的，但这种权威必须出于对人类的爱，出于维护社会广大群众的根本利益和长远利益，而不是残忍的统治者和任意杀害无辜的暴君。在中外文化中，人们往往把父亲当作权力的象征，不是没有道理的。

在中国古代文学史上，深刻表现母爱的作品不多，而深刻表现父爱的诗文就更少。这与中国古代儒家学说大力提倡孝道也是极不相称的。实际上，儒家提倡孝道，不是加强了父子之间的感情关系，反而极大地破坏了这种关系。这里的关键在于，当儒家把父亲的绝对权威加于子女之上的时候，父子之间关系的自然性质就被严重破坏了，儿子一生被置于顺从父亲的地位上，失去了自己选择的自由，他为自己的自由所做的任何的努力都首先是对父亲权威的反抗，这就极大破坏了父子之间的自然具有的感情联系。五四新文化运动开始后不久，鲁迅就写了《我们现在怎样做父亲》，提出了父子平等的原则，提出了以幼者为本位的原则，实际上这才是真正的父爱的原则。父爱之所以是爱，就是因为它不是自私的，不是为了发放感情的高利贷，不是为了养儿防老，而是为了儿女自身的发展。也只有如此，儿女才能在父亲的爱中体验到自我最需要的感情，从而建立对父亲的感情。我们看到，反对父亲专制的新文学的作家们，不是淡漠了与父亲的真正感情联系，而是更加深刻地体会到了父爱的伟大。鲁迅写了《父亲的病》，表现了他对父亲的真正的人道主义的同情，他说他之到日本学医就是因为要救治像他的父亲般的病人。在中国现代文学史上，写父爱最杰出的篇章要算是朱自清的《背影》了，但在其中你所感到的是对父亲的真正的同情，而不是儒家所要求的对父亲的敬畏和"尊重"；而同一个朱自清也曾在他的小说《笑》中对父亲的家庭专制表示过不满。至于像许地山的《落花生》一类的散文，不是在自己独立人生体验的基础上也是无法写出来的。"五四"这一代知识分子，反抗父亲专制的家庭制度，反抗君主专制的政治制度，提倡人与人平等的原则，提倡人与人建立在人道主义原则上的爱与同情，对于母爱和父爱这种自然形成的人与人之间的爱情关系自然是异常重视的。但是，一个社会永远不能仅仅依靠个人间的亲情关系来维持，在更广大的社会关系中建立人与人之间的更普遍的情感联系永远是中外伟大文学家、艺术家所追求的伟大的人类目标。

三、谈友爱

母爱是人类社会的最伟大的爱，这种爱植根于人性的最深处，成为人类不断繁衍生息的最伟大的力量；父爱既是社会的，也是自然的，它构成人类自我保护的一种职能，起到组织人类、发展自我的巨大作用。但单纯的母爱和父爱都是个体的、分散的，并且彼此之间往往是矛盾的、相互排斥的，把母爱和父爱推及于整个人类并把人类联结为一个整体的则是友爱。

友爱不是人类本性的直接体现，而是母爱和父爱的另一种转化形式，但正是有了这种转化形式，人才把自己提到了真正人性的高度。母爱和父爱是自然的，但也正因为它的自然的性质，它自身无法向周围辐射，一个母亲在自然的状态下就爱自己的儿子，但这并不意味着她也爱别人的儿子，中国古代历史上大量的后母故事，说明母爱在自然状态下是有极大的排他力的。人不仅需要生活在家庭里，更需要的是要生活在社会里，而把自然状态下的爱转化为社会的、文化的普遍的人类之爱的形式的，则是这友爱。友爱是后天的、文化的、社会的。

人为什么会产生友爱的要求？为什么蚂蚁可以组成一个严密的集体性的生产形式而彼此却没有友谊可言？在这里，我认为可以发现甚至连那些伟大的思想家都常常忽略了的事实，即人的社会性并不仅仅产生于人的生产形式的需要，同时还是人性的、精神性的需要。这种人性的、精神性的需要把人的两性的需要变成了爱情，使之不再像动物般只是肉欲的满足和生殖性的行为；也把人与人的关系变成了友爱的关系，使之不仅仅是利益的关系和生产性的行为。作为感情动物的人，在母亲和父亲那里不但承受了肉体的养育，而且受到了感情的关怀，使人的一生都同时有着两个方面的两种根本的需要，一是在物欲上满足他人与被满足的需要，一是在感情上爱他人与被爱的需要。被动性地在物欲上被满足和在感情上被爱是一个由幼及长逐渐弱化的本能要求，主动性地在物欲上满足他人和在感情上爱他人是他们从父母那里习得的逐渐加强着的后天趋向。在很多情况下，友情首先在兄弟姐妹之间产生，但它不局限在兄弟姐妹之间。友情与母爱、父爱之间的根本差异是：母爱和父爱的最纯粹的形式是单向的，母亲和父亲是施予者，在子女不知爱母亲和父亲的时候他们依然能在本能上爱自己的子女，并且这时的爱心最强，子女则只是爱的被施予者；而友情则是双向的，双方都是施予者，又都是被施予者。在这种关系中，人加强了以一个个体对另一个个体的了解能力，加强了表现自我与理解对方的能力，所以友情是一种在正常条件下不断加强着的感情的联系。友爱是社会性的，它不受血缘关系的制约，通过或不通过兄弟姐妹而与家庭外的社会成员建立和谐或相对和谐的关系，构成一个适于自我生存的小的社会空间。没有这样一个空间，人在社会上是绝对的孤独的，他的被爱和爱人的内在需要都无法得以实现，因而他也无法意识到自我存在的意义和价值，没有生存的力量和勇气。友爱是文化的，它完全脱离了本能的基础，通过彼此之间的各种外在表现而互相了解，从而把对方的一切文化表现符号化，语言之间的交流更加重要，社会上的一切文化本质上都是在人与人的这种联系中产生和发展的。友情的另一个最重要也是最突出的特点是它不是一体的和谐，而是对立的统一，是两个独立个体之间的相对和谐。母爱是对对象的完全包容，它不以对方的具体表现为前提条件，父爱也有类于此。假若一个人仅仅在母亲的抚爱之下形成自我的生活习性，他往往是自私的，因为他总是可以被动性地承受别人的爱而不必体谅别人的要求，而单纯的父爱则往往养成人的纯被动服从的习性。友情这种对立统一的形式使人在人面前增长着独立性，也增长着对另一些独立个体的理解力，培养着与人协调相处的能力。对于一个成长着的人，母爱和父爱是滞后的，他不能只在母爱和父爱的保护下生活,他必须学会独立地面对周围的世界。七岁、八岁讨人嫌,这时一个儿童开始有了脱离父母的保护、寻求独立性的趋向,而在这个过程中,友情则起到了桥梁作用,也起到了转化他对母爱父爱的感受的作用,他开始从友爱的角度看待母爱和父爱,不再把父爱和母爱当作自然而然的东西,不再认为不论自己什么样子父母都会钟爱自己,从而通过自己的行为去争取父母的爱,像通过自己的努力争取与其他小朋友的爱一样。这种友情对一个人是贯穿一生的感情需要,它对人的一生精神世界的状况起着重要的作用。

什么是友情?友情是在彼此交往过程中所建立起的精神世界的联系。一个人有爱人与被爱的需要,当他感到有被爱的需要时,他能在对方身上感到对自己的爱;当对方需要爱的时候,他能给予对方以爱的关怀。彼此在相处中就构成一种基本和谐的关系,并且各自都感到对方是自己生活中的一部分,有一种难以割舍的感情。由于这种感情的存在,彼此更能自觉地以对方内在需要而理解对方的言行,体谅对方的苦衷,从而对对方的言行有更大的包容性,对彼此之间的矛盾有更大的消化力。但友情后天的性质,也使它较之母爱和父爱具有更大的不确定性。母爱和父爱是从深层向外层浸渍,它的外在表现往往不足以体现内在感受;而友情则是从外在向内在的渗透,其外在表现往往掩盖住内在的实质,因而友情常因实利性的需要而受到破坏,也常常在实利性的动机下而受到污染。精神的东西需要物质形式的表现,但物质性的表现手段是可以模仿的,可以脱离内在的感情需要而独立存在,这就使友情关系呈现着真真假假、虚虚实实的状况,但也正因为如此,人与人之间经过时间考验和患难与共的考验的真诚友情才显得愈加宝贵。在中国古代文学史上,就有大量表现真诚友情关系的诗文名篇,这个传统在中国现代文学史上继续得到了贯彻,但其中也增加了新的内涵。

中国现代作家对友情的表现,较之中国古代作家的同类表现我认为有下列几个特点:一、增加了国际性的内容。如鲁迅的《藤野先生》,它就是对一个日本老师的忆念,这类的篇章在中国现代散文中虽然还不占有很大的比重,但作为一种倾向是值得重视的。它反映了中国现代知识分子的国际联系的加强,反映了中国人开始融入人类的大家庭。二、增加了社会性的内容。中国古代作家对友情的表现主要集中于个人的交往，而中国现代作家在个人生活的交往的同时，又往往有着社会交往的内容，他们在共同的社会理想、共同的社会事业、共同的生活命运中建立起彼此的感情联系，因而在他们的回忆文章中也有各种不同的社会性的表现。他们不但记录了友人的生平事迹、生活细节和道德品貌，同时也记录了自己的时代。三、增加了平民性的内容。古代表现友情关系的诗文主要集中于达官贵人、文人学士和隐士高僧，现代散文家则把各种平凡人的平凡人生大量写进了自己的作品，这表示中国现代文化的情感联系更广泛、更复杂了。四、情感的细腻性、朴素性是这类现代散文作品的主要特征。现代人的平等观念加强了，很多在古代被视为不平等地位的人，作家开始以平等的眼光感受他、表现他，这使他们的作品写得更加朴素，也更加细腻。

友情的原则是人与人社会交往的最美的原则，它是对社会的实利关系原则的必不可少的补充，它理应成为社会组织原则中的重要内容。但我认为，直至现在，我们还很少注意对友情这种关系做系统的思考和研究，对友情的产生、保持与发展的规律予以一些理性的认识，并自觉将这些规律运用到社会的一般交往之中去。因为一个社会假若只靠权力和金钱来维持，这个社会是不适于人的生存的，而且是很危险的。中国人自古都很重视人与人的友情关系，但可惜往往仅仅重视它的自然的生灭，而整个社会却是按父子君臣的权力关系组织起来的，所以中国自古以来就有各种可歌可泣的个人之间的友谊，但整个社会的友爱关系却难以建立起来。在社会的友爱原则没有建立起来之前，个人之间的友情关系也是极不稳固、极易遭到破坏的，"文化大革命"就是用权力手段摧毁各种个人间的友谊关系的例子，而现在在经济大潮中各种非人性倾向的泛滥，也说明仅仅用金钱的原则组织这样一个庞大的社会也是不行的。金钱、权力是不可缺少的，但它们必须在人类爱的基础上被使用，否则，它们不但不是造福于人类的东西，而且会成为毁灭人类的手段。

原载《云梦学刊》1995年第2期

关于中国的比较文学

我们称之为"新时期"的文学研究，热热闹闹地搞了十多年，各种新理论、新观念、新方法都"红"过一阵子，"热"过一阵子，但"年终结账"，细细一核算，我认为在这十几年中扎根扎得最深、基础奠定得最牢固、发展得最坚实、取得的成就最大的，还是最初"红"过一阵而后来已被多数人习焉不察的比较文学。中国新时期的文学研究，是与"文革"后期的鲁迅研究一线相连的。新时期伊始，首先活跃的是以鲁迅研究为中心的中国现代文学研究，而这时作为新潮出现的则是中国现代文学与外国文学的比较研究。它在中国沉睡了二十多年之后又重新被运用、被重视，可以说是将新时期文学研究同十七年的文学研究区别开来的一个形式标志。比较文学打通了中外文学的研究，把新时期的中国古典文学研究、中国现代文学研究和外国文学研究聚合成了一个整体，使各个部门都出现了一些新气象。后来的各种美学学说、各种研究方法的介绍，都是在这样一个基础上发生的。时至今日，在各种"新玩意儿"当中，只有比较文学在中国有了一个庞大的研究协会，并且在许多高等学校中建立了比较文学研究室或开设了比较文学课程。这是精神分析学派、形式批评学派和新"三论"、旧"三论"等诸种文学研究学派所根本不具有的。可以说，在所有的这些名目繁多的新兴学派中，只有比较文学研究是被大家公认的。至少是不加整体否定的。假若再夸大一点，新时期的文学研究工作者，没有哪一个不是广义上的比较文学的研究工作者，没有哪一部文学研究专著不或多或少、或显或隐地具有比较文学的性质。我认为，正是因为如此，它是新时期文学研究取得的最坚实的发展。

我们说新时期文学研究的最坚实的贡献是比较文学研究的确立，实际也就是说新时期文学研究最大的成就是由封闭走向了开放，因为比较文学实际是沟通中外文学的一架桥梁或曰一条脐带。在比较文学研究中，也有各种派别、各种角度、各种理论和各种观点，但其中却都有一个不可脱离的根本立足点，即不能把中国文学从整个世界文学的联系中完全孤立出来。不难看出，它之所以是我们取得的最坚实的发展，是由于它是新时期国家政治、经济路线在文学研究中产生的直接成果，没有政治、经济上的"改革、开放"路线，便没有中国文学研究中的比较文学研究。

事物的发展有两种途径：一是引进自己过去没有的"新鲜"的东西，一是推进、扩展、深化自己固有的东西。这两种途径都是不可缺少的。新鲜的东西从无到有，发展变化来得显著，但任何"新鲜"的东西都不可能像固有的东西那么稳固和强大，并且新鲜也是一时，它不可能在人的感觉中永远那么鲜活，因而它若不能促进固有基础的变化，便必然具有浮面的性质，燃烧时火焰极高，烧过后所剩极少，在给人希望后又使人产生不如所望的幻灭感。推进固有事物的自身变化是困难的，往往事倍功半，成效极微，但一旦有所发展，便极坚实，不易逆转。比较文学研究在新时期之初乍一出现时，曾"新鲜"过一阵，也遇到了一些阻力，但很快便在更"新鲜"的东西面前失去了外在的光泽，成了不同学派都可运用的研究方法，这说明它由"洋"的变成了"土"的，由外来的变成了民族的。

比较文学之所以能在中国新时期文学研究中很快确立，是因为它自己只是一个框架，而不具有其他研究学派自身便具有的那种排他性。它可以用马克思主义社会历史学的方法进行，也可以用形式批评的方式进行。如果说它有排他性，它仅仅排斥将本民族文学绝对孤立起来的封闭性，而这种排他性则是我们在理论和实践上都可以接受的东西。与此同时，比较文学这个研究框架自身便反映着文学研究的发展态势，其中包括被比较的双方：中国文学和外国文学。比较文学研究工作者对任何一个方面的论述都不能不同时在它的另一个方面反映出来。它必须在二者之间找到一种更内在的统一价值标准，而这个价值标准假若确实起到了比较研究的作用的话，则是一个更现实更根本的价值标准。它不容你脱离开现实的、自我的美学观念飘得太高，飞得太远，也不容你把自己真实的美学感受掩盖起来而使用更具保守性的陈旧的原则和教条，否则你便无法对中外两种研究对象做出统一的、自成体系的论述。显而易见，其他的研究方法是不具有这种自我的调整性能的。你要在荷马史诗和屈原的作品之间架起一座桥梁，只能用你的思想观念和美学观念，否则，你就会不情愿地伤害掉其中的一个。在这里，你硬充"西化"是不行的，硬充"中化"也不行，实实在在地按自己现有的观念和感受进行比较，是最可靠的办法。中国文学研究工作者观念和方法的运转和发展，在比较文学中能够得到真切的反映。

比较文学自身便具有世界性和开放性，这是不言而喻的，但它同时也必然具有民族性。中国的比较文学从一开始便有自己的独立特征。首先，它从一开始便与更广义的比较文化凝为一体，是彼此相互包含的关系。迄今为止的中国比较文学研究，其主要内涵仍是比较文化的研究，文学的比较与文化的比较是交织进行的。这与西方比较文学的研究是不尽相同的。在西方，比较文学具有更强的独立性，与整体的文化比较没有这么密切的关系。其次，西方的文学观念的变化与比较文学的发展不完全是一个统一的进程。马克思主义的诞生推动了西方马克思主义美学的诞生，弗洛伊德精神分析学说的形成推进了文学研究中的精神分析学派的形成，它们都与比较文化和比较文学没有必然的联系。而在中国现当代文学发展过程中，几乎每一个新发现都在比较文化和比较文学的范围内进行，至少也与之交织在一起，因为外国文化和外国文学的影响始终是中国现代文化和文学发展的重要契机，而这也决定了比较文化和比较文学在中国文学研究中的地位的重要性。第三，在法国，发展起来的主要是影响研究学派；在美国，则是主要发展平行研究学派。而在中国，比较文学研究从来是影响研究与平行研究并重的，这与中国文化和文学的独立性以及近现代文学和文化又受到外国文学和文化的强烈影响密切相

关于中国的比较文学

关。对整个中国文化和文学与外国文化和文学的比较研究，必然走向平行研究的方向，而影响研究则在近现代文化和文学研究中占有重要的位置。我认为，中国比较文学的这种更大的包容性和更充实的研究基础，决定中国比较文学将有比外国的比较文学更长久的生命力和更广阔的发展前途……凡此种种，都使中国的比较文学有形成一个独立的学派即中国比较文学学派的可能性。我们现在所缺乏的，只是没有结合中国比较文学研究的历史实践进行中国比较文学的理论和方法的深入探讨，并努力建设我们自己的比较文学的理论和方法的系统。我认为，一旦这一工作初见成效，中国的比较文学便将以中国学派的独立面目出现在世界比较文学界，并对世界的比较文学产生强大的推动力。

原载《文论报》1989年第5期

创造社的文化传统与中国现代文化

在中国现代文化研究中，五四新文化运动当然是个重点，但仅仅研究五四新文化运动是不可能对中国整个新文化做出清晰的描述的。我认为，现在中国现代文化研究中的几乎所有问题都与我们所采取的这个文化战略有关。事实上，"五四"仅仅是中国文化的一个界碑，它标志着中国文化从古代向现代的彻底转变。所谓"彻底"，并非说中国古代的传统文化就此灭亡，中国文化就此成为一种全新的文化，与中国古代文化再没有任何关系，而是说在其文化的整体追求目标上，中国文化发生了一个根本的变化。在这时，一种全新的文化观念在中国产生了，这就是五四时期提出的科学、民主、自由、平等、人道主义、个人主义等等思想观念。不论五四新文化运动的倡导者是不是这些文化原则的化身，但这些原则在中国被公布出来，并且成了部分中国现代知识分子衡量人、判断人的思想和研究社会历史发展状况的价值标准。在中国古代是没有这些标准的，在那时中国人用的是三纲五常、礼义廉耻、富贵荣华、福禄贞祥这样一些标准。假若说"五四"之前在中国文化中只有中国古代的那些文化标准起着作用，那么，"五四"以后则是这所有文化价值标准共同起作用的新的历史时代。这两种文化标准在对立中显示自己的独立性，但也在融合中取得自己存在的现实空间。五四时期的文化思想也有它的特殊性。这个特殊性是由它的具体历史作用所规定的。那时的新文化运动的倡导者，是上述文化原则的置入者，他们是在新文化原则与旧文化原则的区别中确立新文化原则的独立性和存在的必要性的。根据

创造社的文化传统与中国现代文化

那时的文化斗争，我们把中国现代文化思想分为两种最根本的形态：传统的与反传统的。这两种形态被用各种不同的概念表述着，例如：传统的是古代的，反传统的是现代的；传统的是落后的、愚昧的，反传统的是先进的、文明的；传统的是中国的固有文化，反传统的是西方传来的异域文明……也就是说，我们直接从五四时期的文化斗争中总结出来而又运用于整个中国现代文化研究的文化观念，只能是在二元对立的模式中进行的。这也发生了反拨，于是新儒家就以维护中国文化独立性和中华民族的民族性的姿态起来反对五四新文化，否定五四新文化运动提出的各种新的文化标准。不难看出，迄今为止（实际上是迄今尚未止）的中国文化大战（实际是文化大混战）都从这里开始。必须指出，仅从这样一个二元对立的模式中，中国文化研究是无法走出自己的怪圈的。这里有一个最根本的思想观念问题，即我们的文化研究者是在过去的文化中寻求自己的文化领袖（或曰圣人）呢，还是要从过去的文化现象中寻求中国文化发展的规律性的东西，以加强我们自己进行文化选择的自觉性呢？假如我们的目的在于后者而不是前者，那么，我们就会看到，只在孔子和鲁迅之间确定一个最正确的文化路线是没有任何用处的，关键在于我们要看清我们是怎样从"五四"走到现在的，其中发生了哪些文化转折，这些文化转折是怎样发生的？在其中哪些文化因素起了关键性的作用以及它们是怎样起到这些作用的，我们在其中应当意识到哪些我们过去所从未意识到的东西并进一步加强我们驾驭自己的历史的能力。如果我们意识到这一点，我们便会很自然地把对中国现代文化的研究从单纯的五四新文化运动的研究中拖出来，而创造社研究的重要性也就不言自明了。实际上，五四新文化运动在中国现代文化中直接起到先导作用的时间是很短的，从1917年到1921年才是它独立发挥作用的历史时期。在这个时期，它实现了由文言文向白话文的语文改革，科学、民主、自由、平等、个性解放、人道主义等所有这些思想原则都提了出来，一个新的文化和文学的阵营形成了，此后他们就没有提出新的为他们所共同接受的文化原则，他们开始消溶于其他各种文化潮流中去。而在这时发展起来的有三个大的文化派别，它们的文化和文学倾向可以分别由创造社、文学研究会、现代评论派所体现。文学研究会所直接继承的是五四新文化运动中提出的各种文化和文学观念,所以它虽有庞大的阵容,但却不具有文化和文学研究上的更大的独立性,即使在后来,文学研究会的成员也多为其他派别的追随者,没有人独立地领导一个新的文化潮流或文学潮流。这样,从20年代开始,在中国现代文化发展中起着关键作用的实际上只有创造社和现代评论派。现代评论派后来演变为新月派,30年代形成一个庞大的英美派自由主义知识分子阵营;创造社后来与太阳社联合提倡革命文学,并且与新起的青年知识分子组成了左翼文化阵线。在30年代,新儒家学派形成了一个有相当规模的独立学派,它在20年代以前是各种形式的复古主义,20年代则在英美派知识分子中出现了像梁漱溟、吴宓、梅光迪这样一些身在新文化阵营而维护中国古代文化传统的现代知识分子,新儒家学派在当时得到政权力量的有目的的支持,因为它在中国社会能起到稳定社会现实秩序的作用。英美派自由主义知识分子与新儒家在文化思想上存在着分歧,但二者又都与左翼文化阵线取着对立的形势。支持左翼文化阵线的是共产党的革命势力。这样,我国30年代的文化形势实际是这样的:

国民党政权——新儒家——英美派自由主义知识分子——左翼知识分子——共产党革命力量

1949年之后,中国在政治上分裂为大陆和台湾,于是也就有了两个不同的文化系统。在台湾,文化的塔式结构是这样的:

国民党政权
◇
新儒家
◇
英美派自由主义知识分子
◇
社会群众

创造社的文化传统与中国现代文化

在大陆，文化的结构一度是这样的：

中华人民共和国政权
◇
左翼知识分子
◇
英美派自由主义知识分子
◇
社会群众

不论是从实际地位上，还是从这个被抽象出来的文化模式中，我们都会看到创造社的文化传统在中国文化中是具有非常重要的地位的。在中国大陆，五四文化和文学传统是通过原来的左翼知识分子的理解和阐释而在中国大陆知识分子中起到实际的影响作用的，而在左翼知识分子中，胡风、冯雪峰的被清洗，说明他们对五四新文化和新文学传统的理解和阐释也不具有实际的力量，从思想和文学的传统而言，实际上是以创造社、太阳社那些最早的革命文学的倡导者的观念理解并运用五四思想和文学传统的。毛泽东关于五四新文化的论述体现了三四十年代政治革命家的五四新文化观和五六十年代中国大陆以政权力量确定下来的具有权威性的五四新文化观，而创造社传统的新文化规则与之形成了上下呼应的互补体系。他们在20年代末曾经发生过一次形态上的变化，但这种变化又不可能不是在他们20年代文化和文学思想的基础上发生的，是他们以当时的文化和文学的思想观念接受西方马克思主义思潮的结果。由此可见，真正深入细致地研究，创造社的文化和文学思想，虽然不能说与研究五四新文化运动有着同等的意义。但至少可以说其重要性仅仅次于五四新文化运动的研究而与对英美派自由主义知识分子文化传统的研究有着同等重要的意义，而在我们对五四新文化运动已经有了过多的单方面研究之后的现在，我认为后两者实际已经成为整个中国现代文化研究的关键，它们是把中国现代文化研究推向系统化的第一步。五四新文化运动的研究不能不是二元对立的，不在新文化与旧文化的二元对立中研究五四新文化运动，我们就不能确切把握这个运动的意义和价值。很多人，特别是一些台港学者企图通过对五四新文化运动倡导者的局限性的研究阐释整个中国现代文化的局限性，这实际上是不合理的，正像我们不能通过伽利略的局限性的研究阐释世界近代科学发展的局限性一样。他们以二元对立的方式向中国文化输入了与传统文化迥不相同的一系列新的文化原则，把中国文化推进到现代文化的历史阶段，但整个中国现代文化却不是以二元对立的方式组织起来的，它是一个系统，我们必须以一个系统的方式对待它、研究它，对起点（五四新文化运动）的研究不能代替对整体（整个中国现代文化）的研究。这是不同的两码事。

新时期的创造社研究经历了两个不同的阶段。第一个阶段是与整个社会上的拨乱反正阶段相呼应的，在那时我们是从它与五四新文化运动直接呼应的意义上把握创造社的文化与文学思想的，在对外国文化的关系上，我们把它仅仅当作西方文化的输入者，但到后来，越来越多的研究者看到，在他们较之五四新文化运动的倡导者更激进的思想形式下实际埋藏着他们后来转变的内在动力，他们与中国传统文化的关系也就成了人们注意的研究课题。不难看出，这种对创造社研究的新视角，把创造社研究推向了客观化和系统化，同时也为更系统地研究整个中国现代文化提供了可能性。我认为，在这个转变过程中，魏建先生的研究工作是继往开来的，他的研究专著《创造与选择》标志着创造社研究新阶段的开始。它的研究角度是新的，很多过去人们并不注意的问题在这个新的角度上被提了出来。新观点可以说到处皆是，但我认为这并不是最重要的，重要的是它向我们展示了中国现代文学乃至中国现代文化研究的更大的前景。我认为，迄今为止，我们对创造社研究的意义还是没有更充分的认识的，我们的研究仍然仅仅局限于对这个和那个创造社作家的研究，因而魏建先生这部论著的出版就更有不可小觑的意义。

原载《山东师大学报（社会科学版）》1994年第6期

大众文化视野中的学术与知识分子[1]

一、"鲁迅已经是中国雅文化的一部分"

梁鸿：我注意到一个非常有意思的现象。在近几年，除了业内学者在兢兢业业地继续研究，发掘鲁迅的精神世界之外，大众文化视野中的鲁迅似乎更为活跃，并且几乎总是从另一面来叙述鲁迅，由此形成了学界与民间之间的鲁迅争议。比如，前几年王朔的文章，现在韩石山的说法"少不读鲁迅"等等。两个领域的声音几乎完全相反，你怎么看待这一现象？

王富仁：这是一个太复杂的现象。简单地说，学术与社会永远不一样，学术界的任务是文化传承，它是在形成一种传统。比如说，我在课堂上讲鲁迅就是在传承鲁迅的文学精神，要使下一代知道鲁迅，知道鲁迅的作品。在社会上，有另外一种思潮，这就是经济意识的崛起。我们国家长期是一个经济贫穷的国家。一开始是政治化的社会，依靠政治取得了权力，就能够进入政治话语圈。那时候，政治作为社会文化的控制力量，你不能骂鲁迅，因为鲁迅是被政治化的。现在不一样了，社会是经济、消费在起作用，人们的生活越来越日常化。世俗生活层面永远是

---

[1] 此文第一作者为王富仁，第二作者为梁鸿。

以金钱为主体。鲁迅那些价值换不来什么钱，在这里，学习鲁迅没什么用，学院派传承的价值在社会上没有用，即使作家不懂鲁迅也可能成为好作家。但是，反过来，又一种情况，王朔在社会上很有名，金庸、琼瑶，都很有名，但是要纳入学院派文化，要给学生传承，要纳入社会价值当中，作为一种雅文化，这就不如鲁迅的价值。至少，鲁迅已经被纳入一种价值体系当中，比如屈原、司马迁，他们的文化中体现的就是人类精神中最根本的东西。

其实在中国古代，此如明清时代，社会上的畅销书也多是民间的俗文学，它有趣。但是，进入到学校课堂上，不可能把这些都弄进去。当代文学每年一千多部长篇小说，不可能把所有的小说都讲出来，你只能选取一些来讲，选取那些能够解读出时代意义或某种价值体系的小说来讲。鲁迅可以说是现代作家当中已经被优选出来的作家，曹禺的剧本、张爱玲的小说、沈从文，等等，都如此。至于在社会上是如何排名，是不是把鲁迅放在第一位，那都不重要。重要的是，到了我这里，我就这样讲。还有，到了21世纪，22世纪，学院派和俗文化还是不一样，但是，人们还记得鲁迅，而那些日常的作家还被记起多少，就是很难说的事情。它们的矛盾就在这里。那时候的俗文学，肯定影响也是很大的，很有趣。现在老百姓都能读书了，学院派知识分子成少数了，他们也有自己的看法。这必然会形成一种声音。这是很正常的事情。

梁鸿：但他们对学生影响非常大。我在课堂做过调查，似乎他们的影响要远远大于学院派。时下的言论对年轻人的精神影响非常大，会冲击学生的世界观，会形成另外一种潮流。

王富仁：这是正常的。你可以这样想，假若那些观点没有一点儿影响，教授在课堂上干什么呢？文化总是在一种博弈之中存在，必须有对立面。这就是我跟别人不一样的地方。当你看不到对立面，你的价值就不存在了。只有当你看到你的对立面，并且你认为，你绝对不能跑到对立面去，你就有事干了。你必须思考，我该怎么传达自己的认识与声音。即使学生现在不理解，到了一定阶段他自然会理解。人不是马上就认识到什么东西，都需要一个过程。譬如我在"文革"前也读《狂人日记》，它的观念对不对，我当时不太清楚，它的偏激的观念我也不支持。

但那不要紧,你会记得,有这样一篇《狂人日记》。等经过"文革",经过体验之后,它的声音突然上升了,你会觉得,它说中国人还是一个吃人的民族更真实。到这时候,《狂人日记》就起作用了。凡是雅文化,不是当下就起作用的,所有的文化在开始都是一种信息输入。

梁鸿:可不可以这样说,鲁迅已经成为中国雅文化的一部分,是属于民族精神中可以传承的社会价值的那一部分。所以它在社会上出现各种声音是正常的。

王富仁:那当然。你想一想,屈原当时是什么样的人物,他为什么自杀,是不是所有人都理解呢?有日常生活就可以了。最伟大的真理是饿了要吃饭,饿了要吃饭不是教育的事情。越是高等教育传承的东西越是在日常生活中得不到传承,并且很可能是被排斥的东西。这时候,必须有教育来传承。教育不是培养一个全人,而是培养在社会一般的传承关系中不可能得到的东西。学院派就是起这样一个作用。我喜欢鲁迅,也可以看王朔的小说,但它中间有什么不同,学院派就是要承担这样一种压力。你能够承担,你就是一个好的教授,这是我的理解。别人骂鲁迅,你也骂鲁迅。鲁迅骂倒了,沈从文骂倒了,金庸的小说还用你讲吗?什么时候该讲王朔呢?当人们都厌恶王朔时,需要你去提醒大家,王朔的价值还是有的。当有一些东西被掩盖掉,你觉得这些还很有价值,这时候,就需要你讲了。人们都在读王朔,还需要你去夸什么呢?张爱玲研究的意义不在于人人喜欢张爱玲,学院派才去研究她,而是因为大家都遗忘了,才有研究的价值。什么时候一些有价值的东西受到社会上其他东西遮蔽了,需要学院派知识分子来扛,它就进入学院文化了。并且你所说的好,永远不是普通老百姓所认为的好,不是他们所喜欢的理由。人人都懂的东西还用你说吗?

语言是非常空洞的东西,在物质世界是毫无价值的。当精神上不缺乏的时候话语是没有意义的,有意义的话是什么呢?是我不说你就不知道的,才是有价值的。学院派知识分子和大众之间永远是一种互补关系。学院派知识分子从事的是教育,是对雅文化的传承,是积淀、传承,并且这些文化一定是具有独创性的。在任何时代,假若遗忘了它,对一个民族是一种损失。就像"改造国民性"这一话题,现在被重新提起,说明它还有其探讨的价值。资本家是不需要歌颂的,他自己能赚钱,能养活自己,还用你来歌颂?一个知识分子如果没有对基本民众的关注,就失去了自己的作用。哪一个阶层需要语言呢?贫苦无助的人需要语言,那些大款不需要语言。恰恰是因为实践的作用没有了,而在思想上却有它的价值。在真正的文化精神上,人在文化上最大的匮乏就是缺乏屈原、司马迁、鲁迅这样的人。屈原连他姐姐都不理解他,认为他是错的;杜甫是什么呢?流落文人,到哪里都需要依靠别人生活。而一个民族的文化核心就集中在这些人身上。西方也是如此,尼采、卢梭、普希金,等等。最有价值的文化不是你赚了多少钱,当了多大官的文化,而是那个时代人们不敢说也不能说的那些话的创造者。这就是文化的价值。学院派永远要着眼于这个价值,而不是着眼于现实的价值。但是,你也不能由此要求社会上所有的人都如此,现实当中钱还是重要的。他们不喜欢鲁迅也可以理解。

梁鸿:但是,非常有意思的是,这些年来许多反对鲁迅价值的言论通常是打着还原鲁迅的旗号进行的,并且,我感觉,他们的确认为这是在还原鲁迅的价值。这里面似乎有某种认识上的偏差。

王富仁:你就不用驳,都是一些随风吹的东西。这些东西不是学术,只是一个事实。你说"少不读鲁迅",别人不见得认同。鲁迅不是圣人,你就是圣人吗?

梁鸿:是不是与长期的意识形态过分宣传有关,像20世纪80年代那样要把鲁迅拉下神坛?

王富仁:现在已经不是那样子了。现在是中国国民性自身的表现。你可以看到,谁想出头,就要把鲁迅拉出来。一些文人认为,我也会写小说,你鲁迅有什么了不起的。中国的教育从来就是在人与人的比较中判定人的价值的,从小学一年级就要排第一第二,讲谁比谁好,谁比谁聪明。似乎离开这样的比较,就无法对人或事物下判断了。即使搞鲁迅研究的也是如此。关键的问题是,你自己有没有独立的价值和意义呢?有,别人对鲁迅评价多高,你的价值还是你的价值;没有,即使将鲁迅说得一文不值,你还是没有价值。我们必须问一问自己,我们真的比他高明吗?在这样一个对象中,我们是否能够获得仅仅靠自己的思考无法

大众文化视野中的学术与知识分子

获得的东西。既然时代塑造了这样一个人物，你是借他反思自我呢，还是削足适履般地让他更像自己呢？这是一个价值尺度问题。中国人的判断是以自我为标准，这是最简单的判断形式，但却是全中国从上到下的价值观。而这种判断形式本身是非常荒诞的。为什么？都是把自己作为圣人。你不是上帝，也不是圣人，你觉得正确的东西在别人看来有可能是谬误的。对任何人的评价都必须在对这个人的充分了解的基础上进行。这就叫科学。一个老师批评孩子，"你迟到不对"，这是一个非常简单的判断。假若一个老师在批评孩子迟到的时候不了解他迟到的原因，你对他的批评很可能是荒谬的，甚至是残酷的。对鲁迅也是如此。搞鲁迅研究的为什么与别人不一样？是因为，他首先要搞清楚一个问题，鲁迅为什么会这样。而普通人，包括一些搞鲁迅研究的，则认为，因为鲁迅是这样的，所以他是错误的。这是两种思维方式。我们研究鲁迅什么呢？就是研究你没法说明的问题，既然鲁迅是民族的一员，他的看法为什么与我们不一样？这个问题不解决，你就没有权利批评鲁迅。其实，这是一种思维方式的问题。它所解决的问题是，全民都应该意识到自己在不理解对象的时候，永远没有判断对象的权利。这是从鸦片战争以来中国人思维方式最应该改变的地方。一开始人们认为西方人没有道德等等，这是不科学的。如果你不了解它为什么这样，你对它的任何批评都会导致失败。学院派文化往往被认为是没用的，但是没用处也可能是最重要的。全民都应该建立的一种基本的思维方式是，多研究对象。鲁迅说过一句话，凡事总需研究，方能明白。中国人没有研究的习惯，总是用自己的标准直接判断。很多文人的水平停留在农村妇女婆婆妈妈的水平。说鲁迅与内山完造的交往怎么样。假若你怀疑鲁迅是汉奸，这是一件大事，必须得调查，取证。假若你不做调查，没有充分的证据，是不能随便说话的。在中国，好多人都如此，并且还是头面人物，包括一些著名作家。正因为这样，作为一个知识分子更应该意识到你的责任，你必须让你学生养成思考的习惯、研究的习惯。你心里还没明白，就做出判断，可能是对别人的伤害。这应该养成一种习惯。有些人就是从理解别人、同情别人的基础上进行思考的。有的人考虑一辈子，考虑的也是是否对自己有利。

并且还有一点，对鲁迅，大家要求这么高，用对他的标准来衡量现在的一些人，你敢吗？你说我是自由的，他是名人，我就要勇敢地审判他。实际上，这是对人家的缺席审判，这是专拣软的捏。鲁迅看起来是硬的，但他死了。对死人说话你不负责任，对活着的人什么也不敢说。装怯作勇，这是中国人最大的特征。通过骂鲁迅成名，这是很不好的习气。

二、"有些问题必须以学术的形式出现"

梁鸿：近年来有一种感觉，知识分子的言论似乎越来越多，通过网络、报纸、电视等等，知识分子频频出现在公众面前，并且充当着解释者、立法者或先行者的角色，但其内在价值却越来越肤浅，并且，精神倾向常常暧昧不清。你怎么看待王朔最近的一些言行？它与整个社会的文化导向有着怎样的内在联系？这样一种现象对知识分子精神有怎样的影响？

王富仁：现在进入一个文化混乱期。不是价值判断混乱，而是没有价值判断。现在的老百姓有什么价值判断？你必须考虑到，你二十岁的选择可能决定你一生。你对没有研究过的事发表意见，因此成名了，但这一言论可能把你给钉死了。比如刘心武，发表了《班主任》，并不是你的作品有多好，更多的是因为你发出了时代的声音，你应该与大家在一起，继续开拓文学的自由空间。但是，很快，他就觉得比鲁迅还好。写作不行了，又去讲《红楼梦》。其实刘心武当年成了文化先锋，已经很好了。你就默默做一些事情，不要把自己的脸面抓烂。现在看来他还不如王朔，王朔至少有一点真诚。

这就是为什么我对王朔要求不高的原因。王朔在历史上曾经起过这么一个作用，已经不错了。但你由此可以看出，历史上出现屈原、司马迁、曹雪芹、鲁迅这样的人，是几百年才有的。你就不说别的，就说《记念刘和珍君》吧，我们都有过类似的体验，但我们谁写出过这样有血有肉的文章？英国也不是天天出现莎士比亚，俄国也不是天天出现陀思妥耶夫斯基。有了这么一个人，他跟我们绝对不一样。你要通过他，来

大众文化视野中的学术与知识分子

提高自己。不是说21世纪的人，就一定会超过20世纪的人，我们还是不如孔子、老子、屈原、司马迁，我们搞了一辈子，可能仍然弄不懂老子的哲学、康德的哲学，仍然写不出像《红楼梦》《阿Q正传》这类划时代的作品。人类的文化不总是进化的，还有可能是一个循环。因为人都是从小到大、从无知到有知的，凡是在历史上做出了杰出贡献的人，都是在那个时代得到了较为充分的发展的人，并不是所有后代人都能够超越得了的。在二十岁时，就不想理解别人，就不想超越自己，你的思想就死了。鲁迅是一辈子都在感受，都在思考的。20世纪30年代他又加入了左翼，不断去体验，每天都从零开始。但中国作家一到成了名，就"狂气"起来，就以为别人也没有什么了不起了，自己也就很快老化了。

梁鸿：你最近有没有关注清华大学教授的事情？在言行之中，他完全把自己作为《狂人日记》中的狂人，来揭露社会、体制的黑暗等等。像这样把自己喻为一个"狂人"并由此发起攻击，这样一个知识分子到了这种地步，感觉很悲剧，同时又很闹剧。但问题不在于此，而在于它背后。我征询了大量的学界中人，所有人都把他作为一个真的病人，真正意义的病人，没有人把他看作鲁迅意义中的"狂人"。是不是我们太庸俗了，太正常了，在无意中充当了庸众，扮演了"吃人"的角色？

王富仁：我不上网，不太清楚这件事情，但有一点要注意，中国知识分子在交锋时，一定不要带私人恩怨。这是中国教育最失败的地方。鲁迅就这样说自己，我的一生"实为公仇，不为私怨"。他和林语堂之间是因为一些文学观点和社会观点不一样才发生争论，由此感情上受了些影响。中国知识分子在进行文化争论时，一定不要带有报私怨的情绪。我向来坚守一点，谁要与我有私怨，我不与他争，否则的话，就会当作报私怨。作为一个知识分子最起码的学术道德是为公而争，不为私而争。有人说鲁迅当年争论就是为了名声，但是你可以想一想，在当时那个时代，为了名声干这些事情是划不来的。我们怎么写不出像《记念刘和珍君》《为了忘却的记念》这类的文章？反抗、革命，并不是那么好玩的事情。毛泽东是可以批评的，但说他一开始革命就是为了当皇帝，那是骗小孩子的。因为"革命"是要掉脑袋的。这不是一种学术的态度，学术必须是严肃的，不论对任何人，即使是发生在希特勒身上，该是什么样子就是什么样子，不能墙倒众人推。

梁鸿：似乎没有人来思考这个问题。我特意看了很多留言。因为我觉得这是一个文化现象，与学界的不屑相比，在大众那里，反而以关心同情旷新年、痛骂高校黑暗制度为主，认为他揭示出高校的黑暗与不人道。但身在高校之中，身在时代之中，你发现问题并不那么简单，似乎还不能用"狂人"来分析这一现象，它背后还涉及"狂人"/"看客"、知识分子/大众之间复杂的互动关系。

王富仁：这就是文体学的问题。有一些问题必须以学术的形式出现，不能以文学、杂文的形式出现。而有一些问题则必须以戏剧的形式出现。

他们无论谁说的可能都有一些意义，可能都能够体现出一些文化问题。这当中有一些是有意义的，因为它是文化问题，但必须要区分开来。假若把文化问题与个人恩怨混在一起，人们对它的认识就会被混淆，会产生偏差。这时候需要学术来辨析，提升，作为一种文化分析与理论，在进行这种文化分析的时候，一定要伴随着对自我的解剖。例如对"文革"的研究，完全站在造反派的立场上，或完全站在保守派的立场上，都是不对的，完全站在毛泽东的立场上也是不对的。这是历史，历史不仅仅有毛泽东。但是你完全站在毛泽东的对立面，也是不对的，因为毛泽东也是一个人。我们常说受了毛泽东的蒙蔽，但我们为什么会受毛泽东的蒙蔽？我们不是知识分子吗？不是有头脑的吗？我们这些大学教授怎么就被北京大学图书馆的一个馆员"蒙蔽"了呢？这是值得思考的。鲁迅说过一句话，非常重要，"其实我解剖自己并不比解剖别人更留情面"。这对知识分子来说是非常重要的问题。当我们在思考历史的问题时必须伴随着对自我的反思。因为每一个人都不是圣人。假若我们也是参与者，也可能我们没有责任，但在没有对自我进行反思之前，就按照自己认为的好与坏来判断对象，那就不具有文化的意义。有一些问题，它是文化问题，但表现在人与人之间的关系上。在这些关系当中，有些不是因为私人恩怨产生的，而是因为文化观点不同产生的。这导致情感的一种分离。就像鲁迅与林语堂之间的关系。在这种情况下，它需要以特定的方式表达出来，比如杂文的方式。杂文有具体的所指，鲁迅

大众文化视野中的学术与知识分子

批评林语堂,他的杂文让别人知道,我批评的就是林语堂。它的价值与意义在于,假若你与林一样,那我的批评就包含你在内;假若你与林不一样,我的批评就不包括你,我们就可能在一条战线上。所以文体非常重要,它能够剥离出去一些重要东西。这种剥离很重要。你说我否定新诗,你连艾青、穆旦都否定了,这是非常荒谬的。你说我觉得有些新诗很差,哪一些差,哪一些实际上很差,而被当作好诗,你拿出来分析它。对象一定要明确。现在对鲁迅的隔膜更多的是因为我们就没有真正的学术争论、文化争论,所以你就没法理解那些东西。

在当前来说,中国知识分子一定要把私人恩怨与真正文化的东西通过文体的方式把它辨析出来。有些适合在网上发,有些适合在期刊上发。需要在刊物上发的,即使有些在期刊发不了,我宁肯不发,也不要拿到网上发。能写成小说的,我写成小说;能写成杂文的,我写成杂文;能写成论文的,我写成论文。这就是学术。

梁鸿:有一种感觉,在大众文化氛围下,许多知识分子有一种特别的滑稽与悲哀。

王富仁:现在就是一些学术界的人到社会上表演的时代。文化的禁锢导致整个文化的衰落。知识分子想成名,就要出来表演。这是可以理解的,但一定要知道自己现在扮演的到底是一种什么样的角色。假若连自己扮演的是一个什么样的角色也不知道,在别人眼里,我们就显得有些滑稽了。

梁鸿:在大众眼里的,他们虽然成名了,但是非常可悲。比如说,一些学者面对市场非常游刃有余,当你有这么成熟的市场运作的心态,它总是与真正意义上的知识分子差一些东西,并且还是一些非常本质的东西。有一次在电视上看一个学者讲鲁迅,觉得有点儿太离谱了。那个语调,把鲁迅讲得就像武侠小说,像评书,不是悲剧,而是非常有喜剧效果。

王富仁:从这一点可以看出,学术也是一种语言形式。一种话语就是一种形式,鲁迅小说必须以那种话语方式写出来,《阿Q正传》用评书方式来写就不是阿Q。所以说,晚清小说与鲁迅小说最大的差异就是话语方式的差异。晚清的谴责小说给人的感觉就是我在揭露社会,我把社会写得越丑，我就越高尚，而这种丑与"我"无关，作者只是一个叙述者。到了鲁迅小说里面，它的话语对你的暗示是：社会这么黑暗，我对它没有办法，这是我人生的悲哀。这就是现代小说，一个真正严肃的知识分子与通俗知识分子不一样的地方，是传统知识分子向现代知识分子转换的最大表现。这并不是说李伯元不好，而是说知识分子必须把自己作为社会的一员，社会的黑暗不仅是他人的事情，也是自己的事情。假若他人在你的揭露社会的文章中感受到的是轻松的喜剧，而没有悲剧的意味，那你这种话语方式就是失败了。

梁鸿：实际上，是有我与没我的区别。

王富仁：知其不可为而为之，是一种境界；有所为而有所不为，也是一种境界。现在，如果要让我们像讲评书那样讲鲁迅，我们就不讲，这也是一种坚守。这个社会能够接受我们到什么程度就到什么程度。人生不是一天就过完的，历史不是几年就走到尽头的。你可以想一下，从"文革"到现在，经历了多少事，当时闹得沸沸扬扬的，现在不是沉寂下去了吗？关键不在于沉寂与兴盛，而在于兴盛的时候，要知道自己的实际价值到底有多大；当沉寂的时候，也要清楚自己还有没有价值。当别人都不夸你的时候，假若自己觉得还不是一点价值没有，你要夸夸你自己；当别人都夸你的时候，你要明白其中的水分有多少。要永远记住，世界上不只有我一个人，别人也得活着，也得说话，不能一手遮天。对于自己也要有一点基本估计，我是个什么样的人？能做点什么？不要老跟着别人跑。知识分子要与当下的潮流拉开一点距离，不要老是和别人抢东西，自己做好自己的事。

梁鸿：不要轻易让别人看你表演。

王富仁：那是别人推着你走，你没有主动性。比如说现在出书，编辑经常要求你要把书写得可读性强一点。但是，不是所有的书都能够做到可读性强的，可读性强，那就不是我了。你愿出，就出；不愿出，我也没办法。我的书就是可读性不强，有几个读者算几个读者，没有人读，就放在自己的书桌内，当作自己的读书笔记，抽空就自己翻一翻。一定要记住，就像鲁迅所说的，文化是可以吃人的，它会以各种方式来吃你。鲁迅还指出，文化吃人有两种方法：一是捧杀，二是压杀。一旦将我们拦腰抱起，将我们的两脚抱离地面，我们就没有任何挣扎的力量了。到那时，将我们向外一甩，再骑到我们身上去，我们就"永世不得翻身"了。"文革"结束后，有个人，到处做报告，讲自己的事迹。后来的命运如何，我们就不知道了。

三、"知识分子是一个反导弹，对世俗文化的长驱直入起拦截的作用"

梁鸿：为什么会提出"新国学"这一学术概念？是基于什么样的立场与背景？它试图对当前学术界，包括知识分子的价值观、存在状态起怎样的作用或影响？

王富仁：我之所以提出"新国学"这个学术概念，一个最基本的想法就是中国知识分子不是一个独立的文化实体。从古代以来，相对于政治，知识分子不是一个独立的力量，对于普通老百姓也不是一个独立的力量，相对于社会文化也不是一个独立的力量。原本它应该是一个独立的力量，因为它承担的是一个理性地对待自己、对待社会、对待文化的任务。民族文化需要传承的也是这样的东西，要有思考。它不是感性的。即使研究文学，尽管是感性的，也必须上升到理性的高度来思考。

中国知识分子不要自己跟自己较真，学术争论要有，但自身应该形成一个独立的力量。不要搞古典文学的贬低现代文学，搞中国文学的贬低搞外国文学的。其实我们都只是一些知识分子。刚才我们谈的那些问题，都说明中国知识分子还没有精神上的一体感。政治家为什么能够利用大批判搞垮知识分子，就是因为知识分子没有这种一体感。这一点是中国知识分子最大的劣根性。在最危急的时候，知识分子不是一个整体。一有风吹草动，不是投靠政治，就是投靠金钱，极力将另一部分知识分子推向深渊。好像保住了自己，实际连自己也出卖了。这是一个很大的问题，但这个问题大家都不注意，实际上这是最最根本的问题。鲁迅与周扬之间有什么不同？鲁迅是为了让左翼文学作为一个整体存在，而周扬是从政党的需要来要求大家的，要搞民族统一战线。随着体验的加深，你会发现，鲁迅绝对是在中国历史上很少有的伟大人物，他所把握世界的方式与一般的中国人有很大的差异。在任何时候，他都看到，我们大家要在一起，最低限度应该是什么样子。有了这个最低限度，我们是一体的；超越了这个限度，知识分子自身就分化了。

梁鸿：鲁迅当年反对林语堂的幽默文学应该也是因为此。他看到了革命时代幽默与政治某种潜在的同构关系。

王富仁：他为什么反对林语堂？你不革命不要紧，不反对国民党不要紧，刚刚杀过人，你提倡幽默，把血腥完全掩盖掉了。血腥气被谁冲掉了？不就是这些提倡幽默的人把它冲掉了？作为一个知识分子，在这个时候，应该有一种相通的命运感。而你消解了这种一体感，就不是一个知识分子应该起的作用。"文革"结束以后，学术重新兴起，实际上还是走了老路，越走越四分五裂。现在所提倡的"国学"分明就是为了争夺话语权。否定现代文学，否定"五四"，认为只有古代的东西才是民族文化的根。实际上，不论研究古代文化的，还是研究现代文化的，甚至研究外国文化的，都是知识分子，都是中国人，并且都是中国当代知识分子。彼此是平等的，只是分工不同，专业不同。彼此有些分歧，那是自然的，但有什么必要非要将别人压倒，只将自己树立起来？你是"国学"，别人也不是"洋鬼子"，也是从事研究工作的，也是中国学术的一部分，为什么就不是"国学"？你们那个"国"不是有点太小了吗？鲁迅就不是中国人了？胡适就不是中国人了？他们的文化成果就不是中国文化的成果了？研究他们就不是中国学术了？其实现代文化研究作为一个学科，与别的学科有平等的地位，没有几年的时间。在"文革"前，在大学校园，谁看得起研究现代文学、研究现代文化的？在"文化大革命"中，也不是只有研究中国古代文化的才受到迫害，研究现代文化的也同样受到迫害。为什么刚刚有了一个喘息的机会，就想自己独霸天下？

梁鸿：这也是学术界非常普遍的现象。在学术界延续了二元对立思维。

王富仁：我们不能再返回去。既不能用现代的把古代的消灭光，也不能用古代的把现代的消灭光。其实我所谓的"新国学"就是这个意思。知识分子不奉行互相消灭。我们应该有一种整体感。我认为这非常重要。它是一个重要问题。假若没有这样一个改变，中国知识分子永远

大众文化视野中的学术与知识分子

在社会上起不到什么作用。一直到现在,中国知识分子起到了什么作用?除了五四新文化运动还是由知识分子独立发动的,在中国现代历史上,实质性的变化几乎都是由政治家领导的。并且政治家利用知识分子为自己扫除障碍,实现他的意愿。知识分子有时甚至比政治家还"政治",还"左"。毛泽东希望文学艺术为政治服务,但也未必想打倒丁玲,打倒萧军,他们不构成他的政治对立面。但是,当革命知识分子的内部矛盾闹到了势不两立的程度,丁玲、萧军的命运可就惨了。比如现在的市场经济。连那些做生意的人自己都没有想到如何将黑钱洗成白钱,连他们自己在内心都不能没有一点原罪感,倒是我们知识分子,我们的经济学家,主动替他们考虑,要把他们内心残留的那点原罪感也洗得干干净净。这就是中国知识分子。中国知识分子只想帮别人把事情办好,不想把自己的事情办好,不认为知识分子自身也是一个整体,也有自己独立的价值和意义。一个民族的知识分子,既是一个民族的头脑,也是一个民族的良知。别的阶层从事的都是功用性质的事业,政治家不能不关心自己的权力,商人不能不关心自己的金钱,老百姓不能不想到养家糊口。知识分子是只说话不办事的,如果也不讲良知,不讲社会公平,只给政治家、实业家出馊主意,损不足以奉有余,无权无势的人就没有活路了。在这个社会事业中,知识分子应该是一个整体,应该有点分工协作的精神。不能老是想把别人往火坑里推,而只将自己突出出来。要有社会良心,这是一个知识分子的底线,这个底线不能越过。不论你从事的是哪个领域的研究工作,思考的都是在合理性基础上的发展,是一种劳动成果,是人类智慧的结晶。

梁鸿:知识分子利用他的话语权,利用他的"逻辑能力"把它合法化,合理化。所以可能"新国学"更多的是问题意识。把中国知识分子的存在状态用学术的方式提出来。也有人认为范畴太广了,涵盖了古今中外一切的学术,没有可操作性。

王富仁:实际上,学术并不仅局限于那些具有可操作性的东西。学术有时候可能只是一种观念,你怎么看这个问题,通过什么看这个问题,你的观念自然会发生变化。怎么做才是"新国学"?我也不知道。这只是一种总体意识。

梁鸿：强调知识分子之间共通的使命感、命运感。摆脱一种二元对立思维模式，建立知识分子之间的共存感。

王富仁：只有严肃的知识分子都有这个意识，才能够把那些"假学术"暴露出来。有时候，连一些严肃的知识分子也极容易被同化。在批判胡适思想、胡风思想的时候，很多严肃的知识分子也参加了进去，认为自己是来"摆事实，讲道理"的。实际上，他们并没有意识到，这只是一种政治操作。学术的东西，到了这种政治操作中，味道就变了。你可以"摆事实，讲道理"批胡适，批胡风，但却不能"摆事实，讲道理"为胡适、胡风辩护，到了把胡风抓到监狱里去，既使你不同意，也没有咒儿念了。也就是在这样一些时候，那些"假学术"就泛滥起来了。他根本没有自己需要发表的言论，根本没有思考过什么，甚至也不知道自己在做什么、说什么，只是为了出名，为了自己的一点蝇头小利，就来乱掺和。这些人的特点是，说的只是一些套话、大话、空话。这些话，可以独立运作。就像鲁迅说的，让别人的思想在自己的头脑中跑马，不须经过自己的思考。就像背书一样，就能背上一大篇。这是非常可怕的事情。而鲁迅无论任何时候都与自己的主观情感融合在一起。必须与自己非常个性化的东西融合在一起，才产生意义，并且这个意义是永恒的。一旦将知识同自我扯开了，就失去了真正的价值和意义。

如果说社会世俗文化是一个导弹的话，那么，知识分子就是一个反导弹，起一个拦截的作用，尽管力量可能微小，但是它会发生作用。否则的话，世俗文化就会长驱直入，整个时代精神就会变得完全世俗化，而一个完全世俗化的社会，像《阿Q正传》中的未庄、《祝福》中的鲁镇一样，是一个没有希望的社会。

原载《渤海大学学报（哲学社会科学版）》2008年第1期

中国文学的悲剧意识与悲剧精神

悲剧，是个美学范畴。这个美学范畴是从古希腊美学中产生的，是古希腊美学家在对古希腊文学、特别是古希腊戏剧作品的理性考察中建立起来的。这个美学范畴随着西方文学的发展和西方美学理论的发展不断丰富着，同时也不断发生着或明或暗的演变。到20世纪，随着中外文化暨中外文学交流的加强，这个美学范畴也从西方传入中国，并成为中国现当代美学理论中的一个美学范畴。但是，这个美学范畴一旦与中国美学理论、文学理论和文学艺术作品的批评分析结合起来，就发生了诸多歧异乃至混乱。有些学者认为中国古代没有西方意义上的悲剧，有些学者又认为中国古代同样有悲剧，只是中国古代的悲剧作品与西方的悲剧作品具有不同的艺术特征。这两种意见实际上并没有本质的差别。他们都清醒地感到中国古代那些被我们现在称为悲剧的作品与西方悲剧作品的巨大差异。当我们因这差异不把它们纳入西方悲剧美学理论的范畴中来阐释、来理解的时候，我们就有了第一种观点；当我们把中国古代那些我们现在称为悲剧的作品纳入西方悲剧美学理论的范畴，使之取得研究分析这些作品的适应性并打破它固有的封闭性，成为一个在内涵和外延上都更宽泛的理论范畴的时候，我们就有了第二种观点。前一种观点保持了西方美学理论中悲剧这个美学范畴的相对明确性和单纯性，但也失去了它在中国现当代美学中的更大的作用和意义；后者赋予了它在中国现当代美学中的作用和意义，但也带来了这个范畴内涵和外延的模糊性和复杂性。我们美学理论的发展是沿着第二条道路发展下来的，悲剧美学逐渐成了中国现当代美学的一个重要组成部分。所以，从中国文学发展的具体状况出发，重新思考我们的悲剧美学理论，并把其中的一系列概念明确化、系统化，建立属于我们的独立美学理论体系，是中国现当代美学理论的一个重要任务。

一

凡是两种不同的文化，都是由不同的文化观念、文化概念构成的不同的文化系统。但这并不意味着二者没有更加接近的点。要想沟通这两种不同的文化系统，使这两种不同的文化系统构成一个更大的文化系统，我们最好在两个文化系统的两个最接近的点之间找到二者联系和区别的方式，然后再从这两个点的联系和区别出发考察那些距离更大的点，考察它们向不同方向发展演变的原因和由此导致的二者的差异。假若我们对其中一些主要的观念、主要的概念及其相互的联系和区别都有了相对明确的认识或感受，这两个系统在我们的意识中就成为一个更大的统一的系统了。

中国和西方的悲剧在哪里有着最接近的特征呢？我认为，是在中国古代神话和古希腊悲剧之间。在这里，我可以举出二则中国古代神话故事：一是"精卫填海"，一是"夸父追日"。"发鸠之山，其上多柘木。有鸟焉，其状如乌，文首、白喙、赤足，名曰精卫，其鸣自詨。是炎帝之少女，名曰女娃。女娃游于东海，溺而不返，故为精卫，常衔西山之木石，以堙于东海。"[①]这个神话故事虽然简单，但它给我们的却是非常典型的悲剧感受，同时也呈现着与古希腊悲剧更相接近的美学特征。在这里，首先存在的是一个悲剧观念的构成问题。人类为什么会产生悲剧的观念？它是在人类感受到自我与整个宇宙、整个大自然、整个世界的分裂和对立中产生的。整个宇宙、整个大自然、整个世界是人类生存的

---

① 《山海经·北山经·北次三山》，载《〈山海经〉校译》，袁珂校译，上海古籍出版社，1985，第69页。

环境，但这个环境与人类却不是一体性的存在。它是有自己独立的意志、独立的力量的。它的意志与人的意志常常是对立的。也就是说，人类与宇宙、自然、世界的对立意识是人类悲剧观念产生的基础。没有这种对立意识，就没有人类的悲剧观念；有了这种对立意识，就有人类的悲剧观念。在这种对立中，人的力量永远也无法最终战胜宇宙、自然和世界的力量，宇宙、自然、世界的力量较之任何一个人的力量都是无比强大的。这决定了人永远无法摆脱自己的灾难，人永在灾难和灾难的威胁之中，人的生存没有安全感。与此同时，人的存在也永远是独立的，人有自己的独立意志。人的这种独立性，人的这种独立意志，也是人所无法摆脱的，也是人的自然的本能。这决定了人将永远反抗宇宙的意志，反抗大自然的威胁，这种反抗永远没有取得最终胜利的一天，这种反抗是无望的，是悲剧性的，但人却不能放弃这反抗。人在这反抗中才表现着自己的独立性，表现着自己的独立意志，表现着自己主体性的力量。显而易见，这就是贯穿在悲剧中的悲剧精神。悲剧给人产生悲哀的感觉，但同时给人产生力量的感觉。这种悲哀与力量的混成感觉，就是我们常常说的悲剧精神。在"精卫填海"中，"东海"体现的就是宇宙的意志、世界的意志和大自然力量，精卫在这个世界上是寻找自己的自由，寻找自己的幸福的。她游于东海，嬉戏于宇宙、世界和大自然之中，是为了享受自己的自由和幸福，但能给她幸福和自由的大海也能夺去她的生命，带给她巨大的灾难。她被大海溺毙，她对给她带来了巨大灾难的东海不能不充满恐惧，也充满仇视。这种恐惧和仇视也是自然的，是在本能中产生的感情态度。精卫无法向夺去了她生命的东海屈服，她要填平东海，消除她的灾难的根源。但她的力量的微弱和体现了宇宙、世界、大自然力量的"东海"的浩瀚渊深，使她永远无法达到她的目的。但我们却在她的悲剧性的抗争中感到了她的情感的力量、意志的力量，感到了她的主体性的存在。人类的力量、人类的主体性在什么情况下才能表现得最充分？只有在这没有最终胜利的希望但又永不妥协的奋斗中才表现得最最充分。这就是悲剧，这就是悲剧之所以能把恐惧和力量、悲哀和崇高、悲剧结局和英雄主义精神有机地结合在一起的原因。在这里，有人类对自我存在的悲剧意识，有贯穿于这个神话故事的悲剧精神。这种悲剧意识是在精卫与"东海"的分裂和对立的意识中产生的，这种悲剧精神是由精卫对带给她灾难的"东海"的始终未泯的恐惧和仇视的情绪构成的，这种始终未泯的恐惧和仇视产生了她的坚定不移的意志，这种坚定不移的意志支持了她始终不懈的填海行动。所以，悲剧精神是人类特定情感、意志和行动的构成体。

"大荒之中，有山名曰成都，载天。有人珥两黄蛇，把两黄蛇，名曰夸父。后土生信，信生夸父。夸父不量力，欲追日景，逮之于禺谷。将饮河而不足也，将走大泽，未至，死于此。"[①]人的悲剧，是由于人的局限性造成的，是由于人的错误造成的，但人的错误又是在人的自然本能欲望的永无满足中造成的，是在追求一种根本不可能实现的更崇高的目标中表现出来的。也正是在这种错误中，激发了人的超常的情感态度，激发了人的超常的意志，表现了人对宇宙意志、世界意志和大自然的悲剧性的反抗，证明着人的主体性的存在。人无法避免自己的错误，因而人也无法避免自己的悲剧。在这里，人的错误和人的主体性力量是同时得到表现的。夸父不自量力，但也正因为他的不自量力，使他要与日竞走；他焦渴而死，但却使他的生命充满了力量的感觉，充满了英雄主义的精神。他是一个失败的英雄。"不自量力"是人类的根本性的错误，也是人类的一个根本性的特征，人类的一切英雄行为都是在这种不自量力的错误中完成的。人类永远无法满足它已经实现的一切，它永远向往着一个还没有实现的更崇高的目标，它永远希望能够完全驾驭整个的宇宙、整个的世界、整个的大自然，永远希望能够完全把握住自己的命运，这也是一直把它引向最终的悲剧结局的原因，是它无法改正的一个"错误"。但它的主体性力量也正是在这个无法避免的错误中得到表现的。夸父是这样，精卫也是这样。她永远无法填平东海，她的填海的行动是不明智的，不现实的，错误的。但是她的无法泯灭的愿望支持着她的这种不明智的行为，使她永在"错误"中。她的错误是人类可以原谅的，值得同情的。人类不会憎恶她的错误，只会怜悯她的错误。人们在

---

① 《山海经·大荒北经》，载《〈山海经〉校译》，袁珂校译，上海古籍出版社，1985，第286页。

她的错误中感到了自己的存在。

假若我们把中国古代这二则神话故事同古希腊悲剧作品对照着加以阅读和思考，就会看到中国的悲剧和西方的悲剧还是有极为接近的特征的。在古希腊的悲剧中首先贯穿的是人和神的对立。在古希腊的文化中，"神"是体现宇宙的意志、世界的意志和大自然的意志的，人和神的对立就是人和宇宙、世界、自然的分裂和对立。当这种分裂的意识、对立的意识产生之时，也就是古希腊人的悲剧意识产生之时。在这种对立中，"神"的力量是其大无边的，"神"的意志是不可战胜的，但是，人却不可能完全遵从神的意志，它有它不能没有的独立的愿望和追求。"神"不把火种交给人类，但人类需要火，需要火种，普罗米修斯违背神的意愿，偷了火种交给人类。他违背了神的意志，受到了神的惩罚，被用铁链钉在高加索山上。但他的失败没有使他屈服，失败激起的是他对宙斯的更大的恐惧和更大的仇视："宙斯的王权不打倒，我的苦难就没有止境。"宙斯是他的苦难的原因，苦难使他必然仇视造成他苦难的宙斯，仇视宙斯的无边的专制权力。他在反抗宙斯的专制权力中表现了自己的力量，表现了自己的英雄精神。他的斗争是崇高的，他的悲剧得到人们的同情和怜悯（埃斯库罗斯：《被缚的普罗米修斯》）。俄狄浦斯王注定要杀父娶母，这是他的命运，是神的意志。他无法逃脱自己悲剧的命运，但他一生都在努力反抗它，反抗神的意志，正是他反抗自己命运的努力使他在自己的悲剧中站立着，表现了自己的崇高。"悲剧的喜感，不属于美感，而属于崇高感，甚至是最高级的崇高感。因为当我们看到自然的崇高时，我们抛弃了意志的利害关系，以便成为纯粹的知觉；同样，在悲剧的灾难中，我们甚至抛弃了生存意志。在悲剧里面，人生可怕的方面被展示给我们。我们看到了人类的悲哀，机运和谬误的支配，正直人的失败，邪恶的人的胜利。因此，出现在我们眼前的，正好是与我们的愿望相反的那样一种世界情况。……给所有的悲剧赋予崇高这种特殊倾向的东西，就是对于世界和人生的觉醒。"（叔本华：《作为意志和表象的世界》）对于世界和人生的最根本的觉醒是什么？就是人对宇宙、世界、自然的觉醒。这种觉醒使人认识到宇宙、世界、大自然对于自己是一种异己的力量，它有着自己独立的意志，它的意志与人的意志不是同一的。它的意志要求人的绝对服从，而人在对它的意志的绝对服从中失去了自己的主体性，失去了对自己力量的感觉。人在本能中就需要反抗宇宙、世界和自然对自己的主宰，它在这种反抗中才有自己的自由。"构成悲剧的行为……必须是伟大的行为，包含伟大的人物"（德莱登：《悲剧批评的基础》）。悲剧人物之所以是悲剧人物，就是他反抗的不是他能够战胜的。他反抗的是主宰着整个人类的力量。正是在这种反抗中，人的主体性的力量才被发挥到了极致，人们才在悲剧人物的身上发现了自己所蕴藏的全部能量。悲剧人物完成的不是一般的行为，而是伟大的行为；悲剧人物不能是一般的人物，而是伟大的人物。他的伟大的行为是在激情的支配下完成的。当激情控制了人，人便超越了死亡，超越了自己。他不再是为生存而生存，而是为了反抗自己苦难的原因而生存。

从理性上，悲剧人物不是完美的，是有缺陷的。在他的激情里，混杂着神性和魔性，混杂着善和恶、美和丑、真和假，但在我们的精神感受上，他们又是完整的、统一的，因为他们超越了人类的现实法则。"激情混杂着不洁物"[①]，但我们知道却并不感到悲剧人物是不洁的，我们在情感上能够原谅他们的缺点和错误，正像能够原谅我们自己那些无法避免的缺点和错误一样。从观众对悲剧的感受而言，我们感到了对灾难的恐惧，也感到了对悲剧人物的怜悯。而从悲剧的审美效果而言，我们同时又通过欣赏悲剧时的高峰激情体验而净化了现实社会生活中储积着的这两种情绪。……在以上所有方面，我们分明感到，上述二则中国古代神话故事与古希腊悲剧是完全相同的。

但是，中国古代神话中的悲剧故事与古希腊悲剧也有明显的差别：一、中国古代神话中的悲剧故事不是作为一个明确的美学范畴而存在的，而古希腊悲剧则是作为一个明确的美学范畴而存在和发展起来的。在这里，表现出以美学、文艺学为主要表现形式的人类理性对艺术创作的规范与促进作用。正是因为古希腊人，特别是柏拉图、亚里士多德这些美学家，将这类题材的戏剧作为一种独立的审美范畴从整个文学创作

[①] ［英］鲍斯威尔：《约翰逊传》，载［美］莫蒂默·艾德勒、查尔斯·范多伦编《西方思想宝库》，《西方思想宝库》编委会译编，吉林人民出版社，1988，第1257页。

中国文学的悲剧意识与悲剧精神

中区分出来并进行了专门的研究，悲剧才作为一种独立的艺术种类在西方文学史上存在并发展起来。而中国古代神话中的这类悲剧故事却没有在全部神话故事中被独立出来，中国古代的文艺学也没有一个独立的悲剧美学范畴，所以此后的发展仍然是混杂在诸种不同的美学因素中存在和发展的，中国古代文学史上没像西方那样纯粹的悲剧作品。二、古希腊的悲剧是在戏剧这种题材中得到充分地表现和发展的，它有较大的情节展开的长度和阔度。中国古代神话故事中的悲剧故事情节短小而情感情绪的特征更为突出，这决定了它向两个方向发展的可能，而悲情特征的发展则在诗歌这种体裁中进一步萎缩了悲剧的情节线。当这种情节线完全萎缩之后，它就只成了抒情诗，而不再是叙事性作品。三、西方有一个按照职能构成的神话人物的系统，这些神话人物各是大自然、世界、宇宙各种本质职能的象征性表现。这个神话人物谱系的完整性，为表现人、神关系的复杂性开拓了更广阔的空间，从而也为悲剧情节的多样性、复杂性开辟了广阔的空间。中国古代神话是在不同部落、不同地域、不同情况下产生的，历史没有给它的逐步条理化和完整化留出足够的时间，便被先秦新兴的知识分子的思想学说掩埋在中国文化的底层，成了民俗文化的构成成分，致使它至今保持着它的零碎性、分散性、不系统性的特征。这使它没有进入到中国古代叙事文学的发展潮流中去，对中国古代的叙事文学的发展没有发生决定性的影响。尽管有这些区别，但在总体的审美形态上，中国古代神话中的悲剧故事仍然与西方古希腊的悲剧有着最为接近的特征，它们都在悲哀与力量的结合中表现出自己的崇高性。在这个意义上，它们与古希腊悲剧同属崇高悲剧，它们表现的是人在宇宙、世界、大自然面前的命运，也是人的命运的悲剧。

二

如上所述，悲剧是由悲剧意识和悲剧精神两个要素构成的，但这两个要素并不总是结合在一起的。从悲剧意识而言，中国文化的悲剧意识不是更少于西方文化，恰恰相反，全部中国文化几乎都是建立在人类的这种悲剧意识的基础之上的，都是建立在人与宇宙、自然、世界的悲剧性分裂和对立的观念之上的。悲哀，是中国所有文化的底色，但在这个底色之上，中国文化建立起了自己的乐感文化。这种乐感文化是通过抑制激情、抑制悲剧精神的方式建立起来的。我认为，正是这种悲剧意识和悲剧精神的分化以及二者之间的复杂组合方式，带来了中国悲剧美学特征的复杂性，同时也带来了全部中国文学审美特征的复杂性。

春秋战国时期，是中国文化的奠基期。这个时期也是中国社会、中国知识分子的悲剧感受最强烈的一个时期。正是这种强烈的悲剧感受，带来了中国书面文化的第一期的大繁荣，带来了中国文化的第一个百花齐放、百家争鸣的繁荣局面，但也正因为这种强烈的悲剧感受，使中国文化是向着乐感文化的方向发展的。

在我们的观念中，常常认为悲剧文学是在一个社会，特别是它的作者和观众的悲剧性生存处境中建立起来的，似乎作者和观众的生存危机越严重，一个时代越有产生悲剧文学的社会基础。我认为，事实恰恰相反。古希腊的悲剧并不产生在它的作者或观众的悲剧性生活感受的基础上，而是产生在他们对自己现实生存状态的相对满足中，产生在精神愉悦的要求中。在这里，我们必须区分悲剧性生活感受和悲剧性精神感受。悲剧性生活感受是从对现实生活条件的不满足中感受到的，悲剧性精神感受是从对人类、自我生存价值和意义的困惑中，在对人类、自我人生命运的根本思考中产生的。古希腊悲剧是在古希腊社会的和平发展过程中产生的，是在狂欢节上公开演出的，是为了娱乐观众的。但也正因如此，他们具有正视人类苦难的勇气，他们能够在人类的苦难中体验出人的主体性地位，体验出人的力量来。他们能够原谅那些悲剧人物的错误，因为正是他们的错误，正是他们的无望的斗争，正是他们反抗宇宙、世界、自然的绝对权力的奋斗精神，体现了人类最内在的愿望和要求。他们对悲剧人物的失败不会感到幸灾乐祸，相反，他们同情他们的失败，同情他们的苦难，希望人类能够完全摆脱异己力量的控制，获得自己完全的自由。但处在对现实生活的悲剧性感受中的人就不同了。现实生活的实际困境以及实际地改变这种生活状态的愿望挡住了他们的视线，使他们关注的不是人类存在的最根本的悲剧性处境，而是那些看来可以解决的具体现实问题。他们的苦难感受太多了，太尖锐了（悲剧性

中国文学的悲剧意识与悲剧精神

的生活感受永远比悲剧性的精神感受尖锐得多，强烈得多，因为它是直接作用于感官的、肉体的）。他们不愿再增加自己的苦难感受，而必须弱化这种感受。他们惧怕苦难，同时也惧怕错误，因为错误是招致苦难的原因。我们的先秦思想家就是在这样一种社会感受中建立起自己的思想学说的。他们所处的时代，是一个战争的时代，是一个混乱的时代，是一个礼崩乐坏的时代，是一个固有的社会秩序荡然无存的时代，是人类失去了过往的平静、安定的生活环境的时代。他们在这样一个时代思考的问题不是如何加强人类的主体性地位，不是使人类如何反抗宇宙、世界和自然对自己的控制，而是重新恢复人的平静的、和平的、有秩序的生活。他们比古希腊的悲剧家更了解宇宙、自然、世界意志的不可战胜，更了解人的力量的有限性，更了解人的苦难，也就是说，更清醒地意识到人与宇宙、自然、世界的分裂和对立，更了解人类在世界上的悲剧性地位，因而也有更强烈的悲剧意识。但是，他们的任务不是在意识到这一切之后去增加人类的苦难，而是要消除这种苦难。他们为我们民族贡献的是消除这种苦难的方式，而不是在这种苦难中意识人的力量和人的意志的伟大。在这里，对我们的论题有最直接关系的是老子的哲学。我认为，老子的哲学实际就是全部中国古代文化的哲学基础。因为它提出和意图解决的也是人类首先需要思考和解决的最最根本的问题，即人与宇宙、自然、世界的关系的问题，亦即人与天的关系的问题。显而易见，老子的哲学的基础就是建立在天人分裂、天人对立的敏锐感觉之上的，建立在人的悲剧性存在的基础之上的。他以自己的方式描述了宇宙的起源和发展，宇宙的发展就是由统一到分裂的过程，是天人分裂的过程。正因为这种分裂，这种对立，人的苦难开始了。人再也找不到自己的统一性。在这种分裂和对立之中，"天"是不变的，天的意志是不可战胜的，导致这种分裂的原因完全在于人，在于人的欲望、意志和智慧，即人的主体性、人的力量。人要杜绝自己的苦难，必须"绝圣弃智"，必须"去私去欲"，必须放弃自己的意志追求，亦即放弃人的独立性，放弃人不同于"天"的一切，"返璞归真"，重新把自己溶化在大自然中。毫无疑义，老子的哲学对于人类认识自己，认识自己同宇宙、自然和整个世界的关系是有自己的作用和意义的，但它也从根本上否定了人的独立性，否定了人的主体性的力量，因而也否定了人的任何激情，否定了人的悲剧精神。也就是说，他在人的悲剧意识的基础上否定了人的悲剧精神，从而使他的学说与西方的悲剧理论有了根本的差异，但这种差异却不是绝对的差异，而是表现形式的差异。它之中蕴含着较之西方悲剧理论更深刻、更强烈的悲剧意识，但这种悲剧意识却是以喜剧形式表现出来的。孔子的学说在具体内容上是与老子的学说不同的，但在其哲学基础上则是相同的。他的学说也是在意识到"天"和"人"的分裂和对立的基础上建立起来的，也是在放弃人的独立性以实现"天人合一"理想的前提下建立起来的。道家的宇宙论成了儒家经典《易》的哲学基础，成了宋明理学的一个有机组成成分，并不是没有原因的。"君子有三畏：畏天命，畏大人，畏圣人之言。小人不知天命而不畏也，狎大人，侮圣人之言。"（《论语·季氏》）对于天命，对于宇宙的意志、大自然的意志、世界的意志，应当畏惧，应当顺从，不能反对，这是儒家学说的一个基本的前提。儒家的进取是为了改造人，把人的主体性地位限制在"天"所容许的范围中。所以，孔子的学说与老子的学说有一个共同的模式，即顺从权力。在老子那里，是人对宇宙意志的顺从，而在孔子这里，则有了更加细密的性质。它把道家对宇宙、世界、自然权力的顺从引申到社会学的范围之中，从而把每一个人都纳入到了权力的管辖范围之中，君顺从天，臣顺从君，民顺从臣，子顺从父，妻顺从夫，弟顺从兄。一个人时时处处都要顺从权力，放弃自己对主体性的追求，以保证整个社会的秩序化和稳定性。悲剧精神在这种秩序化的要求里是不可能得到发展的。但是，它的基础仍是悲剧意识，"忧国忧民"仍是儒家知识分子立论的基点。在他们所维护的"道统"受到严重的威胁之时，在多数腐儒随波逐流、趋炎附势的同时，确也有极少数儒家知识分子能够挺身而出，表现出一时的激情，表现出一种英雄主义的精神。但这类儒家知识分子的英雄主义同精卫、夸父的英雄主义仍然是极不相同的。我们从精卫、夸父的个人生命体验中就能感受到他们英雄主义的来源，而这类儒家知识分子则常常把仅仅属于个人的原因掩盖起来，把儒家的"道统"作为为自己行为辩护的思想旗帜。这就斫断了他们思想、情感、心理变化的"辩证法"的根须，使他们的英雄主义带上了一种空

中国文学的悲剧意识与悲剧精神

幻的性质。它无法激起更广泛的同情和理解,因为广大社会群众对儒家的"道统"是不会有发自内心的热情的。在任何朝代,真正关心"道统"的只是极少数的儒家知识分子,并且是那些带有"愚忠"倾向的儒家知识分子。法家知识分子常常表现出比中国任何一派知识分子都更为强烈的激烈态度,也常常表现出更悲壮的英雄主义精神。但精卫、夸父的英雄主义表现为反抗强权,而法家知识分子的英雄主义则表现为维护强权。法家学说也产生在民不聊生的战乱时代,产生在诸侯争霸的政治实践中。他们往往是一些来自社会底层的知识分子,他们的根本目的是通过为最高统治者出谋划策而获得个人地位的提高。他们在往上爬的道路上是不畏艰险的,是不惧怕旧的贵族势力的。他们也有强烈的悲剧意识,但这种悲剧意识更建立在自己地位的低下上,建立在自己的政治才能没有施展机会的缺憾中。他们的命运也常常是悲剧性的,但他们所进行的却不是没有胜利希望的绝望的战斗,他们比道家知识分子和儒家知识分子更重视现实的胜利。他们所表现出来的激情也往往不是真正的激情,只是由出人头地的纯粹个人欲望激发出来的一时的热情。这种热情在个人不得志时鼓胀得格外激烈,而一旦得志又极易变得骄奢淫逸、飞扬跋扈,假若由得志再次失志,其热情就完全变为"凉情"了。法家知识分子的热情较之道家知识分子和儒家知识分子表现着更不稳定的特征。总之,产生于先秦而深刻影响了后来中国文化发展的这三种文化学说,都建立在各自的悲剧意识的基础之上,但都程度不同地否定了人的悲剧精神,否定了人在自己实际生命体验的基础上自然产生的激情及由这激情决定的悲剧精神。这使中国后来的悲剧作品离开了中国古代神话中曾经存在的悲剧美学形态,也更多地离开了古希腊的悲剧美学形态。但中国文化仍然是充满悲剧意识的,由这悲剧意识也决定了中国文学中存在着源远流长的悲剧性作品,只是中国的悲剧性作品与西方的悲剧性作品有着极不相同的美学特征。

在先秦文化中,道家、儒家、法家都更多地否定了激情及悲剧精神的价值和意义,但当时的中国文学还没有受到这三种文化学说的控制。相反,在这时产生了我国历史上一个最伟大的悲剧诗人——屈原。

屈原不是一个戏剧家,也不是一个叙事作品的作者,但要考察中国悲剧美学的发展，是不能忽略屈原的价值和意义的。从中国古代神话中的悲剧故事到屈原的悲剧诗歌，这是中国古代悲剧美学的一条连接线。这不仅仅因为在屈原的诗歌中保留了更多中国古代的神话传说，更因为屈原诗歌所表现出来的强烈的激情特征和悲剧精神。由于后来儒家文化的统治，给我们塑造了一个儒家的屈原，似乎屈原的伟大就是因为他忠于楚国的君主而被其他奸佞小人所排斥，他的诗歌也是他这样一个被排斥的忠臣的情感的表现。这就把屈原同后来那些封建王朝的忠臣义士等同起来了。其实，这些传说，是没有得到历史事实的充分证明的。即使所有这些都是历史事实，也无法充分阐发屈原诗歌的真正意义。屈原的《离骚》所直接表现的是他对美的执着的追求。他不是服务于一个政权的，而是忠实于自己的美的追求的。他的这种美的追求受到整个社会的排斥，受到各路神灵的轻蔑。他感到孤独、痛苦，但他没有向现实的世界屈服："路漫漫其修远兮，吾将上下而求索！"我认为，我们在屈原的诗里，更能感到精卫填海的精神、夸父追日的精神。屈原追求的已经不是一种外在的目标，而是一种精神的目标，他的悲剧是精神性的悲剧。但在这种精神目标的追求中，他却同样是一个失败的英雄，一个虽九死而不悔的悲剧人物。他的《天问》表现了他对宇宙、世界、自然的统一性和完整性的怀疑，表现了他对普遍流行的文化观念的怀疑。"惟灵均将逝，脑海波起，通于汨罗，返顾高丘，哀其无女，则抽写哀怨，郁为奇文。茫洋在前，顾忌皆去，怼世俗之浑浊，颂己身之修能，怀疑自遂古之初，直至百物之琐末，放言无惮，为前人所不敢言。"①这是屈原对宇宙意志的神圣性的怀疑，也是对现实人生的彻底的绝望。悲剧精神贯穿在他的一系列的作品中。但是，屈原的悲剧精神与中国古代神话中的悲剧故事以及古希腊的悲剧有一个根本的区别，即它已经不是叙事性的，而是抒情性的。叙事性的作品的悲剧精神更表现在人物的行动中，而抒情性作品的悲剧精神更表现在人物的抒情中。应该说，屈原的《离骚》同一般的抒情诗还是有严格的区别的，这种区别就是它是有情节

---

① 鲁迅：《坟·摩罗诗力说》，载《鲁迅全集》第1卷，人民文学出版社，1981，第69页。

的，有诗人上下求索的虚拟的过程的。这种情节具体地体现了他的悲剧性追求，体现了他的百折不回的悲剧精神，但它到底又是抒情诗，畅快淋漓地抒发了自己的悲情。必须指出，悲情的抒发是一种宣泄的方式，宣泄自身带来的是快感而不是悲感。典型的悲剧之所以是叙事性的，因为凝结在情节和行动中的精神气质才能带来更强烈的悲剧感受。精卫、夸父是不诉苦的，但也正因为他们不诉苦，他们的悲剧精神才被表现得更加强烈。第二，中国古代神话的悲剧故事和古希腊悲剧是第三人称的，屈原的抒情诗是第一人称的。崇高感产生在距离的感觉中，不论是精卫、夸父，还是普罗米修斯、俄狄浦斯王，都与叙事者并通过叙事者与观众或读者保持着相当大的精神距离，从而把悲剧情景和悲剧人物同日常生活和日常人物严格区别开来，突出了悲剧情景和悲剧人物的特定性，从而也造成了悲剧情景、悲剧人物的崇高感。第一人称的形式则不同，第一人称中的悲剧情景和悲剧人物与抒情者并通过抒情者同读者立于同一精神的地平线上，造成的是亲切感而不是崇高感。如果说中国古代神话中的悲剧故事更属于崇高悲剧的范畴，屈原的作品则已经表现出悲情悲剧的特征。当这种悲情悲剧萎缩了它的情节性，就只剩下了悲情抒情语言，而这种语言形式又是可以模仿的。因此，后来的骚体诗像宋玉的《九辩》、董仲舒的《士不遇赋》等，就成了一种单纯的悲情抒发，屈原诗中的悲剧精神则荡然无存了。

三

在先秦，中国知识分子的悲剧意识和悲剧精神主要是通过屈原的诗歌表现出来的，而在汉代，中国知识分子的悲剧意识和悲剧精神则是主要通过司马迁的历史散文表现出来的。

作为一个中国古代历史上，大概也是至今中国历史上最伟大的历史学家，司马迁的一个最突出的特点是：他不是为政治统治者总结政治治理的经验和教训的，不是劝说全社会的人都顺从权力、顺从宇宙的意志和皇权的意志的，不是要用他掌握的历史事实证明一个固有的理论信条、道德信条，即所谓"道统"的，而是努力通过对历史事实的感受和思考探索人的命运、人类的命运的，是努力探索天和人的复杂的、变动不居的各种各样的真实关系的。这使他把中国所有的历史学家都远远地抛在了后面，而把自己的历史著作提高到了真正的艺术的高度。他的历史不是"政治的历史"和"政治家的历史"，而是真正的"人的历史""人类的历史"。"究天人之际，通古今之变，成一家之言"（司马迁：《报任安书》），屈原是用自己的心灵感受宇宙、世界和人生的一个伟大的诗人，司马迁是用自己的心灵感受宇宙、世界和人生的一个伟大的历史家。他们的思想都不是从任何一家一派的固有理论学说中接受过来的，而是从他们的切切实实的人生感受和人生观察中体验出来的。他们笔下的世界都是活生生的世界，他们笔下的人物都是活生生的人物，他们笔下的历史都是充满了矛盾、充满了斗争、充满了偶然性的历史。这个历史不是由"天意"安排得井井有条的历史，而是由人的各种不同的欲望和追求、由各种不同性格和气质的人在矛盾和斗争中构成的历史。一个人在历史上的命运不是完全由他的道德、他的才能或他的主观意志决定的，而是由各种偶然或必然的因素造成的。正是在这里，司马迁建立起了自己的悲剧意识，他的悲剧意识并没有导致对人的悲剧精神的否定，他不认为通过一种理论学说就能够消除人类的悲剧，并不认为由政治统治者建立起一种政治秩序就能够消除人生的苦难。他的时代已经是在一个统一的政治王朝的统治下，已经由政治家的权力建立起了一个相对安定的政治秩序，但人的悲剧并没有结束，人的苦难仍然存在，他的悲剧命运更使他认识到一个人的悲剧命运并不都是由他个人的错误造成的。关键的问题不是一个人会不会陷入悲剧的命运，而是一个人如何面对自己的悲剧命运："西伯拘而演《周易》；仲尼厄而作《春秋》；屈原放逐，乃赋《离骚》；左丘失明，厥有《国语》；孙子膑脚，《兵法》修列。……《诗》三百篇，大抵圣贤发愤之所为作也。此人皆意有所郁结，不得通其道，故述往事，思来者。"（司马迁：《报任安书》）在过去，我们往往把司马迁受刑不死说成是为了完成《史记》的写作，但从司马迁自己的话分明可以看出，他认为知识分子的创作活动本身就是反抗自己悲剧命运的一种方式，是知识分子"苦闷的象征"，是在不被社会理解的孤独苦闷中寻求社会理解、"通其道"的方式。总之，司马迁是以悲剧精神反抗自己的悲剧命运的中国古代知识分子的典型。他不认为自己的悲剧命运是可以改变的，但他仍然像精卫一样不承认自己的失败，只要有一息生存的余地，就要向自己的命运抗争。在他的《史记》里，他重视人的激情，重视激情在人类历史上的巨大作用，对那些表现了社会激情的历史人物表示了他应有的同情和尊重。在他的《史记》中，成功的英雄和失败的英雄、贵族的英雄和平民的英雄、行动的英雄和思想的英雄，只要是曾经在人类的历史上发生过自己的影响的人物，都得到了应有的重视和表现。他不是以任何别人的标准衡量这些人物的，而是以他们自己的人生、自己的追求、自己的影响衡量他们的。他表现了一个真正的历史家的气魄和胸怀，塑造了项羽、荆轲等一系列栩栩如生的悲剧人物形象。古希腊的悲剧是叙事性的悲剧，是情节的悲剧，这种悲剧是在人物的行动中完成的，是用第三人称的形式表现出来的，所以司马迁笔下的悲剧性作品，较之屈原的悲剧诗歌，更少悲情的诉述，更多行动的意志，更带有崇高感，因而也更接近古希腊的悲剧和中国古代悲剧性的神话故事。司马迁的悲剧性作品已经脱离开了人神对立的框架，主要转入了社会和人的关系的描写，这个转变在西方是由莎士比亚等文艺复兴时期的戏剧家完成的。但司马迁与古希腊和文艺复兴时期的悲剧作家仍有一个显著的不同，即西方的悲剧是在集体性游乐中演出的，是戏剧家对人类命运有更大距离的观照的结果，带有更多理性观照的因素，而司马迁的悲剧性作品则带有更严肃的性质，其中融入了他自身的悲剧感受，带有更强烈的主观色彩，充满了更浓郁的悲愤情绪。这两种悲剧，作为一个中国的读者，我更欣赏司马迁的悲剧风格。司马迁笔下的悲剧，是历史人物的悲剧，我们可以称之为历史悲剧。它们与莎士比亚笔下的历史剧更加接近，而与莎士比亚的悲剧则有明显的差别。莎士比亚的悲剧突出的更是必然性的力量，而司马迁笔下的悲剧人物的悲剧更是由于历史的偶然性造成的。他们的失败不是必然的，主要不是由于他们自己的过错。

《史记》之后，历史被中国的政治统治者所霸占，成了他们的"资治通鉴"，虽然司马迁的文学传统在这些史书里仍有承传，但基本的性质变化了，那些形似悲剧性的作品实际上已经不具有真正的悲剧的性质。悲剧是对人的关怀，后来的史书是对政权的关怀，二者是有根本的不同的。

司马迁的《史记》中的悲剧性作品发展了崇高悲剧的风格，《孔雀东南飞》则发展了悲情悲剧的风格，它比屈原的悲剧诗歌更少了崇高性，更多了悲情的表现。屈原诗歌的崇高性是由它的贵族性带来的，《孔雀东南飞》的悲情性是由它的平民性带来的。当时的贵族仍然保持着自己的独立性，贵族不但要承担自己的命运，同时还要承担社会的命运和人类的命运，屈原的悲剧诗歌表现着当时具有贵族精神的诗人对人生根本命运的叩问，对宇宙、世界、大自然意志的反抗，但当时的平民仅仅承担自己的命运。平民首先关心的不是改造社会，改造社会的人生观念和道德观念，而是在遵从社会道德规范的基础上获得自己应有的平静、幸福的生活。《孔雀东南飞》塑造的就是这样一个妇女的悲剧形象。焦仲卿妻在《孔雀东南飞》中之所以会成为一个悲剧的形象，有一个基本的前提，就是焦仲卿妻在道德、人格和才能上的完美性。她是符合社会公众心目中的女性的标准的。在社会公众的观念中，她是理应获得自己幸福、美满的生活的，但她不但没有获得幸福、美满的生活，反而遭到了较之一般人更悲惨的结局，从而获得广大公众的同情和怜悯。她没有违背什么，没有任何的错误，违背正常生活原则的是导致她的悲剧命运的那些人物。《孔雀东南飞》作为一个悲剧作品是与莎士比亚的《柔米欧与幽丽叶》有着根本不同的特征的。《柔米欧与幽丽叶》的悲剧是由于违背了家族的规则，轻视了家长的权力。他们是在追求自己的爱情和幸福中导致自己的灭亡的。焦仲卿妻则没有追求什么，她顺从了她应顺从的一切权力。但是，《孔雀东南飞》仍是一种悲剧的美学形态，因为它给读者留下的不是喜剧的感受，而是悲剧的感受。它同样是建立在作者的悲剧意识的基础之上的，这种悲剧意识是对人与人感情关系的分裂和对立的意识。一个平民、一个弱小者、一个没有被社会赋予任何合法权利的人的生存，首先依靠的是权力者的真诚的爱和同情，焦仲卿妻的一切都是为了获得这种爱，但她没有获得这些。这是人类存在的一种悲剧。这里的悲剧人物没有反抗导致她生命悲剧的原因，她不像精卫一样要填平造成她苦难的大海。她毁灭的不是别人，而是自己。她试图通过毁灭自己而获得她在尘世没有获得的爱和同情。如果说她仍然具有

中国文学的悲剧意识与悲剧精神

一种属于悲剧精神的东西,那就是她用自己的精神战胜了自己的肉体,用自己的道德意志战胜了自己的生命意志,她用自己的死亡震撼了人类硬化了的心灵。但是,必须指出,这种悲情悲剧构成的是一种文化的圈:人们同情的恰恰是造成悲剧人物的悲剧的那种道德人格,人们不同情的恰恰是悲剧人物为摆脱自己的悲剧所必须具有的道德人格,这就把悲剧人物永远钉死在自己的悲剧里。中国古代所有女性的悲剧都具有这种怪圈的性质。这是一种不合理的道德标准已经被整个社会所接受并形成了人们固定的审美态度之后形成的一种美学风格。在这种悲剧里,激情也仅仅成了对这种道德人格的激情,而不再真正是对人、对人类的根本命运的激情。它用人的生命的价值换取的是对这种道德人格价值的尊重和爱护,而不是用一种道德人格的价值换取对人的生命价值的尊重和爱护。人类寻求的应当是避免焦仲卿妻死亡的那种道德人格,而不应当是导致了她死亡的那种道德人格。假若我们把悲情悲剧和崇高悲剧加以比较,就可以看出,崇高悲剧因其对人的生命的关怀原谅了悲剧人物的缺点和错误,悲情悲剧却因欣赏悲剧人物的完美性而歌颂了他们的死亡。中国的悲情悲剧大都产生在儒家伦理道德意识的基础上,《孔雀东南飞》可说是中国文学史上最早也最典型的伦理悲剧。

四

在中国,汉末、魏、晋、南北朝又像春秋战国时期那样是一个政治混乱、战争频仍、社会和社会思想陷入无序状态的历史时期。但在这个时期,经过两汉的两个相对稳定的时期,书面文化得到了较之春秋战国时期更大的发展,书面文化在贵族子弟中获得了一定程度的普及,知识分子增多了,并且构成了一个政治知识分子的官僚系统。在春秋战国时期,中国知识分子是从在野地位向在朝地位的转化。那时各诸侯国国王大都是没有文化的"大老粗",但"国"是他们的,他们得为保卫或扩大自己世袭的领地而进行对外的战争,为争夺这个世袭领地的继承权进行内部政治上争权夺利的斗争,知识分子是来给这些诸侯国的国王及其后裔们"帮忙"的。靠着这种"帮忙"的地位,知识分子逐渐政治化了,并且把"治国安邦"当成了自己神圣的使命。但到了汉末、魏、晋、南北朝时期，政治的混乱、连年的战争促使了这个原本政治化了的知识分子阶层迅速分化。一部分知识分子随着政治权力的分化成为各派政治势力的代表，陷在残酷政治斗争的旋涡中，卷进各派军事力量的战争中；另一部分知识分子则离开政治权力的斗争，重新回归到自己的在野地位；而大部分知识分子则在在朝和在野之间，经受着政治变动的煎熬。曹操是政治知识分子的代表，陶渊明是在野知识分子的代表，而阮籍、嵇康等则为社会夹层中的知识分子。实际上，这三类知识分子都是有自己的悲剧意识的，但这种悲剧意识已经不是在中国古代神话悲剧故事的人与宇宙、世界、大自然的关系中形成的，也不是在春秋战国时期的社会与人的关系中形成的，而是在政治与人生的关系中形成的。必须看到，不论选择哪条人生道路，对于他们都是悲剧性的。政治知识分子获得的是儒家拯世救民的社会价值感觉，获得的是政治的权力和地位，但战争的残酷、政治斗争的险恶使他们失去的是人生的平静和幸福，失去的是儒家中庸和平、文质彬彬的个人道德的价值。他们在实际的战争和政治斗争中找不到自己的文化精神的支柱，但是建功立业、拯世救民的空幻理想又使他们能够在这自己看不到实际意义的残酷斗争中"摸爬滚打"。他们是先秦法家知识分子的后裔，但秦王朝灭亡之后法家文化的独立地位已经丧失，政治知识分子单单依靠法家文化的谋略已经无法获得知识分子的普遍尊重。那些政治知识分子陷在了这个竞技场上，进行着前途未卜的残酷斗争，却在精神上没有足够的补偿。曹操诗歌的那种悲剧意味，那种"对酒当歌，人生几何"的悲剧性感慨，反映的就是他内心那种把捉不住人生价值的感觉。他已经没有了荆轲那种慨然赴难的悲剧精神，他的抽象的、空洞的、遥远的"周公吐哺，天下归心"的理想也只能给他的诗歌注入一种豪迈的气魄，却不能从根本上改变他的苍凉的心情。在过去，我们对陶渊明的歌颂仅仅停留在他的"采菊东篱下，悠然见南山"的闲情逸致上。实际上，陶渊明的人生选择本身就建立在对社会人生的悲剧意识的基础上。他放弃的不是他愿意放弃的，而是不得不放弃的。陶渊明的出现标志着中国文化由贵族文化向平民文化的转变，但这个转变是一种悲剧性的转变，它是以放弃知识分子的社会理想为前提的。知识分子放弃社会关怀，回归纯粹个人生活的关怀本身就是不得已而为之的行为，是悲剧性的。但是，这种转变是悲剧性的转变，却不是悲剧精神性的转变。在这个转变中，陶渊明放弃的就是产生悲剧精神的激情。《桃花源记》表达的分明是他的社会理想，但在对待自己的社会理想的方式上，他与西方空想社会主义者是根本不同的。西方空想社会主义者对待自己的社会理想是有一种悲剧精神的，他们看不到实现这种社会理想的实际希望，但他们却要在没有希望中找出自己的希望来，他们的社会主义新村的试验，就是企图在没有路的地方走出一条路来。他们失败了，但失败得却像一些社会英雄，而陶渊明即使对自己桃花源式的社会理想，也没有表现出应有的激情，没有表现出实际的悲剧精神。他用对田园生活的歌颂掩盖了自己的悲剧意识。但我主观认为，陶渊明并不如我们所想象的那样是老庄哲学的继承者。陶渊明与老子的区别在于他离弃了哲学的玄思，返回到生活的实感，返回到没有"道"的现象世界；他与庄子的区别在于他并非没有确定的是非感觉，他反对政治是反对当时政治领域的繁文缛节和不自然的等级制度，从当时的政治斗争中看到的只是争权夺利的斗争，看不到实质的意义。他并不否定人的激情和奋斗精神，并不否定悲剧英雄。他对精卫等古代神话中的悲剧英雄的歌颂，反映了他的内心并不是没有矛盾的。阮籍、嵇康是在与政治知识分子的张力关系中保持着自己独立性的一批知识分子。但他们的独立性已经不同于老子、孔子、韩非子等春秋战国时期的知识分子。春秋战国时期的中国知识分子是有自己确定的社会目标的，他们都在为自己的主张进行着实际的追求。而这时的这些知识分子，则是在与政治知识分子的区别中确定自己的立场和行为方式的，他们对政治知识分子的朝秦暮楚、屈从政治权力压迫的行为表现心存蔑视，他们所追求的是自己的人格尊严。他们反对强权，反对虚伪，反对流俗，并在这种对抗中发展了自己放诞不羁的性格特征。他们的内心是异常的孤独痛苦的，是充满悲剧意识的，但他们的悲剧意识并没有发展出悲剧精神来，因为他们并没有一个确定的人生目标。总之，这三派知识分子都有对社会人生的悲剧意识，但也都有对悲剧意识的一种补偿形式：政治知识分子以建功立业的空洞社会价值，陶渊明以恬淡朴素的生活情趣，阮籍、嵇康以孤高狷介的知识分子人格。他们的悲剧意识都没有产生出真正的悲剧精神。曹操在中国历史上更像一个英雄，但他不是一个悲剧英雄，而是一个政治领袖。在他的英雄气质中不具有普罗米修斯那种人类意识和精卫那种精神价值。他的英雄气质是在中国政治知识分子重视的"雄图大志""雄才大略"的意义上被呈现出来的。

我认为，认识到汉末、魏、晋、南北朝中国知识分子的这一变化，是非常重要的。正是在这种平面的分裂中，逐渐强化了绝对的是和非、真和假、美和丑的对立。而在这样的平面的、绝对的对立之中，是产生不出精卫和普罗米修斯那样的悲剧精神的。斗争的胜利是喜剧，斗争的失败是由于不可原谅的过错，是对假、恶、丑的妥协和投降，并且谁取得了统治权谁就必然利用强权把对方说成是绝对的假、恶、丑，把自己说成是绝对的真、善、美，哲学的、思想的、知识的斗争完全被实践的政治权力斗争所支配，所左右，从而也失去了独立的价值和意义。汉末、魏、晋、南北朝是中国文学脱离开政治走向独立的时期，但也是不同文化学说失去了内在精神联系的时期，是人与人之间的关系颗粒化，失去了彼此的精神相关性的时期。古希腊罗马文化的衰落，代之而起的是中世纪宗教神学。中世纪宗教神学像老子、孔子、韩非子一样，使人归顺权力，归顺上帝，抑制的是人的自由意志，但也像老子、孔子、韩非子一样，强化的是整体性。当文艺复兴时期的人文主义者重新发现了人，重新把人的意志张扬起来，同时也复活了古希腊的悲剧传统，复活了人类的悲剧精神。我认为，恰恰是这种悲剧精神，构成了西方近现代文化的精神基础：西方的自然科学家像精卫一样以自己微弱的力量追求的是永远无法实现的征服宇宙的目标，西方的文艺家像精卫一样以自己不可见的力量追求的是永远无法实现的完善人类心灵的目标。他们从来没有满足过，但也从来没有停止过；他们谁都不以为自己就是上帝，自己就是绝对的真善美，但他们对自己所从事的各种不完美的事业又充满了激情甚至献身精神。支撑了西方近现代社会及其发展的不就是在悲剧艺术中表现出来的这种悲剧精神吗？汉末、魏、晋、南北朝时期的文化分裂还因佛教的传入和道教的产生而更形加剧。佛教是一种外来宗教，就其佛教文化本身，是具有强烈的悲剧意识，也有强烈的悲剧精神的。

它对人生的失望是彻底的，它所追求的是人遗弃自己的物质性的存在方式而实现自己纯粹的精神性的存在方式。它把由人的物质性所导致的一切欲望、情感、意志、理性和现实追求都视为可以遗弃也必须遗弃的，而要达到这样一个目标则必须经过痛苦的修炼，要体验人生的苦，拒绝人所有物质的享受。但是，佛教这种反人生的性质在已经现实实利化了的中国文化中极难得到受众的信从，它的中国化是朝着相对消解佛教的悲剧精神而使之喜剧化的方向发展的。当中国的佛教突出宣扬了"放下屠刀、立地成佛"的思想，当它用刹那的禅悟代替了长期的苦修之后，佛教的悲剧精神就被喜剧精神所消解了。中国土生土长的宗教是道教，它同样是建立在人的悲剧意识的基础之上的。在人与宇宙、世界和大自然的分裂和对立中，一个人是十分渺小的，一个人的能力是极其有限的。他受到时间和空间的严重束缚，使人的各种本能的欲望和要求都极难得到实现。人的存在是悲剧性的，但道教为我们提供的克服人的悲剧性处境的方式却是喜剧性的。它尽管也包含了一些经验性的内容，但就基本方式，则是反科学和非科学的，它用精神性的虚幻想象的方式代替了对现实困难的实际的、有效的克服方式。在这种宗教中，发展出了后来的各种形式的享乐主义文化，发展了中国文化的颗粒化、分散化、实利化、短视化、享乐化的倾向，同时也是消解中国文学中的悲剧精神的重要因素。

五

道教文化对中国文学中悲剧精神的消解我们可以通过白居易的《长恨歌》得到说明。白居易的《长恨歌》是一首脍炙人口的诗作，但从悲剧创作的角度，却不能不说，它用道教的虚幻的想象冲淡了这个爱情悲剧的悲剧性，而给这个悲剧故事罩上了温馨的、柔媚的色彩。杨玉环的沉重的人生悲剧在我们男性知识分子的手中成了一个美艳绝伦的故事。这首长诗实际是爱情悲剧叙事诗与求仙诗的结合形式，爱情悲剧给我们提供的是一个悲怆的情节，而求仙诗的形式则为这个悲怆的情节添上了虚无缥缈的美感，稀释了它原本可以有的悲剧精神。在这首长诗中，杨玉环是作为唐玄宗的一个高级享乐品而被描绘、被表现的。作为一个高级享乐品的杨玉环受到了唐玄宗的恩宠，也得到了整个政治统治集团的认可，但她却只能成为这样一个享乐品，一旦她和政治权力发生了关系，她就有可能成为政治的牺牲品。在这时，包括唐玄宗在内的整个政治统治集团都出卖了她，牺牲了她，换取的是自己的安全和政治集团内部的权力平衡。唐玄宗牺牲了她而又怀念她，正像曹禺《雷雨》中的周朴园一直怀念着鲁侍萍一样，是没有什么奇怪的，但杨玉环被牺牲而无任何的怨恨之情，则只能在这种求仙诗的形式中才会显得顺理成章。因为一旦成仙，就超越了人间的恩怨，杨玉环的悲剧也就无所谓悲剧或喜剧，不但稀释了这个故事可能具有的悲剧精神，也稀释了这个故事本身的悲剧意识——"成仙"补偿了过往的一切。仅仅从这个故事的现实性而言，杨玉环的灵魂实际并没有成仙的理由，只有成鬼的根据，她对这个世界理应发出自己的诅咒。但一旦被作者送入道教文化给中国人创造出来的神仙世界，这个悲剧故事就有了虚无缥缈的美感了。在这里，我们没有责备白居易的任何理由，因为一个艺术家有按照自己的需要处理自己的艺术素材的自由。他是在自己的文化中，面对自己的读者进行写作的。但只要我们把它同欧里庇得斯的《美狄亚》的艺术处理相比较，我们就可以看出两种悲剧形式的不同了。《美狄亚》是我所说的崇高悲剧，是充满悲剧精神的，它表现的是人的激情，突出的是人的意志追求。美狄亚不是一个完美的女性，但却是可以理解的女性，她的一切错误在她的那种具体的处境中都成了不能仅仅由她负责的东西，它警示着人类不要漠视像美狄亚这样的女性的情感和意志，她们不是可以随意揉搓的衣物——社会要毁灭她，她也要毁灭社会。《长恨歌》仍然是悲剧性的，但不是中国古代神话中和西方戏剧中的那种崇高悲剧，而是在我们自己的文化中产生的悲情悲剧。它仍然是建立在作者对人、对人生的不完满的感觉之上的，仍然是能够唤起读者的悲哀的情绪的，但这种情绪却无法上升到激情的高度，无法产生悲剧的精神。白居易的《琵琶行》也是一个优美动人的悲情悲剧故事。其中的女主人公承担了人生的不幸，但没有向造成她不幸的现实进行抗争。她的遭遇是悲剧性的，但她却不具有精卫的悲剧精神。她只是一个"天涯沦落人"。

中国文学的悲剧意识与悲剧精神

直至唐代，中国的诗歌依然是以诗人的悲剧意识为根柢、为基础的。"前不见古人，后不见来者。念天地之悠悠，独怆然而涕下。"陈子昂这首诗可以被称为唐代诗歌的总主题。杜甫在中国诗史上被称为"诗圣"，他的崇高地位当然因为他的诗艺的精湛，但也因为他的忧患意识，即悲剧意识。我认为，李白的诗好就好在像音乐，他的情感在自己的诗里是流淌的，他把自己所有的悲哀都随着诗句流淌出来，"与尔同销万古愁"，悲哀被宣泄了，在自己的诗里只剩下了一个"豪迈"；杜甫的诗好就好在像雕塑，他把自己苦难的感觉、忧患的意识、悲剧的情怀凝固在像大理石一样坚固的意象里，"感时花溅泪，恨别鸟惊心"，一切的愁苦都留给了自己，在自己的诗里铸造了一个"深刻"。但他们都是具有悲剧意识的，并视愁苦为人生的底色。杜甫、高适、岑参、王昌龄、李贺、李商隐、韩愈、贾岛、李绅、杜荀鹤……所有这些唐代诗人，哪一个的诗歌中没有悲剧的意识、忧患的感觉呢？这是中国文化的特点，是中国文化不断绵延发展的根须，但是，精卫填海、夸父追日、刑天舞干戚的那种崇高的悲剧精神到了唐代诗歌中却也愈加淡薄了。这一方面因为诗歌这种艺术形式更易于发展情感性、情绪性的特征，不利于发展只有在戏剧情节中才最容易表现的悲剧精神；另一方面也因为中国文化发展了现实理性的特征，失去了对人类与宇宙、世界、自然的分裂和对立的尖锐感觉，把自己感到的所有社会矛盾都归入帝王的政治治理，把日常生活中的一切灾难和不幸都归罪于个别人的道德品质，人与宇宙、世界、大自然的永恒的分裂和对立的意识悄然在中国知识分子的内在意识中淡漠了，消失了。中国知识分子渐渐习惯了在当时历史条件下所发生的一切，所有的一切都已经无法激起中国知识分子绝望抗争的勇气。他们有感情，但少激情；有悲剧意识，但少悲剧精神。他们已经失去了一个永恒的人类目标。文学（诗与文）的相对独立以及在唐代和平条件下的迅速发展，使中国知识分子在诗文创作的本身找到了自己才能的表现形式，他们仍然关切着现实，感受着人生诸种不完满的方面，但在他们的深层意识中，"道"已经不像在春秋战国时期的思想家那里一样，是需要被人发明的东西，而成了被人被动承受的东西。屈原那种"路漫漫其修远兮，吾将上下而求索"的探索精神，司马迁那种"究天人之际，通古今之变，成一家之言"的宏大目标，已经不是这时中国知识分子的基本素质。假若说"骨气"还是魏晋南北朝时期中国知识分子进行自我意识的主要标准，而在这时的中国知识分子这里，"才华"开始成了评价别人和审视自己的主要尺度。但这时的中国知识分子还充满着自信，充满着社会责任感，充满着建功立业的英雄主义（非悲剧性的）精神。在唐代诗歌中，最具典型意义的是中国古代社会悲剧模式的建立。杜甫的"三吏三别"、《兵车行》等，白居易的《卖炭翁》《新丰折臂翁》等，就是中国古代社会悲剧的基本模式。这种模式是由三个基本因素构成的。其一是导致悲剧的原因，其二是承受悲剧的人物，其三是作者对悲剧承受者的同情和对悲剧制造者的控诉。这种悲剧模式实际上在《诗经》的一些诗中就已经孕育着，只是到了唐代的诗歌中，才有了进一步的展开。在这类悲剧中，导致悲剧的原因是社会的、政治的、权力的，因而在作者的观念上也是可以避免的。作者之所以描叙这样的悲剧故事或悲剧情景，意在揭露强权者的罪恶或警示政治治理者的责任。承受悲剧的是无权无势的平民百姓。他们承受着悲剧的命运，但他们对自己的悲剧不负有道义上的责任。他们是被动的承受者，他们只能在自己的悲剧里挣扎，而不可能从根本上改变自己悲剧的命运，因为构成悲剧的原因不在他们的自身。在这二者的对比中，作者表示对悲剧承受者的同情，表示对现实政治统治者的不满和对强权者罪恶的控诉，抒发的是自己悲哀的人生感受，但他们与悲剧人物和制造悲剧的人物都保持着特定的距离。他们既不包含在悲剧人物之中，也不包含在悲剧制造者之中。不难看出，这是迄今为止中国社会悲剧的主要结构模式。这些悲剧性的作品，反映着唐代知识分子的进一步平民化，但也反映着儒家社会观念已经成为当时知识分子的基本社会观念。如果说法家知识分子在实践中成了强权统治的维护者，儒家知识分子则更在社会平民的生活悲剧中强调政治治理者的社会责任。它与精卫填海、夸父追日和古希腊的崇高悲剧显然是不同的。在这样的社会悲剧中，反抗悲剧命运的主要不是悲剧人物自己，而是作者。作者是从社会道义的立场为悲剧人物讨公道、讨公平、讨同情的，但作者并不否认社会权利上的不平等。他们不像普罗米修斯一样反抗宙斯的独裁统治。

中国文学的悲剧意识与悲剧精神

《史记》之后，历史和文学发生了分裂。历史越来越向官化发展，而文学则更向个人化的方向发展。历史家的悲剧意识和悲剧精神在这种官化的发展中渐渐低靡下去，文学的悲剧精神虽然也渐次低落，但却保留了更多的悲剧意识。这种悲剧意识在唐代兴起的小说（唐宋传奇）中得到了另一种形式的发展。其中的一些悲剧故事在审美特征上与西方悲剧就有了更接近的性质。而小说中的悲剧性是与生活化、平凡化同时发展起来的。

西方的悲剧从文学的源头处看就是一种独立的体裁，西方的悲剧理论也是在这种独立的体裁的基础上发展起来的。到了中世纪，悲剧创作和悲剧理论同时低靡了下去，它们同所有文化门类一样，全被宗教神学所鲸吞了。而在文艺复兴之后，悲剧又发展起来，西方的悲剧美学仍然主要以这种体裁为基础。与小说发展相应的是各种创作方法的理论，西方美学家并没有把小说中的悲剧性也纳入悲剧美学中来考察。浪漫主义、现实主义、现代主义这些创作方法的概念渐渐代替了悲剧、喜剧这些古典主义的文艺美学的概念，成了与亚里士多德美学体系不同的新的美学体系。但在中国，很长一段时间是没有成型的文学剧本的，中国知识分子的悲剧意识和悲剧精神不是在戏剧这种体裁中得到表现的，因而我们不把悲剧这种体裁作为悲剧美学的主要的甚至唯一的基础是理所当然的，这有利于我们探讨中国知识分子悲剧意识的文学表现。在这里，不把西方美学悲剧理论的现有结论作为悲剧美学的基础，而把悲剧意识的文学表现作为全部悲剧美学的建构基础就成了势所必至的事情。

当我们把悲剧意识的文学表现作为悲剧美学的基础观念之后，我们就会看到，西方的悲剧小说也是可以纳入悲剧美学的范畴中来考察的，并且不论是西方的小说，还是中国的小说，都是在文学的平民化、生活化的基础上发展起来的。它们都与西方悲剧中的悲剧性有着截然不同的表现形态。西方的戏剧，产生在古希腊的奴隶制时代，它是奴隶主和平民的艺术形式，不是奴隶们的艺术形式。那时的悲剧意识实际就是那时贵族意识的一种表现形态。文艺复兴时期是人文主义反对神权统治的时期，但那时的人文主义严格说来还不是平民主义的，当时的贵族还是整个社会的代表，他们在反对教权统治的斗争中仍然起着主导的作用。在文艺形式上，更具有平民特征的小说同仍然具有明显贵族特征的戏剧（特别是悲剧）同时得到了新的发展。新古典主义时期是典型的贵族统治的时期，而戏剧则是那时的最最主要的艺术形式。在那时，作为高雅戏剧的悲剧仍然必须以贵族为主角，表现贵族的生活，表现严肃的主题，使用高雅的语言，平民只能在喜剧中担任主要角色。小说是随着贵族统治的动摇和瓦解而成为西方文学的主要体裁的。浪漫主义仍然以诗歌、戏剧为主要的艺术形式。只是到了现实主义时代，城市发展了，文化更加普及了，社会平等的意识加强了，小说才较之诗歌和戏剧有了更加迅速的发展。小说所表现的更是平凡人的平凡生活，即使贵族，也是被作为一个平常的人被表现的，他们不再是社会的主人，不再是异于一般人的更高贵的人种。但是，西方小说的生活化又是同它的社会化同时得到发展的。它之所以生活化，就是小说作家们已经不把社会视为贵族阶级一个阶级的社会，每一个人在这个社会上都有追求自己的幸福和前途的自由。他们是在社会上生存和发展的，同时也反映着现实社会的问题。小说家同时关心着人的命运和社会的改善，因为对于他们，这两个问题实际是同样一个问题，是一个问题的两个方面。夏绿蒂·勃朗特的《简·爱》，福楼拜的《包法利夫人》，司汤达的《红与黑》，巴尔扎克的《欧也妮·葛朗台》，列夫·托尔斯泰的《安娜·卡列尼娜》，陀思妥耶夫斯基的《穷人》《被侮辱与被损害的》《罪与罚》等等，所有这些表现出了浓郁的生活气息的悲剧性小说，同时也是具有强烈社会性的小说。就其情节，它们是生活化的，没有惊心动魄的矛盾冲突，没有顶天立地的英雄。这是与古希腊时代、文艺复兴时代、新古典主义时代乃至浪漫主义时代悲剧作品的根本不同之处，但所有这些悲剧性小说又都是建立在对现实社会的强烈不满的思想基础之上的，带有比古希腊悲剧更明确的社会批判的性质。在西方的悲剧中，悲剧精神往往就是悲剧人物的精神，他们是高贵的，体现着人的独立意志和独立精神，体现着人的主体性，表现着特有的英雄气质。而在小说中，悲剧人物本身往往是平凡的，即使他们具有某种英雄气质，但也没有西方悲剧中悲剧人物的崇高感和高贵感。悲剧小说的悲剧精神往往更是小说作者的一种精神。他们追求着一个无法实现的美好社会，追求着一种无法实现的人类之爱，正

中国文学的悲剧意识与悲剧精神

是在这无望的社会追求中,我们隐隐地感到了文学艺术家的那种悲剧精神。陀思妥耶夫斯基的悲剧小说则是所有这些小说作者悲剧精神的集中代表。至于像简·爱、于连、安娜·卡列尼娜这类人物典型,则具有平民化的悲剧风格。他们不像贵族悲剧人物那样高贵,那么严肃,但在追求自己的生存权利的斗争中,却同样有着不妥协的精神,有着个人的尊严和高贵。与这种悲剧性小说相平行的戏剧创作是易卜生、契诃夫等人的现实主义戏剧作品。在他们的作品里,悲剧情节被淡化了,而悲剧意识却更强烈了,悲剧精神不是渗透在戏剧的情节里,而是渗透在作者的创作中,渗透在他们敢于面对社会矛盾、暴露社会问题的创作态度中。从唐宋传奇开始发展起来的中国古代悲剧性小说,也是文学艺术生活化、平凡化发展的产物。但这种生活化、平凡化却并不伴随着社会意识的增强,而是伴随着人情化的发展趋向。在唐代,社会化仍是中国诗歌和散文的主要特征。唐代的诗文个人化了,但这种个人化并没有导致社会意识的淡漠。诗歌中的"诗言志",散文中的"文以载道",使诗文作者始终没有完全脱离开社会化乃至政治化的方向,而小说则是个体化,又是人情化的。它们是中国古代知识分子两种身份的不同表现。在社会上,他们是政治官僚,对社会、政治负有自己的责任,而在生活上、人情关系上,他们又有自己判断人的善恶美丑的道德标准。这种善恶美丑的道德标准虽然也不可能完全超脱当时社会的伦理道德观念的局限,但却不是在当时政治关系和社会关系中建立起来的,而是在生活关系中建立起来的,是在人与人的实际交往中建立起来的。必须看到,这种政治关系和生活关系的二元观几乎是迄今为止的中国知识分子的基本特征。在唐代,诗文是高雅的,小说则是通俗的;诗文发展了唐代知识分子高雅追求的一个侧面,而小说则表现了他们对世俗生活的关心。但这种世俗生活却与他们的社会关怀有着更大的距离。它们是在具体的人与人的关系中,特别是感情关系中表现出来的。在《孔雀东南飞》中,焦仲卿妻的悲剧还不仅仅是哪一个人的过错,而更是一个中国妇女在中国社会关系中悲剧地位的表现。婆母的虐待(顺从公婆是对中国妇女的基本要求)、焦仲卿对他母亲的消极顺从(顺从父母是对中国男子的基本要求)和在这种顺从中表现出来的对其妻悲剧命运的漠然、自己母家兄长们的推诿敷衍（中国女性没有继承财产的权利，女子被休或嫁不出去是自己父兄的耻辱）等等，都是酿成焦仲卿妻的悲剧的原因。所以我认为它更是一个伦理的悲剧。焦仲卿妻的死亡是对整个凉薄社会关系的抗议。而这时《霍小玉传》中霍小玉的爱情悲剧则进一步生活化了，在这种生活化的悲剧之中，起关键作用的已经不是社会和社会伦理道德观念的本身，而是个别人的道德品质。霍小玉是表现出一定的悲剧精神的，但她的悲剧精神同精卫的悲剧精神有所不同。她报复的是一个特定的个人，并且她很轻易地实现了这种报复。亚里士多德在谈到悲剧的结局时说："完美的布局应有单一的结局，而不是如某些人所主张的，应有双重的结局，其中的转变不应由逆境转入顺境，而应相反，由顺境转入逆境……"①《霍小玉传》则是一个有着双重结局的悲剧。坏人得到了报复，好人发泄了冤气。但只要我们考虑到它只是一个生活的悲剧，而不是一个崇高的悲剧，我们就会看到，它还是悲剧性的。霍小玉的报复并没有改变这个故事的悲剧性质。对于一个人的生活，生命是最最重要的，虽然霍小玉在死后实现了对负心人的报复，但她的生命也已丧失，她的悲剧并没有因自己报复的胜利而改变。崇高悲剧是以悲剧人物的独立意志和独立追求的实现与否为其基本的人生价值标准的，生活悲剧则是以人物的生活幸福为其基本人生价值标准的，这种悲剧就其最终结局可能是坏人的失败、好人的胜利，是喜剧性的，但由于作者和读者重视的是悲剧人物生活的幸福与否，所以仍然在作品中感到的是悲哀和不幸。唐宋传奇还使我们看到，大量在现实生活中属于悲剧的情节，由于道教文化的发展，在小说中成了喜剧性的。道教文化中的神灵和他们的诸种超人间的法术和才能，成了克服人间困难、完成喜剧性结局的艺术手段。悲剧和喜剧，从中国小说正式诞生之日起，就是紧密结合在一起的。悲剧是情节的主体，喜剧是小说的结局，二者有着密不可分的关系，它们共同完成的是具有喜剧色彩的悲情悲剧小说或具有悲剧色彩的欢情喜剧小说。

---

① [古希腊]亚里士多德：《诗学》，罗念生译，人民文学出版社，1984，第39页。

六

宋代以后，在中国知识分子的两种身份意识中，政治的意识逐渐淡化而生活的意识逐渐强化，中国的雅文学也渐次向生活化的方向发展。"词""曲"这两种雅文学形式的繁荣就是中国文学进一步向生活化方向发展的结果。

从唐代开始，中国的书面文化就较之魏晋南北朝时期有了更大的发展。在这时，中国书面文化不仅在贵族子弟中得到了普及，而且在基层中小地主的子弟中也得到了一定程度的普及。他们都企图通过掌握书面文化的途径进入到社会政治结构中来，完成从平民到政治官僚的人生转变。科举制度就是适应这样一种社会的需要而诞生的。它把教育与政治更紧密地结合起来，使教育成了培养政治官僚的准政治机构，也使政治成了接纳受教育者的准文化机构。但是，在教育得到空前迅速发展的同时，政治及其政治观念却没有得到相应的发展。政治结构的主要职能还是维护现实的皇权统治，政治观念较之春秋战国时期不但没有进步，反而通过教育普及和加强了以礼仪代实践的儒家的政治观念。这使越来越庞大的政治官僚系统并没有更多的政治事务需要处理。这个政治官僚系统实际主要成了一个文学作家的集团。带给他们实际政治权力的是王朝内部争权夺利的宗派斗争，这些斗争在维护皇权的旗帜之下实现的往往只是不同宗派官僚知识分子的权力争夺，带来的是官僚知识分子之间的相互倾轧和残酷斗争。作为个体存在的知识分子与作为社会存在的皇权统治失去了应有的精神联系，知识分子在实际的权力斗争中已经无法获得自我文化价值和历史价值的感觉，这种感觉反倒在个人化了的诗文创作中得到了保留。没有了永恒的政治家，只有永恒的文学家，但这时的文学家恰恰是在社会政治斗争中找不到自我存在价值的一些知识分子，社会和政治的意义仅仅成了一些空洞的教条，个人的情感体验不是在社会政治体验中获得的。文学也就非社会化、非政治化了。但这时的非政治化、非社会化，不是陶渊明的非社会化、非政治化。他们在职务上还是一些大大小小的政治官僚。他们没有离开这个官僚结构，也不需要离开这个官僚结构。他们需要在这个官僚结构中获得自己的社会地位和经济收入,只是他们在政治关系中已经产生不出新的情感体验,产生不出足以获得自己文学声誉的文学作品。他们的生活化实现的不是自然化,而是娱乐化、享乐化。从晚唐开始,这种娱乐化、享乐化的趋向就已经出现,等到宋王朝重新带给了中国一个"和平安定"的社会局面,中国官僚知识分子的这种倾向就迅速发展起来。柳永词派的出现,正式标志着这种享乐化的趋势已经成为当时官僚知识分子的主要思想趋势。必须看到,柳永的标志意义比他个人创作在当时文坛上的实际地位要巨大得多。我们永远不能期望中国官僚知识分子都能放弃在当时被视为严肃正当的社会主题和政治主题,直白自己的思想意识和生活情趣,他们的实际思想倾向总是由少数新锐的文学家体现出来的。柳永的出现,标志着当时官僚知识分子与歌楼妓院的精神联系已经远远超过了他们与皇权政治的精神联系。他们在社会政治活动中已经感觉不到自己人生的真正意义和乐趣,他们的人生意义和乐趣是在歌楼妓院的感性生活中获得的。中国雅文学中"词"的发展,就是这样一些官僚知识分子与当时娱乐文化相结合的产物。这些知识分子的雅文化身份,使这种娱乐文化雅化了,而这样一种娱乐文化形式,又使中国雅文化娱乐化、享乐化了,它是在《诗经》之后,中国文学第二次重新与娱乐文化联姻。但这一次联姻与第一次联姻的意义截然不同,也与古希腊文学的娱乐性有着本质的区别。

中国《诗经》中的诗和古希腊戏剧,都同时是一种娱乐形式,但它们作为一种娱乐形式,是社会化的、群体性的。在古希腊的演出中,全体公民,包括执政者和平民、富人和穷人(当时的穷人不一定是奴隶)、农民和手工业者、男人和女人,都是平等的参与者。它是一种超乎平凡生活的特定氛围,每一个人都在这种特殊的氛围中超越了平时的自我。他们都在舞台的演出中经历了另一种形式的人生,共同体验着戏剧人物的思想和情感,获得的是另一种精神的体验。不难看出,正是在这种社会化、群体化的娱乐形式中,使文学艺术在感性直观中同时孕育着一种属于普遍人性的东西,它的个体性与社会性、具体性和哲理性、娱乐性和严肃性是融为一体的。《诗经》中的大多数诗歌,也是在这种群众性

中国文学的悲剧意识与悲剧精神

的娱乐形式中产生的,它的娱乐性与普遍可接受性并没有构成直接的对立。但在柳永词派的词作中,娱乐性和严肃性、个人性和社会性、感性直观和理性抽象取的是直接对立的形式。这种对立我们可以用当时的歌楼妓院和当时的王朝政治的对立非常明确地标示出来。王朝政治在当时是唯一体现社会整体性的结构形式,而歌楼妓院在当时则完全是非社会性的娱乐场所,这两种文化在当时是最严肃与最不严肃、纯理性抽象与纯感性直观、纯社会化和纯个体化的绝对对立。王朝政治的僵化使理应在它的运作中获得自己生存价值和意义的官僚知识分子放弃了自己的社会职责,而放弃了自己社会职责的官僚知识分子在歌楼妓院的娱乐中获得的只是感性直观的愉悦,而无法从中体验到自我对于整个社会人生的价值和意义。我们之所以强调宋以后这种文学发展的倾向,因为它对中国悲剧文学的发展几乎具有关键性的影响。悲剧意识是怎样产生的?如上所述,它是在人与宇宙、世界、大自然的分裂和对立的意识中产生的。在这里,实际上派生出了一系列不平等的对立关系:人类对宇宙,人类对上帝,个别对一般,部分对全体,感性对理性,具体对抽象,个人对社会,公民对政权。正是在所有这些不对等的关系中,构成了悲剧的基本精神模式。一切个别只有在反抗一般的过程中才能获得自己的独立的感觉,才能把自己从一般中独立出来,获得自己存在的意义和价值,而个别却永远不可能把自己从一般中完全解放出来。个别反抗一般的努力始终是一种悲剧性的努力,但这种悲剧性的努力却是人类一切有价值、有意义的努力的基本存在形式。而享乐主义恰恰是把自我从这种根本的矛盾关系中剥离开的一种方式,它是在刹那的感性直观中获得自己自由感觉的一种生活形式。但这种形式体现的仅仅是个体性的、刹那的、瞬间的,它不具有普遍的可接受性(整个人类不会仅仅有享乐而没有劳作和斗争),它在时间上没有绵延性(在时间上的绵延造成各种情感体验的交替变化,欢乐导致痛苦,痛苦导致欢乐),在空间上没有开阔性(空间总是由各种矛盾着的不同因素构成的,没有纯美和纯丑),它起到的是消解崇高,消解整体,消解社会,消解人类性,使个人还原为纯粹感性直观中的个人,因而它也从根本上消解了悲剧意识。宋词在中国文学史和世界文学史上的崇高地位是它创造了一种最纯粹的感性审美形式。我认为，不论是中国古代的格律诗还是西方的自由诗，都没有达到像宋词能够达到的那种感性的纯粹性。它可以摆脱任何理性的参与，进入纯粹直观的境界，这在文学的发展上无疑是有杰出的意义的，但这种发展却不是在强化悲剧意识和悲剧精神的方向上进行的，而是在消解悲剧意识和悲剧精神的方向上实现的。悲剧精神在像柳永这样的词人的作品里，完全被消解了。

当然，宋词的发展不仅仅是朝向娱乐化、享乐化的，歌楼妓院为中国官僚知识分子提供了娱乐和享乐的场所，但中国官僚知识分子也把自己的高雅性带入了这些场所，使歌楼妓院反倒成了较之中国官场和中国家庭更有文化气息的地方。当中国官场失去了自己共同追求的崇高社会目标而只成了争权夺利的竞技场，当中国的家庭失去了平等的、和乐的、温馨的亲情和谐关系而只成了陈陈相因的儒家礼仪形式的表演场，歌楼妓院这种娱乐场所反倒使中国知识分子的精神能够暂时放松下来，表现出自己的一些真情实感，表现出自己的一些人性（个人性）因素。而歌楼妓院为了迎合这些官僚知识分子的趣味，则把原本产生于另一种文化氛围的文化纳入自己的肚腹中来，并用自己的形式为这些文化产品注入了享乐主义的温热。从唐代知识分子就开始发展起来的才华意识，在这种享乐主义的场所则被从浑然的文学艺术创作中抽象出来，成了中国知识分子的最高价值体现。精卫的复仇意识，屈原的怀疑精神，司马迁的孤愤苦闷，阮籍、嵇康的骨气，陶渊明的淡泊飘逸，杜甫的苦难意识，李白的孤傲狷介，在这个文化氛围中都是不受欢迎的，但文学艺术也作为知识分子个人才华的表现而在歌楼妓院中得到了更广泛的传播。歌楼妓院同时文化化、知识分子化了。从宋代开始，中国官僚知识分子中就构成了与正统政治知识分子相对立的一个才子阶层。正统官僚知识分子更是政治的，才子官僚知识分子更是文学的，即使在同一个知识分子的精神结构中，也同时有着这两种相反而又相承的因素。求取刹那欢愉的自我生命意识同忠孝节义的社会伦理道德观念以怪诞的形式结合在同一官僚知识分子的精神结构中，成为此后各代官僚知识分子文化心理的主要结构形式。它不是以独立的政治观念为标志的，不是以某种社会追求目标为旗帜的，不是以某种精神气质为特征的，而是以其对感性生

中国文学的悲剧意识与悲剧精神

活的追求和在感性生活中表现出的聪明才智、灵活善变为标志的。词这种文体形式也像"才子"一样，诗文相对刻板化了、严肃化了，词则以其更加自由多变的形式获得了雅文学的地位。"词"是在中国知识分子与歌楼妓院的娱乐场所的联系中进入雅文化领域的，但一旦进入雅文化领域又有了离开娱乐场所独立活跃在雅文化中的职能。在后来，词渐渐脱离开了歌唱而成为一种更单纯的书面文化形式。但它到底脱胎于歌楼妓院的娱乐形式，到底是与中国知识分子感性生活有着更紧密联系的一种形式，它的严肃性、社会性、政治性、理念性从整体上无法达到中国古代诗歌的水平。在宋词中，中国知识分子的悲剧意识也得到了普遍表现，但这种悲剧性与格律诗的那种悲剧性是有根本不同的。在格律诗中表现出来的诗人的悲剧意识，带有更浓重的孤愤苦闷的色彩，而在词中表现出来的悲剧意识更具有婉转缠绵的特征。前者悲得像松，后者悲得像柳；前者悲得坚毅，后者悲得软弱。婉约派始终在词的创作中拥有最大的势力和最高的成就。豪放派是词中的社会派、历史派、理念派、意志派，但即使词中的豪放派，也无法达到格律诗那样的力度。杜甫和辛弃疾都是关心社会民生的，都是有强烈的悲剧意识的，但杜甫的诗有一种欲软软不下来的感觉，辛弃疾的词则有一种欲硬硬不起来的感觉。杜甫的诗如生在陆地的一株大树，不论把根须伸向何处，都是坚固的泥土；辛弃疾的词则如在湖水里游的一条大鱼，不论把鳍翅扇向哪里，都是流动的液体。他们的不同主要不是个人思想间的不同，而是文化环境间的不同。如果说政治化、社会化、意志化、理念化还是唐代官僚知识分子的总趋势，个人化、生活化、享乐化、情绪化则成了有宋一代中国官僚知识分子的总趋势。这是中国官僚知识分子的一次思想解放运动，是中国古代官僚知识分子向自由化方向的发展。社会与个人、外部仪礼与内部意识、政治职能与个人幸福，在这时的中国古代官僚知识分子中发生了向两极化发展的趋势，而在中国古代神话的悲剧故事和古希腊悲剧中，二者却是结合为一体的。古希腊悲剧作为一种娱乐形式和作为一种社会人生的表现并没有尖锐的矛盾和冲突。宋代，是中国文化最繁荣的一个朝代，但也是中国历史上最软弱的一个朝代，因为这时中国官僚知识分子文化中的悲剧精神被消解得最为严重。宋词中的悲哀更是人生的叹息，而不是苦难的抗争；更是悲剧意识的表现，而不是悲剧精神的昂扬。

七

在过去，我们往往把元与宋结合为一体，称为"宋元"，但从文化意识上，我认为"元明清"更是一个整体，而"宋"则更是一个独立的历史时期。宋是才子派文人从政治官僚中逐渐独立出来、文学从政治中逐渐独立出来的历史时期，是文学的力量逐渐强化而政治的力量逐渐弱化的历史时期。如果说唐代的强化是政治、经济、文化的同时强化，它同时造就了成功的政治家和成功的文学家，而宋代经济和文化的强化并没有伴随着政治的同时强化，它造就的是成功的文学家和失败的政治家。到了元代，这种文化格局为之一变。元代的异族统治就其实质是非文化的军事专制。这种军事专制把真正的才子派文人逐出了政治官僚的结构之外，使其与社会娱乐文化实现了直接的结合，雅文化进一步衰弱，而俗文化则在与才子派文人的结合中走向繁荣。我认为，中国戏剧在元代空前迅速的发展，实际是与这种新的结合有最直接的关系的。

我们说元代的异族统治是非文化的军事专制，并非说元代统治者不接受汉族知识分子作为自己政治结构的组成元素，而更是从元朝统治者本根的思想意识出发的。周以前，中国的政治是一种自然的政治，不存在一个独立的知识分子阶层，政治就是政治，没有一个政治与文化、官僚与知识分子的关系的问题。从周到秦，是中国知识分子阶层产生并逐渐与政治结合的历史时期，知识分子在中国政治中起到了越来越重要的作用，但那时政治和文化还没有实现直接的结合，政治与政治的斗争和文化与文化的斗争没有直接的关系。政治的斗争是不同政治势力之间的斗争，文化的斗争是不同文化学说之间的斗争。政治家选择自己需要的知识分子，知识分子也选择能够接受自己思想的政治家，二者的界限还是异常分明的。汉代以后，政治与文化、官僚与知识分子基本上是融合在一起的。政治是文化的政治，文化是政治的文化。绝对脱离开政治的文化是没有的，绝对脱离开文化的政治也是没有的。在最高政治统治者的观念中，政权是通过军事夺取的，是由马上得之，但一旦统一了中国，获得了江山，政治就是文化的政治了。打江山靠的是军事家，保江山靠的是知识分子。皇帝本人这时也成了知识分子，政治家和知识分子没有了严格区别。彼此的矛盾不是文化与政治的矛盾，不是政治家与知识分子的矛盾，而是这些官僚知识分子与那些官僚知识分子的矛盾。即使魏晋南北朝时期的知识分子分化，也不是政治与文化的分化和政治家与知识分子的分化，而是不同知识分子有着不同的人生选择，是伴随政治分化的文化的再分化。只有到了魏晋南北朝时期，入世和出世、儒家和道家才不再仅仅是两种不同的文化学说，而且成了中国知识分子的两种不同的人生价值趋向。但各自都有自己的文学，也都有自己的政治观念，文学与政治不是排在两端的。直到唐代，政治和文化在知识分子的意识中仍然没有明确的差别。文学家不绝对地厌恶政治，政治家也不绝对地厌恶文学，彼此之间不是敌对的关系。有宋一代，是官僚知识分子发生内部分化的时代，才子派文人在生活化、享乐化、自由化的追求中更紧地抓住了文学；正统派知识分子在社会政治地位的追求中更紧地抓住了政治。政治和文学开始发生裂隙：政治与道德的结合更加紧密，文学与生活的联系逐渐强化。政治更是正统的、严肃的、理性的，文学更是新鲜的、趣味的、感情的，但它们仍是官僚知识分子的两种不同的发展趋向，才子派文人的势力在发展着，但仍然存在在政治体制的内部。这带来了文学的繁荣，但也带来了政治的涣散。到了元代，这种政治和文化结姻的形式就从根本上被破坏了。在这时，政治就是政治，文化就是文化；政治是文化的主人，文化是政治的仆从。汉族知识分子为蒙古贵族统治服务，就是文化为政治服务。蒙古贵族要实现自己的政治统治，首先就要实现对汉族知识分子的统治，这种统治就是武化对文化的统治，政治对知识分子的统治。政治和文化发生了分裂，二者不再是对等的关系。文化仍然存在着，但它只是政治权力的一种点缀，是以政治的意志为意志的，是为政治服务的。到了明代，政权又成了汉族的政权，但这个汉族政权却是在元代造成了的新的社会文化的基础上重新建立起来的。明代统治者是通过农民起义获得自己的政权的。在朱元璋那里，政治与军事是同一个概念，元代造成的社会文化使他即使在夺取政权之后也不再认为文化才是政治的基础。夺取政权靠武力,维护政权靠的也是武力。这种文化无用论的思想就其产生应该是很早很早的,但只有到了元代以后才成为中国官僚知识分子普遍的政治意识和文化意识。这种政治权力没有更高的社会追求目标,没有超于现实政权的更高的利益,它只是获得个人现实实利的一种手段。可以说,从先秦以后,文化在王朝政治中的实际作用到了元明被降到了最低点,这直接造成了明代官僚集团内部空前严重的党争局面。官僚知识分子重视政治权力,重视现实利益,彼此结成不同的集团,一荣俱荣,一伤俱伤,以一个最有权势的权贵为后台,为政治的权力本身而做着旷日持久的残酷斗争,而所有这些斗争都没有一个真正有益于社会人生的终极目标。王朝内部的党争又造成在野知识分子与在朝知识分子的尖锐对立。在野知识分子往往与朝内不得势的官僚知识分子结合在一起,反对当朝权贵,反对宦官专权。在野的知识分子以文化为旗帜,在朝的权贵以权力为手段,这种文化向权力的抗争造成了接连不断的文字狱。它是文化与武化的冲撞,知识分子与政治官僚的斗争。权贵拥有武力,书生运用文化,这种文化与武化的斗争不能不带有十分残酷的性质,其中一些知识分子确也表现出了不畏权贵、不怕牺牲的精神,前有东林党,后有复社,都在中国历史上留下了文化被权力屠戮时的摊摊血迹。但这种文化与武化的搏斗归根到底仍是一种政治的斗争。它们是在维护皇权、维护道统的旗帜下进行的,任何一方都没有一个超于现实政治利益的终极目标,因而其斗争也不具有永恒的价值和意义。在这些斗争里,不是人驾驭着斗争,而是斗争驾驭着人。人的主体性在这种没有任何终极意义的斗争中被消解了。到了清代,这种政治与文化的分野又一次因为异族的统治而明确化起来,只是清王朝用文化的脂粉尽力掩盖二者的裂隙。汉族官僚知识分子对于爱新觉罗氏家族的依附性质,反映的就是文化对于武化的附庸性质。附庸者和被附庸者都讳言这种附庸性,但彼此又都能明确地意识到这种性质。在清王朝的怀柔政策和知识分子的现实实利的追求中,不但文化与政治实际上发生了严重的分裂,即使官僚知识分子的言与心也成了无法结合的东西。汉族官僚知识分子在自己的政治活动中已经无法为自己找到存在价值的证明,他们意识到的只是自己和自己民族的悲剧性劣败，意识到的只是在强权面前的屈服。晚清时期逐渐明朗化起来的民族意识实际上在清王朝汉族官僚知识分子的意识中早已存在着，只是到了晚清才有了公开表现的可能性，它一直是受到王朝政权力量压抑的。他们中的每一个人都意识到民族间的差异，他们不能承认清军入关、夺取汉族政权的合法性和合理性，实际上就是不承认清王朝现实存在的合法性和合理性，但他们却绝对不能把自己这种内在的意识公开表现出来，他们所能表现的只是对当时分散的、具体的、不具有整体社会意义和历史意义的事物的看法。这种看法不是建立在清王朝存在的非法性的基础上，而是建立在它的存在的合理性的基础上。在他们这里，整体意识和个别意识再也无法融合为一体。这个时代的官僚知识分子是一个没有也不可能有统一的世界观、人生观的知识分子集体。屈原、司马迁、陶渊明、杜甫乃至李煜、柳永，其内与外、言与行是基本和谐的，他们的作品是透明的。而到了清代官僚知识分子这里，内与外、言与心则发生了巨大的反差。外不是内的整体表现，言不是心的整体象征，他们的文学作品已经没有透明性。文化的旗帜仍然被高扬着，甚至比中国历史上的任何一个历史时期更重视文化、文化意义和道德价值，但所有这一切在元明清三代官僚知识分子中都成了飘浮在心灵表面的语言迷雾，而不再具有此前中国雅文化所具有的那种甚深的心灵根柢。诗和文在他们的手下变得凝固了，没有了生气，没有了精神力度。内在的悲剧意识使他们不满意当时的一切，但英雄主义精神的缺乏又使他们无法迈出有实质意义的步伐。从明到清的官僚知识分子几乎没有一个人像唐以前的中国知识分子那样坚信自己的文化选择，他们人人都想革新当代的诗文，人人都能提出自己的革新主张，人人都想追回汉唐的气魄或宋代的自由，但能够实现的革新却几乎没有一个。他们缺乏的不是愿望，不是才能，不是传统，而是精神和意志。中国的雅文化在这样一些官僚知识分子的手里僵硬了下去，也萎靡了下去。

在元明清三代官僚知识分子中间，具有最大势力的已经不是文学，而是理学。理学是在宋代兴盛起来的，它是在反对官僚知识分子的个人化、自由化、享乐化的背景上产生的。但作为一种儒学，它已经不是一种社会学、政治学，而成了一种道德学。作为一种社会学，孔子、孟子的学说主要不是对普通民众提出的要求，而是对政治统治者提出的要求。虽然儒学本身就是等级制的，但作为一个学说的创始者，对民众的宽容和对政治统治者的严峻仍是孔孟儒学的基本特征。作为一种政治学，董仲舒的儒学仍然主要是针对最高政治统治者的，是为了确定他们的整体治国方略的。这种性质直到唐代儒学大师韩愈那里仍然保持着。韩愈对皇权不是百依百顺的，在政治和文化上他都还有反潮流的精神。但到了宋明理学，它就不再是针对皇权政治的了，而是针对臣僚和平民百姓个人的了。它把儒学对上的服从和对下的控制发展到了极致。它注重的不是社会改善，而是个人修养，而在个人修养中要求的是对个人本能欲望和意志追求的绝对压抑。这在元明清政治派系斗争成为主要斗争形式之后，就成了他们相互攻击的手段。谁能成为政治斗争中的强者，谁也就能够把违反道统的罪名加在对方身上，成为排挤、迫害、镇压失势者的口实。实际上，宋明理学已经不是一种文化，而是一种武化，它的贯彻是不可能离开政治权力乃至军事镇压的。它在元明清三代实现的是武化对文化的摧残，权力对精神的奴役，上对下的压制，强对弱的凌辱。它把中国的雅文化领到了一个文化的绝境：当一种文化学说离开实际政治权力的支持就无法独立地实现自己的文化价值的时候，这种文化学说就不再是一种真正的文化学说了。

在元明清三代官僚知识分子的意识中，政治与文学发生了真正意义上的分化。他们必须在文学价值和政治价值之间做出自己的抉择，而他们的官僚知识分子的身份就是这种抉择的结果。他们必须放弃自己的自由表现而屈从现实的政治环境，理学道德为他们提供了放弃文学的自我表现而屈从于现实政治实利的文化价值标准。屈原、司马迁、曹操、阮籍、嵇康、陶渊明、李白、杜甫、白居易、柳永、苏轼、陆游、辛弃疾，这些各不相同的中国传统知识分子尽管也不是绝对自由的，但在文学中却有自己的自由。而元明清三代官僚知识分子连在文学中的自由也失去了。他们已经不能成为一个随便什么样的文学家，而必须成为皇权政治让你成为的那样的文学家。当然，这种整体的概括无法照顾到个体与个体之间的差异，但它却不能不决定着作为整个官僚知识分子阶层以及由他们左右着的中国雅文化的发展趋向。可以说，这时的中国官僚知识分子是中国历史上最可怜的一些知识分子，但又是最少悲剧精神的知识分子。他们是比中国老百姓更加奴性化了的一个社会阶层。在他们的手下，已经不可能创作出具有悲剧精神的悲剧，甚至他们连自己内心具有的悲剧意识也没有勇气公开地表现出来了。他们必须在专制政治面前掩盖起自己真实的内心愿望，歌功颂德，承颜欢笑。真正的悲剧在中国雅文化中基本消失了。

但在这时，中国的戏剧和小说却在中国世俗文化的领域发展起来。悲剧传统在这个领域得到了传承和发展。

八

悲剧是在西方文学中形成的一个文体概念和美学范畴，当我们运用这个文体概念和美学范畴的时候，是无论如何也无法摆脱西方文化对我们的制约作用的。首先，悲剧是一种叙事性的作品。如果说悲剧意识还可以在短小的抒情诗中得到强烈表现的话，悲剧精神则只有在叙事性作品中才能得到真正有力的表现。短小的抒情诗是作者即时性的感受，是特定时空条件下的情感和情绪，可以说，它是一种没有长度和阔度的情感（它的长度和阔度是它所思所感的对象，而不是作者主观感情的本身），而悲剧精神却必须在一种长度和阔度中才能得到更充分的表现。第二，小说和戏剧都是叙事性的作品，也都有可能表现悲剧的意识和悲剧的精神，但西方的悲剧主要是指戏剧中的悲剧。这是为什么呢？这是因为戏剧比小说更集中，更单纯，它的悲剧也是更集中、更单纯的悲剧。西方戏剧永远是现在时的，人物的言和行是即时性的，同时也反映着人物当时的情感和情绪，它们都在时间的流动中变化着、发展着，构成了一个具有特定长度的情节，人物的情感情绪和思想行动都在这个有特定长度的情节中呈现出自己独立的形态。悲剧人物的激情就是在这样一个有长度的情节中得到表现的，这种激情靠的是人物意志的支持，意志力的坚强直接表现出人物的崇高性、人格的高贵性。短小的抒情诗可以表现热情，但不适于表现激情，就是因为激情是在长时段中维持着的热情，热情只是在刹那中表现出的激情。这种激情的表现在戏剧中是集中的，小说中的描写和议论常常中断、延缓以至冲淡这种激情的表现。诗歌和小说可以充满悲剧意识，但却无法把悲剧人物的激情，把悲剧精神的表现，提高到戏剧所能达到的高度，而戏剧在表现激情亦即悲剧精神方面则是更为集中和单纯的。所以，诗歌中有悲剧意识的表现，小说中可以有悲剧意识也可以有悲剧精神的表现，但却没有戏剧中这样集中而单纯的悲剧。综上两点，我们可以看出，元明清三代中国戏剧创作的繁荣，对于中国文学中悲剧美学境界的开拓，是有不可忽视的作用的。

但是，中国戏剧创作的繁荣同古希腊悲剧的繁荣却有着截然不同的文化背景和社会历史条件。在古希腊悲剧走向繁荣的时候，人还没有完全把自我同自然割裂开来，人与自然的关系还是一种主要的关系，人还在神的主宰之下，人性和神性的对立还是一种主要的对立形式。在这样一种对立中，人性有了对于人类的全面的覆盖性。也就是说，西方人观念中的"人性"不仅仅是人类中哪一部分人的性质，而是所有人都不能没有的性质。人的各种悲剧的最深的根须不是仅仅扎在人的自身，而更由于超人间的神的意志的存在。人的意志同神的意志是不完全相同的，这里有两个根本不同的价值体系，而不是仅仅有一种价值体系。人的悲剧不仅仅是由于人的道德品质造成的，也不仅仅是由于社会原因造成的，同时还因为人无法从根本上超越自己而造成的。在人之外还有一个更巨大的力量制约着人、人的命运和人的发展，人没有左右自己全部命运的自由性，人的自由性是在人的悲剧性抗争中获得的。这是感受和理解西方所有悲剧性作品的一种基本的观念。哈姆雷特的悲剧不仅仅有哈姆雷特的过错，不仅仅有他母亲和国王的过错，更有哈姆雷特根本无法超越的诸种无法直接感知的原因。安娜·卡列尼娜的悲剧不仅仅由于她和渥伦斯基的道德情操上的缺陷，更由于人的存在本身的不可克服的矛盾。她的悲剧不仅仅是她的悲剧，也是所有女性的悲剧，甚至是整个人类的悲剧。而到了中国戏剧走向繁荣的时候，中国人已经把人从自然当中绝对地分离开来，人与神的关系已经不是主要的关系。在儒家文化中，人是一个完全自足的系统，人的问题、社会的问题可以靠人的努力完全地得到解决，人的所有悲剧都是由于人的过错、个人的过错造成的，人应当为自己所有的缺陷而担负罪责。所以，中国的悲剧不具有真

中国文学的悲剧意识与悲剧精神

正的超人间的因素，神魔鬼怪也只是世间善恶真假美丑各种不同力量的外部助力，而不具有自我的独立性。与此同时，作为一种娱乐形式的戏剧，在古希腊不是作为世俗文化出现的，而是作为社会文化的主体出现的。实际上，在整个西方文化的历史上，并没有像我们中国文化中这样严格的雅俗文化的分别，更没有雅俗文学的分别。中国的雅和俗，是以官僚知识分子对它的重视程度区分开来的，能够获得官僚知识分子的承认并因此可以获得更高的社会地位的文化品种，就是雅文化，反之就是俗文化。春秋战国以后，官僚知识分子的文化有两种，一是为社会政治服务的文化，一是在知识分子范围内表现自己和自己才华的文化。这两种文化常常是结合在一起的，而娱乐则被排斥在雅文化之外。官僚知识分子是治理群众的，不是娱乐群众的，所以娱乐别人的人是比被娱乐的人低贱的人，而被别人娱乐的人则是比娱乐人的人高贵的人。这就与古希腊时期的演艺活动有了巨大的差异。古希腊的戏剧家不是官僚，而是在群众娱乐活动中进行演出的艺术家，艺术家以自己的才华娱乐了群众，因而也因这才华受到包括国王在内的所有观众的欢迎。他们是西方最早的文学艺术家，也决定了此后西方人对文学艺术和文学艺术家的基本理解形式和接受形式。文学艺术作品就是娱乐社会群众的，但这种娱乐并不与它们的严肃性相矛盾。文学艺术作品有质量高低之分，这种分别不是由于是不是有其娱乐性、趣味性，而是由于这种娱乐性和趣味性本身有无人性的深度。西方现代的所谓俗文化，不是我们理解中的不高雅、不正经的文化，而是凝结在群众日常生活中的文化，是在当代社会不再成为自觉的文化创造品的文化。民间的礼俗不是不严肃的礼俗，而是与现代城市的礼俗不同的过往文化的负载体。研究这种文化的人不是没有文化的人，而是有着严肃学术追求的当代学者。在民间形成而后形成文字作品的文化产品不是低贱的世俗文化，而是严肃社会文化的一种品种，一种体裁样式。《伊戈尔远征记》《罗兰之歌》《伊索寓言》《格林童话》《安徒生童话》《十日谈》《坎特伯雷故事集》都不是中国人所说的俗文化，而是我们所说的雅文化。但中国古代的戏剧和小说则是当时的世俗娱乐文化。这形成了中国那时戏剧的基本性质，也形成了它们戏剧冲突的基本形式。如前所述，在西方悲剧美学形成的整个历史时期，戏剧，特别是悲剧，都是贵族性的，只有到了现实主义时代，西方戏剧才走向平民化，但也恰恰在那个时候，西方戏剧中悲剧和喜剧的界限已经不那么明显了，西方戏剧美学也有了一个根本的转变，悲剧和喜剧这两个美学范畴不再是西方戏剧美学的主要范畴。西方悲剧的贵族性具体表现在两种相蝉联的戏剧冲突形式中，一是人的意志与神的意志的冲突，一是个人意志与社会意志的冲突。前者主要存在于古希腊罗马的戏剧中，后者主要存在于文艺复兴之后直至浪漫主义时代的戏剧中。这两种戏剧冲突的形式都体现着当时贵族阶级作为人类、人类社会的代表的资格，体现着他们的高贵性。他们在当时不仅仅作为个体的人和生活的人意识自己，同时还作为人类意志的体现者和社会责任的承担者意识自己。正是他们作为人类意志的体现者，作为社会责任的承担者，他们的存在才具有了高贵性。这种高贵性不是仅仅由物质生活的富裕体现出来的，更是由他们精神上的高贵体现出来的。这种贵族性的悲剧充分展开的是悲剧主人公的人性的深度或复杂性，戏剧冲突、戏剧情节为展开悲剧主人公的人性的深度或复杂性提供了必要的条件，情节和人物在这样一种关系中获得了自己的统一性。中国古代的戏剧则是平民的戏剧，它一开始就是作为非高雅的娱乐形式存在的，是面向普通的社会群众的。他们不是社会的主宰者，没有制定社会道德规范的权力。他们直接依赖已经形成的固定的社会伦理道德规范，只有在这已经约定俗成的伦理道德规范中，他们之间才能建立起正常的社会联系，才能保障自我生活的安定，才能对自我的命运有起码的主动性。贵族是强者，强者是有力量的人。强者重进取，重竞争，反抗道德束缚，因为他们不需要道德的保护，道德的保护限制着他们的力量的发挥。平民是弱者，弱者是没有力量的人，他需要道德的保护，道德就是他们的荣誉，不讲道德的人对讲道德的人构成的是集体性的威胁。所以，中国古代戏剧的平民性具体体现在中国古代戏剧的基本戏剧冲突中，这种基本冲突不是人的意志与神的意志的冲突，也不是个人和社会的冲突，而是道德与非道德的戏剧冲突。西方的悲剧是强者与强者的冲突，是力量与力量的冲突，而中国古代戏剧则是弱者与强者的冲突。在这种冲突中，只有弱者才有可能是悲剧主人公，强者则是悲剧的制造者。前者没有力量而有道德，后

中国文学的悲剧意识与悲剧精神

者没有道德而有力量。这种有力量的强者与无力量的弱者之间的冲突有各种具体形式，如政治关系中的得势者与失势者、社会关系中的权势者与平民百姓、平民关系中的强梁者与老实人、两性关系中的男性遗弃者和被遗弃的女性。在所有这些关系中，作为悲剧主人公的弱者都是没有自我拯救能力的人，所以，在中国古代悲剧中，除了构成基本悲剧冲突的非道德的悲剧制造者和道德的悲剧主人公之外，还常常出现一个悲剧主人公的拯救者。这个拯救者有时是另一种状态下的悲剧主人公自己（如成为厉鬼的报复者，这个厉鬼已经不是弱者），有时是主人公之外的另一个或几个人。在中国古代戏剧中，这个拯救者既不是戏剧中的悲剧主人公，也不是悲剧制造者，而是一个正剧人物。他应是一个强者，一个有力量惩罚悲剧制造者的人，但他则是道德的，同情和支持悲剧主人公的人物。他常常以主要人物的身份出现在戏剧中。所以，中国古代的悲剧常常不是西方意义上的那种纯粹的悲剧，因为这个拯救者不是构成悲剧冲突的人物，而是构成正剧冲突的人物。但是，这是不是意味着中国古代的悲剧就没有悲剧性了呢？不是！因为从平民戏剧和道德戏剧的意义上，一个有道德的人，一个没有主动损害别人的人，应该获得自己正常的、平静的幸福生活，而悲剧主人公是道德的，是没有损害别人的人，但他却因别人的不道德的行为而失去了这样的生活。不论他的冤情获得或是没有获得最终的昭雪，他的悲剧却已经构成了，他的不幸已经没有挽回的可能。所以悲剧依然是悲剧，它给人提供了惩罚悲剧肇事者的可能，但却没有提供悲剧主人公的遭遇不是悲剧的可能。在中国古代悲剧中，没有中国古代神话故事和西方悲剧中的那种悲剧精神，但并不说明它没有任何形态的悲剧精神。它的悲剧主人公反抗的不是神的意志、宇宙的意志、社会的意志，但他们同样反抗着自己的悲剧命运。他们是通过反抗不道德的人的不道德行为而表现出自己的悲剧精神的。不难看出，中国古代悲剧从总体而言，不同于西方悲剧，但它同样是一种可能的悲剧形式。立于道德的立场反抗不道德的人及其不道德的行为，同样是人类社会的一种重要的冲突形式。这种冲突形式在西方戏剧中没有作为一种独立的悲剧形式发展起来，而中国古代戏剧则突出发展了这种形式的悲剧。这种悲剧同样唤起观众的悲哀的情绪，同样加强着观众对一种悲剧精神的渴望，同样能起到一种净化心灵的作用。但在所有这些方面，它又与西方悲剧有着本质的不同。它的悲剧精神的发展是受到平民意识的局限的，是不可能提高到真正的人性的高度的。他们渴望的是社会的公平，不是社会的发展；他们要求的是个人生活命运的平静，而不是人类命运的改善。像《窦娥冤》，像《赵氏孤儿》，由于戏剧这种艺术形式为艺术家提供了更长的情节线，悲剧主人公为自己的命运，为自己的目标进行决绝挣扎的力量获得了较之古代抒情诗更加充分、更加集中的表现，因而它们也具有更强烈的悲剧精神，呈现着悲情悲剧向崇高悲剧的转化形态，但他们的指向目标到底是局部的、具体的、有限的，没有普罗米修斯反抗专制暴政的崇高理想，也没有精卫填海的博大精神，他们的挣扎和反抗仅仅关系到自己的命运或当下的事件，而没有改善人类整体命运的意义，其悲剧精神的内涵是相对薄弱的。它们仍然主要停留在悲情悲剧的总体美学范畴。

在这里，我认为有必要重视孔尚任的《桃花扇》的悲剧特征。如果说关汉卿的《窦娥冤》、马致远的《汉宫秋》、纪君祥的《赵氏孤儿》、高明的《琵琶记》、孟称舜的《娇红记》、洪昇的《长生殿》体现着中国古代悲剧的主要传统的话，孔尚任的《桃花扇》则体现着中国古代悲剧的一种变体。在这个意义上，我认为它有类于中国古代小说中的《红楼梦》和《浮生六记》。其中的共同特点是更多地融入了作为一个中国知识分子的独立人生感受和现实感受。它们的人生观念都不主要是固有伦理道德观念的简单承袭，而更是在作者实际的人生体验中形成的。这给了它们不同于前人的新的特色。它们都更是精神性的悲剧，而不再主要是社会问题悲剧。它们都标志着作为世俗社会文化的戏剧和小说已经被提高到了中国高雅精神文化的高度，它们的作者都把自己个体性的内在精神感受注入了这种世俗的文化娱乐形式之中，使之超越了浮面的社会揭露、个人道德的谴责，也超越了世俗娱乐的性质，而进入了具有哲理性的艺术审美的境界。它们都在各自的领域创立了自己独立的、不同于中国固有悲剧的悲剧模式。这种模式不再是好人和坏人的二元对立模式，也不再存在人为的拯救者和被拯救者的明确区分。每一个人都有自己的悲剧，每一个人都只是自己命运的拯救者。他们没有能力自己拯救自己，因而也各自都有各自的悲剧命运。《桃花扇》表面上的"大团圆"已经不是喜剧的结局，而是一个悲剧性的结局；侯方域、李香君的出家入道不是他们幸福生活的象征，而是他们精神失落的表现。这个悲剧是由中国知识分子和他们的文化酿造出来的，同时他们每一个人也不能不以自己的方式来承受这个悲剧。这种新的悲剧模式在中国文学史上的出现是不难理解的。作为一个汉族知识分子的孔尚任，当面对南明王朝的最后覆亡这样一个已经无可挽回的历史事实的时候，他是不会把这样一个悲剧仅仅看作是哪一个人的悲剧的，也不会认为这个悲剧就仅仅是由哪一个人造成的。不论孔尚任在口头上如何阐释这个悲剧，但这个悲剧却绝对不是个别人造成的个别人的悲剧，而是包括孔尚任自己在内的整个汉族知识分子、整个汉族文化的悲剧。它是由汉族知识分子及其文化的整体机制酿造的，并且是由汉族知识分子及其文化共同承担的。如前所述，从有宋以来的中国文化就是在歌楼妓院和官僚政治这两个舞台上存在和发展的，就是由官僚知识分子的文化和才子派文化共同构成的，《桃花扇》的悲剧也就是在这两个舞台上演出的。政治的舞台上酝酿了中国官僚知识分子的政治悲剧，歌楼妓院中酝酿着中国才子佳人们的生活悲剧。二者又是有机地联系在一起的。中国的封建政治从有宋一代就成了一种熟透了的政治，它已经没有超于权力之外的社会目标，争权夺利的斗争成了中国王朝政治舞台上唯一主要的斗争形式。在这样一种斗争形式中，那些依傍权贵、左右帝王、践踏道德、娴于权术、善搞阴谋诡计的在朝或在野的知识分子永远能够压倒忠于职守、真诚坦白、不善于搞阴谋诡计的在朝或在野的知识分子。而在歌楼妓院中，进行的则是爱情和幸福的争夺。在这样一个范围中，那些有才华、有热情的才子派文人则有着天然的优势。才子慕佳人，佳人恋才子，二者的结合实现的是个人生活上的幸福感觉。但他们在政治斗争中则是没有实际力量的。王朝内的政治争夺与歌楼妓院的爱情和幸福的争夺使中国知识分子永远处在四分五裂的矛盾中，永远构不成一个整体的力量，一遇外敌，很快就会土崩瓦解。它不是被从外部攻破的，而是从内部自行瓦解的。"覆巢之下无完卵"，这个王朝一旦覆灭，所有这些知识分子的命运都是没有保障的，他们都将遭遇悲剧的命运。在《桃花扇》中，史可法等抗战将领与其说是被歌颂的英雄人物，不如说是被同情的悲剧人物。在这样一个政治的烂泥潭中，他们没有自己牢固的基础，他们受到的是内外两种力量的夹击，不是失败在内部的权力斗争中，就是失败在外部力量的攻击中。他们是巨人，但却是站在政治沙滩上的巨人。他们是这个封建王朝的殉葬品。而对于马士英、阮大铖，《桃花扇》的悲剧是一个滑稽悲剧；对于侯方域、李香君，《桃花扇》的悲剧是一个悲情悲剧。在其他的才子佳人的中国戏剧中，离是悲，合是喜，最后的大团圆构成的是中国古代戏剧的喜剧模式。而在《桃花扇》中，侯方域与李香君的才子佳人模式构成的却不是喜剧，而是悲剧，他们的离非悲，合非喜，生活的喜剧在社会悲剧的笼罩下转化成了一个精神悲剧。他们的结合不是在爱情的草原上实现的，而是在爱情的废墟上实现的，它已经失去了固有的基础。显而易见，孔尚任不是把侯方域作为一个英雄来处理的。在他那个时代，在他的立场上，从有宋以来发展起来的才子文化已经不能被认为是一种完美无缺的文化，在野的清流派知识分子虽然在主观上充满政治热情，虽然在反对当朝权贵的斗争中表现出了一定的人格力量，但他们同样缺乏切实的社会目标，他们真正的思想基础是个人才学和个人品格的表现，这种表现是在人与人的关系中实现的，因而也带有浮面脆薄的特征，一旦失去了能够欣赏他们才学和人品的社会环境，他们就没有了独立坚持的热情，他们的生命力量也就从根本上丧失了。我认为，孔尚任没有把侯方域后来的屈节应试写进《桃花扇》，只是因为他不愿把这个悲剧仅仅写成李香君一个人的悲剧，也不愿把侯方域这个人物在整个悲剧中的作用更形强化，但他是能够意识到这类知识分子的作用的有限性的……所有这一切，都说明《桃花扇》中存在着超于其中任何一个具体悲剧人物的更巨大的力量，一个冥冥中的存在，一个不可抗拒的东西，一个无法被战胜的意志，一个根本无法挽回的趋势。它甚至不是外族的入侵，不是马士英、阮大铖的奸佞，而是在漫长的历史之河中淤积起来的一种势能，一个历史的命运，一个文化的旋流。悲剧中的每一个人物都想以自己的方式拯救自己，但他们谁都没有能力战胜自己的悲剧命运，他们甚至都以自己的形式加深着自己的悲剧。

如果说孔尚任的《桃花扇》标志着中国古代戏剧作品悲剧艺术的最

高水平，曹雪芹的《红楼梦》则标志着中国古代长篇小说悲剧艺术的最高水平。因为只有在这两部作品中，我们才感到有一种超越于所有具体人物的抽象的力量，决定着它的悲剧的是这个抽象的力量，而不是其中的哪个具体人物。每个人都以自己的方式反抗着这种力量，但每一个人都不可能完全逃脱这个力量的控制，每个人都以自己的方式走向了自己的悲剧。正是这种抽象的力量，导致了现实世界所有人物的悲剧命运。中国的长篇小说，更多地脱胎于中国的历史著作，更多地起源于说话人的讲史。历史在司马迁的《史记》之后，逐渐演变成了政治统治的"资治通鉴"，历史家用政治治理的需要阐释了中国历史，阐释了中国的历史人物，但是，这种阐释又是同对重大历史事实的尊重并行不悖的。任何历史家也无法因为同情刘备而把他塑造成统一中国的英雄，也无法因为厌恶曹操而把他描写成一个无能的懦夫。这给历史小说家留下了再创造的思想艺术空间，也给他们规定了无法逾越的整体历史框架。他们必须在这个大的历史框架中进行自己艺术的再创造。所以，历史的悲剧同样在历史小说中得到体现。在这个意义上，罗贯中的《三国演义》就是一部悲剧历史小说，魏、蜀、吴三国的战争最后的结局是三方的共同失败，到头来都是"为他人做嫁衣裳"，但罗贯中却把这个悲剧喜剧化了。就其实质，魏、蜀、吴三国的战争是中国官僚知识分子争夺对整个中国政治统治权的斗争。汉王朝内部官僚知识分子的权力争夺瓦解了汉王朝，也分裂了整个的中国，他们是在这种分裂局面中争夺整个中国的政治统治权的。对于中国，对于中国的历史，对于中国的人民，这三派政治势力中的任何一方的胜利都是等价的，它的意义充其量只是政治、军事才能的较量，是谁更有统治整个中国的才能和力量的证明。恰恰由于小说的世俗文化的性质，作者把平民的道德关怀注入了这个原本无道德可言的政治权力的争夺战之中，从而掩盖了失败者之所以导致失败的原因，而把失败者更多地写成了胜利者，使这个历史的悲剧反倒呈现着更多的喜剧的色彩。作为一部历史小说的施耐庵的《水浒传》，也理应是一部历史的悲剧小说。因为宋江领导的农民起义实际是一次失败的起义。鲁迅之所以反对把《水浒传》变为一个"短尾巴蜻蜓"，固然因为金圣叹对农民起义的仇视态度，也因为它已经无法真实地展示中国历史上的农民起义的悲剧性质（鲁迅：《南腔北调集·谈金圣叹》）。由施耐庵的《水浒传》，经由兰陵笑笑生的《金瓶梅》，再到曹雪芹的《红楼梦》，分明是中国长篇小说发展的一个清晰的脉络，但到了《红楼梦》却发生了一个根本的变化，即此前所有长篇小说的作家都是凌驾于自己所写的人物之上的，唯有《红楼梦》与作者人生道路和人生体验有着密不可分的包含和被包含的关系。曹雪芹的喜怒哀乐是包含在《红楼梦》所描写的这个封建大家庭的盛衰荣辱之中的，它的悲剧也就是自己的悲剧。作者对他所描写的一切都无法采取超然的旁观态度。这就把小说这种世俗娱乐形式真正提高到了严肃的高雅艺术的高度。在这样一个高度上，作者思考了人与世界的关系、个人与整体的关系、个别与一般的关系、偶然和必然的关系，从而把小说艺术提高到了人生哲理的高度。而正是在这人生哲理的高度，人的存在的悲剧性才重新被小说家所深刻地感受到，并以自然朴素的手法入木三分地表现出来。他做的也是孔尚任在戏剧创作中所做的，他们都真正进入了对中国历史、中国文化和整个人生的切实思考，而不再仅仅是娱乐读者的一种方式，也不再仅仅是自己才学的平面展示。当然，道家文化对孔尚任、佛家文化对曹雪芹的影响在中国悲剧艺术的发展中是起了重大作用的，但他们之所以在世俗文化形式的基础上能够接受这种影响，则是有其时代和他们个人的原因的。在这里，我们可以反观中国古代神话传说和古希腊的悲剧创作，它们之所以在人类文化的初始阶段就产生近乎完美的悲剧创作，恰恰因为，在这时，哲学和艺术还是交融在一起的。哲学还没有进入纯粹概念演绎的阶段，它还是包含在对自我、对人类、对宇宙及其关系的艺术的思维之中的；而艺术，也还没有进入职业性的机械模仿和生产的阶段，它还不可能完全脱离人对自我、对人类、对宇宙及其关系的朴素理解。这使它们在自然的条件下就包含着后来被人类文化分裂了的一切因素，呈现出为后人所无法逾越的悲剧艺术的高度。也就是说，悲剧的高度是与人生哲学的高度息息相关的，只有进入对自我、对人类、对宇宙及其关系的最根本的思考之中去，人的存在的悲剧性才能得到更深刻也更充分的表现。因为只有在这个意义上，人的存在才是悲剧性的。《红楼梦》悲剧的深刻性恰恰在于，《红楼梦》人物的悲剧命运不是他们可以自由选择的，而是必

中国文学的悲剧意识与悲剧精神

然的,是在人的存在本身的矛盾关系中形成的。在《红楼梦》中,不仅贾宝玉是悲剧性的,甄宝玉也是悲剧性的;不仅林黛玉是悲剧性的,薛宝钗也是悲剧性的;不仅晴雯是悲剧性的,袭人也是悲剧性的;不仅凤姐是悲剧性的,妙玉也是悲剧性的;不仅尤二姐是悲剧性的,尤三姐也是悲剧性的……人生莫不是悲剧性的,他们各以自己的方式完成了自己的悲剧。

当我们进入对孔尚任的《桃花扇》和曹雪芹的《红楼梦》这样的中国古代文学作品的分析和思考的时候,我们就完全可以这样说:悲剧,不是西方悲剧理论家设计出来的,不是西方悲剧美学家发明出来的,而是文学艺术的一种美学形态,一种人类艺术地把握世界的方式。那么,悲剧艺术是怎样产生的呢?显而易见,当人类把人,把个体的人放到他赖以生存和发展的整个宇宙、整个生存环境和文化环境中来感受、来思考,并且是从对人,对个体的人的欲望、情感、意志、理性的愿望和要求的真诚同情和理解的角度来感受,来思考的时候,悲剧和悲剧感受就产生了。正是因为孔尚任作为一个汉族知识分子对汉族政权、对汉族知识分子的悲剧命运不能没有的真诚同情和理解,正是因为他对南明汉族政权不能不覆灭的命运已经有着确定的了解,《桃花扇》的悲剧也就在这种无法克服的矛盾情感中诞生了。同样,正是曹雪芹真诚地同情和理解《红楼梦》中这些人物的悲剧命运,正是他对这个大家庭无可挽回的败落命运有着确定的了解,曹雪芹面对这样一个世界,内心是充满矛盾的感情的,是有自己的悲剧感受的,《红楼梦》的悲剧艺术也就在他的这种矛盾感情中诞生了。中国古代文化中悲剧艺术的不发达,不是因为中国人、中国知识分子没有这种悲剧感受,而是因为在中国正统的文化中,特别是在儒家的文化中,要求人们关怀的首先不是人,不是个体的人,不是人所不能没有的欲望、情感、意志和理性的愿望和要求,不是直接作用于人的幸福感觉的东西,而是控制和束缚着它们的东西。它把个别纳入一般,把具体纳入抽象,把自由纳入必然,把个人纳入现实社会,把人纳入宇宙的意志,并承认这种纳入的绝对合理性,所以,随着这种意识形态的统治地位的加强,在中国正统文化中逐渐弱化了悲剧艺术的发展,甚至也在无形中压抑了戏剧和小说这两种体裁形式的繁荣和发展。正是在非正统的世俗文化中，中国古代知识分子才逐渐把自己的同情和关怀重新回归到对人、对个体人的愿望和要求的关怀与同情上来，回归到对人的欲望、情感、意志、理性的细致体验和了解上来。特别是在汉族政权又一次被异族政权所消灭，又一次证明了中国汉族知识分子及其政治文化的软弱和无力，又一次把汉族知识分子推入到无可辩白的屈辱境地，这时的社会整体，在汉族知识分子内心深处已经不被视为应当被维护、被无条件地认可的整体，这个在客观上呈现为历史的必然的结局已经不是中国知识分子愿意承认的结局。在这时，整体对个体的压抑、必然对自由的束缚、一般对个别的桎梏，在中国知识分子的内在意识中已经成为一种不合理的形式。异族政权利用了中国正统文化，利用了儒家的伦理道德，转而为自己的政权服务，但这种文化已经不能体现中国知识分子的内心要求，体现中国知识分子内心愿望的已经不是代表国家、代表整体、代表世界意志、代表历史必然、代表中国历史命运的东西，而是那些被国家压抑着的个人，被整体统治着的部分，被历史的必然毁灭了的历史的偶然，被法律限制着的自由。悲剧，就在这样一种意识形式中产生了。它是在世俗文化中产生的，但体现的却是中国真正的精英知识分子的艺术创造。正统文化成了中国知识分子在异族统治下苟且偷安的世俗愿望，世俗文化才体现了他们内心的要求。

只要意识到悲剧艺术的真正的根基所在，我们还会意识到，中国的民间艺术，主要是民间故事、民间戏剧中，以及根据民间传说改编而成的短篇小说中，是存在着悲剧艺术的自然的根基的。《孟姜女哭长城》《梁山伯与祝英台》《牛郎织女》《白蛇传》等等，都是悲剧形式的。我认为，它们是可以直接连接到中国古代神话和传说中的悲剧故事的。它们更少受到儒家文化的禁锢，更多体现了人们对世界、对人的自然感受。它们即使在幻想的形式中也无法摆脱掉对人、对人的存在的局限性的认识，无法摆脱对人生的悲剧性感受。在这里，具有更典型意义的是《白蛇传》，它是神（佛）、妖、人的关系的故事。法海体现着神的意志，白蛇体现着妖的意志，许仙体现着人的意志。神是维护世界的秩序的，妖是体现人的感情要求的，许仙则既不能摆脱自己的情感的要求，不能不爱白蛇，也无法摆脱秩序化的要求，不能摆脱法海的控制。在这样一个矛盾关系中，白蛇反抗着法海的统治，情感反抗着现实世界的秩序，但白蛇最终却失败在法海的统治之下，人类的情感最终也要失败在世界的秩序化的要求里。法海把白蛇囚禁在雷峰塔下，人类的感情被压抑在社会伦理道德的禁锢中，但许仙从此也失去了自己的幸福，失去了自己生命的活力。故事的讲述者们同情的不是法海，不是僵硬的世界秩序，而是白蛇，是白蛇与许仙的爱情。它的结局是悲剧性的，不是喜剧性的。我认为，尽管它只是一个民间故事，但在其悲剧的结构和悲剧的意义上，完全是可以与歌德的《浮士德》联系起来加以思考和研究的。如果说歌德的《浮士德》体现的是西方近代知识分子的理性精神，《白蛇传》体现的则是中国古代人民的自由要求和自由精神。

九

　　孔尚任的《桃花扇》和曹雪芹的《红楼梦》把中国古代的悲剧艺术推向了最高峰，但这两部艺术杰作却仍然主要属于我所说的悲情悲剧的范畴之中。在这两部艺术杰作之中，我们听到的是人生的叹息，而不是人对自己悲剧命运的绝望的抗争。在这里，我们可以感到，孔尚任、曹雪芹已经深刻地感到中国正统文化的虚伪，已经感到中国才子文化的无力，但他们仍然脱胎于中国古代的才子文化。这种才子文化重视感情，重视人与人之间的感情联系，重视沟通彼此感情的才学与能力，但它却同样轻视人的意志，轻视人的理性的力量。《桃花扇》中的侯方域、李香君，《红楼梦》中的贾宝玉、林黛玉，都是富有感情、富有才华的青年男女，他们追求自己的爱情，追求自己的幸福生活，但就其整体的文化特征，他们仍是才子佳人式的，只不过孔尚任和曹雪芹写的是才子佳人的悲剧，而不是才子佳人的喜剧。他们像所有的才子佳人一样都缺乏正视现实的理性精神和反抗现实的意志力量。由于缺乏理性精神，他们看到的仍然是人的道德品质上的缺陷，他们是在完全无意识的状态下沉入悲剧的深渊的，他们的坚贞不是反抗自己悲剧命运的坚贞，而是情感上的坚贞，这种情感上的坚贞没有转化为行动的意志和行动的力量。正是因为他们自身就缺乏应有的理性精神和意志力量，正是因为作者企求的也不是这些东西，所以《桃花扇》最后归结为"道"，《红楼梦》最后归结为"佛"，它们的最终的结局导向的不是对这个悲剧的肯定，而是对这个悲剧的否定。当我们重新回到精卫填海、夸父追日、刑天舞干戚这些中国古代神话传说中的悲剧故事和《俄狄浦斯王》《普罗米修斯》《美狄亚》这些古希腊的悲剧之中的时候，我们却不能不感到，悲剧不仅仅是一种感情的表现形式，同时也是人类欲望、情感、意志、理性及其行为模式的综合表现形式。他们都不是仅仅重视人情关系而轻视人的欲望、意志和理性的，不是轻视人的行动的力量的。在这些悲剧中，感情是与理性精神和自由意志融为一体的。就中国戏剧而言，在这个方面更具崇高悲剧美学特征的是《白蛇传》。白蛇没有向法海屈服，她为了避免法海的迫害做了一系列有理智的反抗，她的失败是一个有起伏、有波折的时间过程。她"战斗"到了自己不能再"战斗"的时候。她的爱情失败了，但却不是没有得到爱情。她用她的全部生命支持起了自己的爱情和自己的生命。但《白蛇传》的悲剧特征没有被中国古代精英知识分子所接受，没有成为中国古代小说和戏剧的主要悲剧美学特征。即使《白蛇传》，也没有把个人自由提升到社会自由的高度。白蛇争取的是自己的爱情自由，她对法海的反抗不是对法海原则的反抗，只要法海不干涉自己的平静的爱情，她是不会反对他的。在这个意义上，它更着眼于人情关系，而不是人性关系。孔尚任、曹雪芹是在没有反抗自己所描写的悲剧结局的能力的情况下创作了自己的悲剧的，中国才子派文人的无力仍然是他们自己的特征。鸦片战争之后，中国的悲剧美学发生了一个根本的转变，这自然是由于外国文学的影响，但更重要的是中国历史的变迁从根本上改变了中国知识分子的世界观念和人生观念。在这里，引起我们注意的首先是两个人：王国维和鲁迅。

王国维是中国古代悲剧美学和现代悲剧美学的结合部。时代的发展，世界文化观念的建立，使王国维清晰地感到了中国、中国社会和中国文化的悲剧处境，但他更是从同情和理解中国古代文化及其悲剧命运的立场上建立起自己的悲剧意识的，这使他没有可能进入新文学的创造，而鲁迅则是从中国文化由旧蜕新的艰难性，从新文化创造者的悲剧处境建立起自己的悲剧意识的，因而他不但是一个具有强烈悲剧意识的

中国文学的悲剧意识与悲剧精神

中国知识分子，同时也是中国新的悲剧文学的创造者。鲁迅和孔尚任、曹雪芹的不同是显而易见的。孔尚任和曹雪芹同样意识到了自己和他笔下的那些悲剧人物的悲剧处境，但孔尚任和曹雪芹却无力反抗也无法反抗这种悲剧。他们是把当时中国知识分子的悲剧感受表现出来的人，而不是能够反抗这种悲剧的人。他们看不到这种反抗本身的意义和价值。他们给自己展示的这个悲剧是必须忍受也可以忍受的。但鲁迅意识到的悲剧却是根本无法忍受也不能忍受的。这个悲剧是客观存在的，但对这个悲剧的反抗却是有意义、有价值的。几千年的中国文化累积了当时中国社会、中国文化和中国人民的悲剧，这个悲剧已经成为一种现实、一种客观存在，中国知识分子已经无可挽回地陷入了这个悲剧的旋涡之中。他们对这样一个悲剧是无论如何也无法回避的，无法妥协的，他们存在的价值和意义只能在反抗这种悲剧处境的努力中才能表现出来，才能意识得到。这种反抗的力量是从我们中华民族求生存、求发展的本能欲望中来的，是从我们自己的生命要求中来的。这本身就是一种悲剧性的抗争。它是个人意志对宇宙意志的反抗，是自由对必然的反抗，是弱者对强者的反抗，是个别对普遍的反抗。我们反对的不是与我们完全对等的东西，我们的反抗不是为了完全消灭对方，而是通过反抗获得自己的自由和独立，获得自己生命及其生命的表现形式。这种反抗是没有一个最终的胜利结果的，但这种反抗本身却是有意义、有价值的，它是中华民族还存在、还有生命活力的明白无误的证明。但是，中国几千年的文化都是一种喜剧的文化、正剧的文化，它的基本的价值标准都是在这种喜剧或正剧的意义上建立起来的。儒家让我们服从强权，法家让我们支持强权，道家、佛家让我们避开强权，恰恰是首先进入悲剧性反抗的中国知识分子在自己的民族中首先陷入了更沉重的悲剧命运。实际上，鸦片战争之后中国社会和中国文化的悲剧，在最深度的意义上是通过这些知识分子的悲剧被表现出来的。一个民族最沉重的悲剧不是它已经陷入一种悲剧的处境之中，而是它在自己的悲剧处境中已经没有了反抗自己悲剧的力量。正是在这样一个意义上，鲁迅的《狂人日记》才成了中国现代悲剧命运的象征，才成了中国现代有良知的知识分子悲剧命运的寓言，才成了中国新文学创作中最具典型意义的悲剧作品。《狂人日记》改变的不仅仅是中国悲剧作品的题材和内容,而是我们的整个悲剧美学的观念。中国几千年的悲剧,都是弱者被强者毁灭的悲剧,都是多数人被少数人欺负的悲剧,只有到了《狂人日记》,我们才有了强者被弱者毁灭的悲剧,少数人被多数人欺负的悲剧。这种悲剧仍然以悲剧主人公的失败为结局,但这种失败并不使读者产生"四大皆空"的感觉。它不是导向道家的离世、佛家的出世、儒家的顺从和法家对强权的肯定,而是把人更深地吸入这个悲剧性的反抗过程,因为只有在这个过程中才呈现着一个人、一个中国知识分子的尊严和骄傲,一个现代中国人存在的价值和意义。而在所有别的人物身上,在赵贵翁、"大哥""医生"等所有其他人物的身上,是根本感觉不到所有这一切的。《狂人日记》使中国知识分子感到自我存在的悲剧性,感到自我存在悲剧的严重性,并在这个沉重的悲剧命运中发掘了自己存在的价值和意义。它不给人无力的感觉,而使人走向崇高,获得反抗自己悲剧命运的力量。它离开了中国古代悲情悲剧的范畴,而重新回归到中国古代神话传说的崇高悲剧的境界。它浑身流贯着一种意志力量,一种理性精神。这就是我所谓的悲剧精神。

在鲁迅现实题材的悲剧小说中,有两种不同的表现形式:一是像《狂人日记》这样的"强者"的悲剧,一类是像《阿Q正传》这样的"弱者"的悲剧。《狂人日记》《药》《头发的故事》《在酒楼上》《孤独者》《伤逝》《长明灯》主要属于前一类,《孔乙己》《白光》《风波》《故乡》《祝福》《离婚》主要属于后一类。前者是反抗自己悲剧命运者的悲剧,后者是并不反抗自己的悲剧命运者的悲剧。实际上,后一类的悲剧人物在中国古代文学中更是一些正剧或喜剧的人物,他们在中国古代的戏剧中构不成悲剧人物的形象。在这里,表现的是鲁迅在根本人生观念上的不同。在中国古代文化中,人生本身被看成是正剧的、喜剧的,悲剧只是那些遇到特殊的变故而改变了自己正常命运的人,是那些被坏人和社会灾难破坏了自己平静生活的人。而到了鲁迅这里,人的生存本身就是悲剧性的。人对自己命运的屈服不是避免了自己的悲剧,而是加深着自己的悲剧,而人对自己悲剧命运的反抗才是使自己的人生变得更有价值和意义的一种方式,才使自己的生命更富于喜剧性。"狂人"、夏瑜、吕纬甫、魏连殳、子君、涓生这些人的悲剧尽管仍是悲剧，但他们的生命却曾经辉煌过，他们正是在自己那时的辉煌中才感到自己存在的价值和意义，才感到自己生命的力量，甚至在像吕纬甫这样一个早已被艰难的人生消磨掉了生命意志的人这里，青年时那一刹那的反抗仍然温暖着他的回忆，使他的精神时时爆发出一点生命的火花。而像《孔乙己》中的孔乙己，《阿Q正传》中的阿Q，他们屈服于自己的悲剧命运，但并没有减轻自己的悲剧命运，反而更深地陷入了自己的悲剧之中。他们的悲剧更是绝对的悲剧，他们的一生是灰秃秃的一生。鲁迅的这种悲剧人生观并不是难于理解的。鸦片战争之后的中华民族已经陷入自己的悲剧历史之中。中华民族在自己的平静生活中只能"由昏睡入于死灭"，而不会避免自己悲剧的命运。中国人民、中国知识分子只有在对自己这种悲剧命运的反抗中，才会找到自己存在的价值和意义，找到自己生命的存在形式，才能在自己的悲剧中找到自己的喜剧性。这种悲剧的人生观，使鲁迅再一次回归到人类原发性的生命力的存在形式之中去。他的《故事新编》中根据中国古代神话传说改编的历史小说充分证明了这一点。《补天》《奔月》《铸剑》都是根据中国古代神话传说改编而成的短篇小说。它们都是悲剧性的，但都充满了创造的精神、反抗的精神，都带有崇高悲剧、英雄悲剧的特征。

　　文学是变化的，但并不总是进化的，特别是在某一个特定的层面上。一个时代的文学的高峰不是由一个民族的全体创造的，而是由其中个别艺术家在一种极为偶然的条件下创造的。中国古代长篇小说的艺术高峰是曹雪芹在极为偶然的条件下创造的，他的后继者并没有把他的小说艺术推向更高的高峰。在中国现代悲剧人生观和美学观的发展道路上也是这样。即使在五四新文化运动的倡导者们中间，鲁迅也是一个绝无仅有的特例。陈独秀、胡适、李大钊、周作人、钱玄同、刘半农在实际的人生命运和文化命运上，并不都比鲁迅更为幸运，他们完成的也都是自己的悲剧，他们所追求的都没有获得完满的实现，即使实现，也没有成为他们自己的人生喜剧。但他们的人生观念和艺术观念却不是悲剧的，他们在五四时期就是"不主张消极的"。他们在人生观念和艺术观念上都是乐观主义者，都是直奔自己的"光明"前途的。特别是到新文化取得了所谓"胜利"以后的20世纪20年代，中国青年知识分子重新找到了发挥自己才能和力量的空间。他们感到了解放，感到了自由，感到了自己生命的力量，感到了自己光明的前途，但这个自由空间却不是整个的中国和世界，而只是由五四新文化运动的倡导者开辟出来的一个狭小的文学地带。在这个地带上，已经作为前驱者的五四新文化运动的倡导者多是主张进化论的，是把新文化的希望放在这些青年身上的，是构不成对他们实际的压制力量的。旧文化首先压制的是这些五四新文化的倡导者，而不是这些后继者的青年知识分子。"自由表现"没有在五四新文化倡导者这里形成一种"事实"，却在他们后继的青年知识分子这里形成了一种"事实"。在这时，他们的"自由"已经不是在悲剧意识中的"自由"，不是在反抗自己悲剧命运的过程中争取到的"自由"，而是这个社会、这个世界提供给他们的"自由"。在鲁迅那里，世界是没有"自由"的，"自由"是由人创造出来的，是在反抗自己的不自由的处境中争取到的。当时的世界并没有给他创作《狂人日记》的"自由"，没有给他揭露传统文化"吃人"本质的"自由"，这种"自由"是由他自己创造出来的，是他发表了《狂人日记》之后的结果。而在这时的青年知识分子这里，世界原本应当是"自由"的，不"自由"是不应当的。不自由的责任在外部世界，而不在于自己。这时也有悲剧作品，但其美学特征更向中国古代悲情悲剧返转，鲁迅小说的那种崇高悲剧的特征在这些青年知识分子的创作中反而淡化了。这时有代表性的悲剧小说是郁达夫的《沉沦》。

郁达夫《沉沦》的意义在其自我暴露的大胆性上，在其对人的本能欲望的承认和肯定上。正是在这样一个意义上，它有着不可忽视的反对封建传统的意义，但它的悲剧性并不立于真正的悲剧人生观的基础上，而是立于个人性的悲剧感受上。他不是立于悲剧之中反抗悲剧，而是立于悲剧之外反对悲剧。他的合理性是青年知识分子的特定的合理性，不是所有中国知识分子普遍可以接受的合理性。

鲁迅的悲剧人生观和艺术观之所以体现的不仅仅是个人的人生观和艺术观，就是因为它在最深度的意义上体现了中国现代社会关系的性质，体现了中华民族在现代世界关系中存在和发展的需要。传统的悲情

中国文学的悲剧意识与悲剧精神

悲剧在青年知识分子中仍有存在和发展的机制，但它已经不能体现中国现代文化的总体要求，在中国现代的艺术中，也已经不具有自己先锋性的地位。郁达夫的小说是与鲁迅小说不同的一种中国现代小说流派。就其流派，二者应当具有平等地位，但在我们的审美感受中，二者却不具有对等的地位。原因即在此。

在中国文学研究中，我之所以区分悲情悲剧和崇高悲剧这两种不同的悲剧美学形态，不但因为中国古代悲剧和西方悲剧的不同、中国古代悲剧观念与西方悲剧观念的不同，同时也因为在中国，特别是在中国现当代文学中也存在着这两种根本不同的悲剧观念，而由于中国古代发展起来的主要是悲情悲剧，所以我们至今没有对它们做出明确区分，并且常常用悲情悲剧的观念对崇高悲剧做出有意无意的误读，压抑崇高悲剧风格的发展。悲情悲剧和崇高悲剧不仅仅是两种不同的美学风格，同时也是两种不同的人生观念和世界观念。它不仅决定着艺术家如何表现世界，表现社会人生，同时也决定着艺术家怎样感受和评价世界，感受和评价社会人生。如上所述，悲情悲剧和崇高悲剧都是在人类的悲剧意识的基础上建立并发展起来的，但二者却有不同的悲剧意识。悲情悲剧表现的主要是那些弱者受到强者的欺凌和压迫时不得不承受的人生命运，它是以唤起对弱者的同情和怜悯为主要艺术手段的。这种悲剧建立在这样一种正剧的观念之上：一个人在正常社会秩序下所经历的完全平静、没有意外的灾难和痛苦，也没有意外的幸福和喜悦的人生，就是正剧的人生。什么是喜剧呢？喜剧就是经过一定的波折而最后获得了自己满意的结局的人生命运。崇高悲剧不是对人类中弱者的同情和怜悯，而是对"人"的同情和怜悯。这个"人"是体现着人类的智慧、才能和意志，同时也体现着人类的各种自然缺陷的"人"。他们之所以能获得观众的同情是因为他们体现着或追求着人类不能不追求的目标，但由于他们的自然的缺陷和外部世界的限制，最终导致了他们的毁灭，受到了来自自然或社会的严重惩罚。在悲情悲剧中，悲情悲剧的悲剧主人公是灾难的承受者，这种灾难不是因为他们追求自己根本追求不到的东西而招致的。崇高悲剧不是以没有变化也没有痛苦的平静生活为正剧的，而是以通过人的努力获得满意的、合理的结果为正剧的。这种相对于崇高悲剧的正剧在相对于悲情悲剧的戏剧中，有时是悲剧，有时是喜剧。当这种结果是付出了痛苦的代价获得的，它就是悲剧；当这种结果是没有付出痛苦的代价获得的，它就是喜剧。崇高悲剧所对应的喜剧不是仅仅有一个满意的结果的戏剧，而是在戏剧的演出中观众能够获得心灵的自由嬉戏、感到轻松愉悦的戏剧。总之，悲情悲剧和崇高悲剧各有自己的一个完整的美学体系和人生观念体系，二者之间是有明显的差异的。

中国新文学的第二个十年是在"四一二"以及相继而来的一系列大屠杀中开始的。在这时，中国的历史不是走向了光明，而是走向了更加沉重的黑暗。这个十年是在日本帝国主义入侵的炮火声中结束的，是在中华民族的更深重的灾难中结束的。不论对于那些和平进化论者或那些革命论者，它都是一个悲剧的时代。但是，以上两类知识分子都没有感到自己的悲剧性，而感到的却是自己的喜剧性。这种思维逻辑是怎样产生的呢？我认为，我们只要了解了我们在中国传统悲情悲剧的基础上产生的悲剧观念和人生观念就可以把握住这两类知识分子的思想脉搏了。在崇高悲剧的基础上，人类的悲剧是不可避免的，人的存在本身就是悲剧性的。人的存在价值和意义不是逃避自己的悲剧，而是反抗自己的悲剧。只有在反抗自己悲剧的基础上才有自己更光明的出路，才有自己存在的喜剧性。但在悲情悲剧的基础上，人的悲剧命运是完全不正常的情况，是悲剧主人公意外遭受到的人生变故。人的聪明才智首先表现在逃避人生的悲剧上，而不是反抗人生的悲剧。只要自己还能苟活下去，自己就不必靠近有可能发生悲剧性变故的地方。正是在这种人生观念和悲剧观念的基础上，当时所谓的自由主义知识分子更远地离开了反对政治专制和文化专制的文化地带，他们不但没有在同情、理解被杀戮的中国共产党人和激进青年的基础上发展自己和平进化论的历史主张，反而利用了自己与他们的矛盾更安稳地在这个危机四伏的历史时期蜷缩起了自己的思想。实际上，他们并没有因这种人生选择逃避了自己的悲剧，反而因这种逃避付出了更沉重的代价。他们在抗日战争的年代与中华民族大多数成员一起经历了生活的颠簸乃至牺牲，在更靠后的时代里，不论在台湾还是在大陆，这批知识分子都受到了社会的冷遇。在崇高悲剧的基础上，悲剧人物是充满激情的人，是最有力量的人，是表现出了人所

中国文学的悲剧意识与悲剧精神

可能有的最旺盛的生命力量的人物。虽然他们的命运是悲剧性的，但他们所完成的却不是其他人物所能完成的使命。但在悲情悲剧中的悲剧人物，则是没有力量的人物。在悲情悲剧中的英雄是那个并非悲剧人物的拯救者。这个拯救者是充满正义感、同情弱小者、富有智慧同时也具有力量的正剧人物，而悲剧人物则没有必要同情怜悯帮助这个拯救者。这个拯救者的任务就是拯救悲剧人物。崇高悲剧中的悲剧人物是有可能犯错误的，而悲情悲剧中的拯救者则是不能犯错误的，他的错误导致弱小者的不满，因为弱小者的命运完全靠他来保护，来拯救。弱小者自己的错误是可以原谅的，因为他是弱小者，他对任何人都不负有不可推卸的责任，只要他对拯救者怀有尊敬和爱戴的心情，拯救者就要起到保护他的作用。崇高悲剧中的悲剧人物是有自己的独立意志，独立利益，独立个性，因而也是有与其他人不同的追求目标的，而拯救者则不能，他的存在完全是为被拯救者而存在。假若他有超于拯救别人之外的纯粹个人的目标，人们就不承认他是自己的拯救者了。……我们看到，从20世纪30年代开始，中国的革命知识分子就是以这样一个拯救者的形象想象和塑造革命者的。这使绝大多数实际的革命者也相互感到不是真正的革命者，从而在革命知识分子中进行了一系列永无休止的相互指责乃至残酷斗争。这样的革命者当然不是悲剧人物，而是一个观念化了的人物。它不但影响了当时左翼文艺能够取得的更大的思想艺术成就，同时还埋下了后来自身分裂的种子。真正以悲剧人生观看待30年代的中国的是鲁迅。他没有屈服于自己时代的悲剧，而是在新的形势下继续做着绝望的但却是更为有效的抗争。他不是空洞地呼唤自由，而是用文化的力量实际地争取自由；他不是空洞地呼唤革命，而是用文化的力量实际地支持革命。他不把革命和革命者想象得那么完美，但也正因为这样，他更能同情、理解革命和革命者。

在20世纪30年代的悲剧创作中取得了更显著成就的不是上述两派有着明确文化追求的知识分子，而是那些没有明确文化追求而在自己的生活实感的基础上进行文学创作的一些作家。在这里，首先应当提到的当然是曹禺。鲁迅在人生观的高度上把悲剧意识和悲剧精神结合为一体，完成了他作为一个杰出思想家和文学家的一生。他的一生就是一出崇高的悲剧，一个精神界的普罗米修斯式的悲剧，他也把自己的悲剧人生观用于短篇小说的创作，从而把短篇小说的悲剧艺术推向了新的高峰。但他到底是一个小说家和杂文家，而不是一个剧作家。真正把中国的悲剧艺术推向新的高峰的是曹禺。曹禺之前的现代戏剧，也有悲剧，但大都属于悲情悲剧。它们是以情感人的，以悲情感人的，是写那些弱小者的悲剧命运的。只有到了曹禺，悲剧才真正是"剧"，而不是"情"。这个"剧"是由有着各不相同的愿望和要求并紧紧抓住自己的愿望和要求不放的人物构成的。其中的每一个人，在这个人物的关系中都处于生活的悬崖上，都时时有被其他人物挤出自己的生活的危险。也就是说，他们的存在都有危机感，都是悲剧性的。不论他们愿意还是不愿意，他们都得承担并反抗自己的悲剧。悲剧的情节就是所有这些人物构成的现实关系的一种机制，一种由势能转化成的动能。它是动态的，又是结构性的。它不像中国传统戏剧那样只是一个情节线，所有的人物都是为了这个单一的情节线随时调遣来的。他们原来并没有关系，事件发生之后才建立起了彼此的关系。曹禺的戏剧人物都是早就有特定关系的人物，正是有了这种关系，才演化出了这些矛盾、这些斗争。它是人生的戏剧，人生中自然产生的戏剧，不是偶然落到人物身上的灾难。中国古代的戏剧更是诗剧，其中的唱词主要用于抒情，用于把人物的内心情感公开表达出来，并且以这种人物自己唱出来的感情感动观众。曹禺话剧中的人物语言是在特定人物关系中说出来的语言，是人物与人物关系的纽带，是推进戏剧情节的动力。传统悲情悲剧的艺术性在于唱词的优美感人，在于情节的生动鲜明，曹禺悲剧的艺术在于人物心理把握得深刻细致，在于人物矛盾关系表现得准确有力。在这样一些人物的关系中，任何一个人都有自己的欲望、情感、理性、意志和与此相应的追求行动，但他们都必须在这种矛盾关系中实现自己的意愿。任何一个人都不能绝对地占有这个整体，矛盾的发展导致这个整体的破裂，导致悲剧的结局。这就是人的悲剧。它不是抒情性的，它充满着理性精神和意志力量，属于崇高悲剧的范畴。但是，曹禺到底没有十分明确的人生观念和悲剧观念，他更是在对西方崇高悲剧的学习中，在自己生活的实感中进行自己的戏剧创作的。我认为，曹禺发现了人生是悲剧的，但他自己

中国文学的悲剧意识与悲剧精神

在中国这个文化环境中却没有养成足够的悲剧精神。他被自己创作出来的这些悲剧吓坏了。当他真的感到与中国社会普遍流行的社会观念和人生观念拉开了一个巨大的距离之后，他就不能不放弃自己独立的思想追求和艺术追求了。他在创作了《雷雨》《日出》《原野》《北京人》《家》几个才华横溢的剧本之后，手就软了下来。他缺乏鲁迅那种坚持的力量和韧性的追求精神。

老舍是真正从社会底层涌现出来的一个杰出的作家。他靠着自己默默的奋斗进入现代文坛。他的经历本身就是一个具有崇高悲剧性的人生戏剧，但他在中国上层文化中有些直不起腰来，他总是用一种悲情文化的面纱遮盖起那些真正属于崇高悲剧的题材。《骆驼祥子》中祥子的一生实际就是一个不屈服于自己悲剧命运的下层劳动者的一生。他反抗着自己的悲剧，他以自己诚实的劳动追求着自己命运的改善。他失败了，但作家没有必要为他的失败感到耻辱。人总是在自己的环境、自己生活的基础上面对自己特定的悲剧，求取自己的生存和发展的。他不是知识分子，不是政治家，不是革命者，他不懂得现代的各种理论学说，他做的不是轰轰烈烈的大事业，他甚至有些自私和狭隘，但这并不妨碍他成为一个具有悲剧精神的人。他认真地追求过、反抗过自己的悲剧处境，他的失败较之那些没有过严肃追求的大人物更具有崇高的性质。他不是个人主义的末路鬼，他是一个平民中的硬汉子。老舍后来的《茶馆》也是一部优秀的现代悲剧，它的成功在于其历史概括的广泛性。但是，它也有着至今人们没有给以足够注意的缺陷，即否定了那个时代所有这些人生追求的意义和价值。作者只用悲情悲剧的哀怜追悼了那个时代，但在崇高悲剧的观念中，人生的追求都是悲剧性的，但这种悲剧性的追求并不是毫无意义的追求。从鸦片战争之后，中华民族的所有追求都是悲剧性的，所有这些追求都没有获得最终的胜利，但所有这些追求都表现出了中华民族在现代的悲剧处境中没有窒息而死，它还活着，它还有自己的生命力。我们对那个时代不能仅仅是哀怜的，同时还应有一点尊敬，有一点感激。显而易见，老舍意图通过否定那个时代的历史而肯定当代的历史，这是一种把历史绝对分为悲剧和喜剧两种不同的历史的不合理的观念。

巴金是唯一一个热衷于写崇高悲剧小说的著名小说家。他从他的《灭亡》开始写了一系列崇高悲剧小说，但他的才能仍在悲情悲剧小说上。他仅仅在那些无政府主义者的暗杀活动中感到了一种"精神"，但却没有从他们身上感觉出存在的价值和意义。我认为，这就是他没有写好那些崇高悲剧小说的根本原因。给他带来真正成功的是与《红楼梦》题材相似的《家》。他企图把高家这个封建大家庭的覆灭放到现代历史发展的过程中来表现，但这个家庭的覆灭的根本原因却在内部的分化。他企图把觉慧塑造成一个真正的先进人物，但最能打动人们心灵的却是觉新。觉新之所以能够获得中国读者的更深刻的同情，我们只要把这个"家"扩大成我们这个"国"就能清晰地感觉出来。中国社会的现代没落把一些追求自己发展的有志青年排斥到了自己结构的外部，排斥到了国外，但他们只在形式上体现着中国社会的发展及其现代青年的先进性，而真正承担着我们这个民族由旧蜕新的艰难的却是没有能力出国的我们这些觉新们。我们身上留存着更多的传统的、落后的、委曲求全的性格特征，我们并不完美，我们有些保守，我们丧失了我们能够获得的更多的自由和幸福，我们无法成为现代中华民族的先进性的象征。前辈骂我们放肆，后辈骂我们落后，我们不能不尽着对父辈的责任，但也必须承担起对后辈的义务。我认为，只要从这样一个意义上看待觉新的悲剧，我们就能知道，觉新的悲剧实际就是整个中华民族的悲剧，就是中国国内大量现代知识分子的悲剧。在他身上，实际凝聚着比觉慧身上更多也更内在的崇高的东西。"肩着因袭的重担，放他们到宽阔光明的地方去"（鲁迅）实际就是觉新的悲剧性之所在，也是他的崇高性之所在。但巴金是站在觉慧的立场上看待觉新的，他也就只能成为一个被同情和怜悯的人物，《家》也主要成了一部悲情悲剧小说。他的《寒夜》不论在其题材和表现手法上，都是更为完整的一部悲情悲剧小说。

在30年代成名的现代作家中，萧红的小说更具有悲剧精神的内质。这种内质是在内部矛盾对立的尖锐性、激烈性上表现出来的，也是从萧红的小说风格和语言风格中表现出来的。她的《生死场》，她的《呼兰河传》，一改传统女性的温婉纤细的艺术风格，使其具有了较之其他小说家更强烈的悲剧性。作为一个女性作家，她在她所描写的悲剧性现实面前

中国文学的悲剧意识与悲剧精神

是不妥协的，也是不能妥协的。她必须反抗这种悲剧，她具有反抗这种悲剧的内在激情。而沈从文的边城小说则更具有悲情悲剧小说的特征，他是以怀恋的心情回忆这里的悲剧故事的。

抗日战争的现实是一个较之30年代更加沉重的悲剧的现实。我们在这样一个现实中直感到的是灾难，是民族的悲剧，而不是胜利，不是民族的喜剧。中华民族这时进行的抗战本身就是一出崇高悲剧，而不是一出悲情悲剧。我们的反抗不是因为我们能够断定最后的胜利属于我们，而是因为我们不能忍受日本帝国主义侵略。胜利要反抗，失败也要反抗。我们是以精卫填海的精神而反抗的，是以刑天舞干戚的精神而反抗的，是以鲁迅早在《摩罗诗力说》中所呼唤的摩罗精神而反抗的。不能不说，我们的知识分子在那个时代并没有找到把握那个时代、表现那个时代的艺术形式。我们歌颂了抗战的英雄，但在这种歌颂中却感觉不到我们民族悲剧的沉重性；我们描写了敌人的残暴，描写了民族的苦难，却把我们的民族仅仅写成了一些受欺凌、受侮辱的弱者。这两种艺术形式都无法完整地传达我们的感受和体验。而这种感受和体验的完整性我们在鲁迅的《狂人日记》中是曾经有过的。《狂人日记》没有因为它是悲剧性的就显得软弱无力，也没有因为它充满反叛的激情而淡化了狂人悲剧的沉重性。鲁迅的《铸剑》也是这样。当时最细致地描写了我们民族苦难的是老舍的《四世同堂》，但恰恰在老舍所同情的这些小市民中，是无法发现当时中华民族的反抗精神和反抗力量的。这更是一个逆来顺受的阶层，是一个在任何艰难的条件下也会找到顺应时势的生活方式的阶层。他们需要的是安定，是秩序，而不是谁来实现这种安定的局面和社会的秩序。真正感到这种悲剧观念的不足的是陈铨。在那时他拿出古希腊悲剧和尼采的超人学说以与《红楼梦》的悲剧艺术相抗衡，但这种悲剧观念却不是他自己的人生观念和悲剧观念。他把尼采的超人学说与他的国家主义思想混杂在了一起，从而使他的思想与国民党的"一个政党、一个领袖、一个主义"的政治专制主义协调了起来。陈铨所呼唤的，不是使我们自己成为超人一样的英雄，而是使我们去服从别的少数天才的领导，使我们成为别人的奴隶。他的《野玫瑰》等抗战戏剧，没有他在理论上所竭力提倡的崇高悲剧的风格，而只是一些主观杜撰出来的间谍故事。他把敌人都写成一些色鬼,让我们的女间谍用色情战胜了一切困难。其创作意图当然无可厚非,但在思想和艺术上是无法给以太高的评价的。

在40年代,真正具有崇高悲剧风格的,倒是一些青年作家。路翎、无名氏、穆旦分属于不同的文化派别,但其作品的艺术风格都具有激情抗争的特征。这是那个时代在这些青年作家作品中留下的精神印迹。但他们的悲剧风格更带有青春期的孤傲,更少崇高悲剧的理性精神。张爱玲小说的悲剧艺术继萧红小说之后达到了新的高度。萧红从下层来,更有对传统女性观的撞击力。张爱玲出身上层,对世俗意识更有超越性。但二者的悲剧风格都不属于悲情悲剧的范畴,而带有反抗自己悲剧处境的崇高性。钱锺书的《围城》与其说是悲剧性的,不如说是喜剧性的,倒是冯至的中篇历史小说《伍子胥》,是一篇不可多得的具有哲理意义和崇高性质的悲剧小说。

在20世纪上半叶,我们经历了长期的战争岁月,但我们没有我们的《战争与和平》。我们传统的人生观念和艺术观念,使我们没有找到表现这样一个历史的艺术形式。传统的崇高观使之流于单调,传统的悲情使之流于柔弱。我们缺少鲁迅那种把悲剧和崇高结合起来的艺术勇气和艺术才能。

十

只要我们沿着中国现代文学史的脉络寻绎下来,我认为,我们是不会对"十七年"的文学取绝对否定的态度的。在战争历史题材和农村现实题材长篇小说的创作方面,这个时期的成就是超过了现代文学史上的成就的。《创业史》《青春之歌》《红旗谱》《林海雪原》《红日》《红岩》《苦菜花》《艳阳天》等等在小说题材的开拓、小说结构的宏大和小说叙事语言的进一步丰富化上,都有自己不可抹杀的贡献。假若说它们也有不足,实际上仍然主要表现在人生观念、历史观念和审美观念上。他们是在一个历史的终点上反观历史的,而不是追踪着历史的脚步摸索历史的。所以在这些作者的观念中,历史像是有一个无法改变的规律性，是只能这样而不能那样的。这就把人类历史想象成了一个喜剧的历史。实际上，我们的历史是那些创造我们的历史的人在那时的社会结构中进行了自己的独立选择的结果。他们做了这样的选择，就有了这样的历史。他们不是在喜剧的处境中选择的，而是在悲剧的处境中选择的。他们的每一个选择都不是在没有任何犹豫彷徨、没有徘徊动摇、没有痛苦焦虑、没有矛盾分歧的情况下做出的。他们不是圣人，不是传统意义上的英雄豪杰。"英明""伟大"只是当这个过程结束后我们对他们形成的一个总体概念，而不是在这个过程中呈现出来的具体形象。在30年代，鲁迅就翻译了法捷耶夫的《毁灭》，但当时左翼作家没有接受他对中国左翼文学的暗示，这时的作家也没有可能接受这部作品把握历史和表现历史的方式。

这种人生观念和历史观念一旦运用于现实题材的小说，其破坏性就是非常明显的了。历史题材的小说是有了一个确定的历史终点的小说，只要我们把握住这个历史发展的趋势，谁也无法否定它们的"真实性"。但现实题材的小说则不同了，现实的历史仍然是人在既定历史条件下选择，在反抗自己的悲剧处境中求生存、求发展的历史，这个历史不是按照一个确定的轨道前进的。它不仅仅是一些"好人"和一些"坏人"的斗争，一些"先进"的人和"落后"的人的斗争，而是各种不同的愿望和要求的斗争。谁能有效地把自己的意志贯彻到历史中去，谁就能影响历史的发展，并且在任何情况下都不是只有一种力量影响着它，历史是在多种力量的合力中变迁的。它不总是"前进"，而是有着各种回旋和崎岖。这些小说家总想把历史捋直、抹平，历史稍有转折，这些小说的"真实性"就会发生疑问了。这就是《创业史》《艳阳天》等当代小说在"文革"后受到了批评和质疑的原因。但当我们转向像"精卫填海""夸父追日""刑天舞干戚"《俄狄浦斯王》《被缚的普罗米修斯》《哈姆雷特》《浮士德》《高老头》《悲惨世界》《罪与罚》《呼啸山庄》《狂人日记》《阿Q正传》《铸剑》这类神话故事或作品的时候，就可以看到，《创业史》《艳阳天》这类作品的缺点并不是不可避免的。这里是一个人生观念和历史观念的问题，是怎样理解人与历史的关系的问题。

"十七年"的文学中除了老舍的《茶馆》等少数历史题材的悲剧外，几乎没有悲剧的创作。60年代我们曾有一个小小的关于社会主义社会有没有悲剧的讨论，结果是以否定的意见为压倒优势而结束了这场讨论。但在这个时期，却是产生了很多知识分子的人生悲剧的历史时期。在"文化大革命"结束之后，我们大都是从政治一个方面说明这些悲剧的原因的。这是可以理解的。但在我这个论题中，不能不更多地从中国知识分子自身的原因考察这些悲剧产生的原因。

人类文化大都是在一个极为简单的模式中通过分化发展而复杂化起来的。在西方，最早的文化是在古希腊神话和荷马史诗中构成其原型的，但接着就是古希腊戏剧。当时诗歌没有戏剧影响那么大，所以戏剧的观念对于西方人的人生观念和艺术观念的形成是有决定性的影响的，其中尤以悲剧为最大。直到18世纪，它仍是最受重视的一种艺术形式。小说的发展还在戏剧之后，它是受到戏剧观念的潜在影响的。只要我们考虑到戏剧，特别是悲剧观念对西方人基本人生观念的影响，只要我们从戏剧，特别是悲剧观念的角度思考并体验人生，那么，我们就会感到，社会人生实际是各种有着不同愿望和要求的人构成的一个大的网络，其中每一个人的愿望和要求都是复杂的，是随着自身和自身与周围世界的联系和变化随时变化的，但这个网络不论怎样变化，它都不是在完全相同的愿望和要求的前提下联系起来的。假若所有的人都有完全相同的愿望和要求，戏剧就不成其为戏剧了，人生也不成其为人生了。正是因为整个社会是这样一个网络，每一个人都只是这个网络上的一个独立网结，每一个人都要在自己特定的社会联系中承担自己、选择自己，并以自己的方式争取自己独立愿望和要求的实现。他不能把自己的愿望和要求仅仅寄托在另一个人的身上，也不可能代替其他所有人实现其愿望和要求。在这个戏剧的舞台上，甚至父亲和儿子、丈夫和妻子、哥哥和弟弟，扮演的都是不同的角色，他们彼此之间有着各种不同的感情联系，但这种联系并不意味着他们的愿望和要求是完全相同的，也不意味着他们可以选择完全相同的人生道路。每一个人的人生都是一个过程，每一个人只要还在这个社会中生存着，都必须时时处处做出自己新的选择。这种新的选择是在时时变动着的自身和自然、社会的关系中进行的，是为了克服自己当下的或未来可能有的危机而进行的。但这种危机的克服同时也意味着新的危机的产生。人生就是这样一个不断面对危机而又不断克服自己危机的过程。我认为，不论我们对毛泽东的一生做出何等样的评价，在中华人民共和国成立的那一刹那，真正具有这种明确的悲剧人生观念的还是毛泽东。他并不是仅仅怀着胜利的喜悦迎接自己缔造的人民共和国的，不是仅仅抱着享乐的欲望而跨入自己开创的这个新时代的。他感到的是新的危机、新的困难，他明确地意识到新政权的建立只是万里长征走了第一步。显而易见，他的危机感是一个伟大政治家的危机感。作为一个政治家，作为一个领导中国共产党夺取了全国政权的政治家，他首先考虑的是这个新政权的巩固和发展。他不能让中国共产党经过数十年浴血奋战获得的政权毁于一旦，不能让自己的政权重新走上他反对过的国民党政权的老路，不能在曾经侵略和欺凌过中华民族的西方列强面前重新俯首称臣。他要以自己的愿望和要求改造中国。我们可以说他自身也是有这种和那种局限性的，我们可以说他在自己的执政过程中有过很多我们感到无法原谅的"错误"，但作为毛泽东，却不能不这样意识自己、选择自己。也就是说，他是有着完全属于自己的独立愿望和要求的，是有着自己独立的危机感受的。他没有把中华人民共和国成立之后的历史仅仅当作一个喜剧的历史，而是把它看作充满各种可能的危机、有可能演为悲剧的历史。他没有在自己已有的胜利上止步，他还要继续追求自己的目标。

　　我认为，毛泽东是按照一个崇高悲剧的样式设计中华人民共和国成立后的历史的，而中国知识分子则是按照一个悲情剧的样式感受和理解这个历史的。毛泽东为了新的政权的巩固和发展要消灭可能瓦解这个政权的所有隐患。他把在过往历史上成长起来的知识分子视为一个带菌的群体，要对这个群体进行彻底的思想改造，以防止这种病菌的蔓延并导致新政权的"和平演变"。他把这样一个知识分子群体视为一个整体的力量，并像进入拳击场一样准备与之进行一番你死我活的较量。他甚至把《红楼梦》这部悲情悲剧小说也做了崇高悲剧的阐释。他把《红楼梦》的第四回视为全书之纲，把《红楼梦》中的矛盾用"不是东风压倒西风，就是西风压倒东风"进行了概括。而中国知识分子却是以悲情剧对待社会人生的。他们在自己的意识中把社会分为"好人""坏人"和"拯救者",并把自己视为一个"好人"。"好人"是弱者,是没有力量的人,它求取的只是自己生活的安定和幸福,不为别人的命运负责,也不为整个社会的发展负责。应当为社会负责的仅仅是拯救者,拯救者的责任只是为弱者的命运负责,他是"公道"的化身。"好人"是无辜的人,是没有"错误"的人,"坏人"就是有"错误"的人,不论什么样的"错误",都是不可忍受的。不难看出,这种以"弱者"为标准形成的"好人"观,是没有任何社会责任感的"好人"观。他们既不想为毛泽东的政治理想负责,也不想为自己所从事的独立事业负责。他们没有固定的价值标准,他们的思想是游移的、多变的,一切都是为了自己当下的安定幸福的个人生活,一切都是为了不招是惹非。在毛泽东改造中国知识分子的政治行动中,他们最没有负担,最能随时改变自己的立场。倒是那些对自己的事业还有独立的追求、还有一定责任感的知识分子,还能说出自己当下的独立感受和认识,因而也最容易与毛泽东的思想要求发生这样或那样的分歧。他们也就自然成了政治批判的对象,而具体实施这种批判的则是我们知识分子自己。我们这种从传统中接受过来的人生观念,在当代社会生活中成了一把双刃剑,它既杀了政治,也杀了知识分子所从事的各项事业。但是,"十七年"的中国文化史却也是由带着悲剧意识、危机意识进行政治追求和抱着对自己所从事的具体社会事业的责任感而表达了自己独立主张和要求的知识分子共同创造的。他们的追求都具有悲剧性质,并且都具有崇高悲剧的性质。而其余的人,即使悲剧性的,也是一种悲情悲剧。这种悲剧没有给我们"十七年"的文化史留下任何有价值的东西。

新时期的文学是正在发展变化着的文学,我们还不能对它取得一种有距离的观照。但自从中国古代神话传说之后就渐渐失去了的崇高悲剧风格,仍然不可能在一个短时期内有更大的发展。特别是在这种崇高悲剧基础上形成的人生观念和美学观念,更不是在短时期内可以被我们所接受、所融化的。与此同时,西方文学在漫长历史中形成的戏剧观念和与此相应的悲剧观念,又因为自身发展的需要发生了形态的变化。自从19世纪的小说繁荣和20世纪的影视文化的繁荣,悲剧美学在西方已经成了一门古典主义性质的美学，它已经不是西方的主流美学和先锋美学。但我们是在缺乏这种美学观念的基础上发展而来的，至少在我认为，它对我们还是十分重要的。不但对我们文学的发展十分重要，即使对我们的社会发展也是十分重要的。时至今日，我们的社会和我们的文学仍在大起大落中颠簸着。我们缺少韧性，我们缺少崇高悲剧中那种理性精神和意志力量。我们希望一切都在没有任何牺牲的条件下得到，一切都在不必艰苦努力的条件下取得。在任何一个社会领域中，都是才子多于战士，呼唤多于实干，真货少而假货多。崇高悲剧观念恰恰是医治这种国民性的良药。

原载《中国文化的守夜人——鲁迅》，王富仁著，人民文学出版社2002年版

文学真实论

一、真实性作为一个文学的核心命题的出现与现实主义文学的兴盛

在中国现当代文学发展史上，文学真实性的问题是伴随着西方现实主义文学的影响而成为我们文学理论中的一个核心命题的。中国新文学的发生是在20世纪初年，而在那时，西方现代主义文学刚刚发生不久，在其内部还是流派众多、旗帜林立的，不论在其实际的文学创作成就上，还是在西方读者的阅读感受中，它还不是一个足以与19世纪现实主义文学相媲美的统一而又强大的文学潮流，而西方的现实主义文学则经历了近一个世纪的发展，已经取得了为西方文学史家、文学理论家乃至整个社会所注目的巨大文学成就。中国新文学作家，是以输入西方文学以革新中国固有的文学传统为己任的，所以不论他们自身的思想倾向和文学倾向是什么样子的，但在理论上，绕来绕去都无法绕开西方现实主义文学以及在西方现实主义文学基础上发展起来的现实主义文学理论的命题。文学的真实性问题也就作为现实主义文学理论中的一个核心命题成为中国现代文学理论的核心命题之一。

只要我们将文学的真实性的问题纳入现实主义文学及其理论的范畴中来考察，我们就会知道，在我们中国现当代文学史上常常谈论的"真实性"的问题，实际并不是"文学"的"真实性"的问题，而是"现实

文学真实论

主义"的"真实性"的问题。也就是说，我们经常说的"文学的真实性"，并不包含在"文学"的本质属性的内部，而只是"现实主义文学"的"现实主义"的质素，是决定其是不是"现实主义"文学的标准。它包含在"现实主义文学"的定语"现实主义"中，而不包含在"现实主义文学"的中心语"文学"中。

现实主义的"真实性"意味着什么呢？现实主义的"真实性"意味着现实主义文学的文学题材的特征以及作者处理文学题材的方式和方法——我们常常称之为"创作方法"。严格说来，现实主义文学是以描绘社会现状及其历史变动为基本文学题材的文学，它既是作家对现实社会人生及其历史变动的感受和体验，满足的也是读者感受和体验现实社会人生及其历史变动的趣味和要求。这就决定了现实主义文学文本的特征。现实主义文学的文本是以现实社会生活及其历史变动为基本素材的，是以真实地呈现现实社会生活的状貌及其变化为特征的。它通过艺术的想象不是将读者引领到离现实社会人生更远的主观想象的世界之中去，而是通过艺术的想象将读者更深地引领到现实社会人生之中去，使他们亲身感受和体验自己在其个体的狭隘的日常生活中所无法亲身感受和体验到的更广大或更内在、更复杂的现实社会人生。正是在这里，产生了现实主义文学对"真实性"的要求。这个真实性既是在文本的艺术描写与现实社会人生的状貌与特征的对应关系中呈现出来的，也是在读者的感受和体验中呈现出来的，是在读者的阅读感受与现实社会人生感受的对应关系中呈现出来的。不难看到，正是在这种"现实主义的"要求中，"真实性"才作为一个不可或缺的关键因素进入我们的文学观念之中，并且成了一个具有无限衍生能力的文学元命题，使文学的理论也具有了严格的科学的性质，特别是社会科学、人文科学的性质。

现实主义文学对"真实性"的这种特殊要求，并不是多么难以理解的，只要我们回到西方现实主义文学发生和发展的过程之中去，它的内涵便立即像孔雀展屏一样向我们热情地展露开来。西方现实主义文学作为一个文学潮流兴盛和发展的时期，也正是西方资本主义像一支无形的魔棒将西方资产阶级从地底下呼唤出来的时候。它不但广泛而深入地改变着人类的社会思想（我这里所说的思想是包含人的直感、直觉、情感、情绪、思想、意志、愿望和理想等多种因素在内的人的整个主观世界),而且也广泛而又深入地改变着人类的社会生活本身。正像马克思、恩格斯在《共产党宣言》中所说:"资产阶级在它已经取得了统治的地方把一切封建的、宗法的和田园诗般的关系都破坏了。它无情地斩断了把人们束缚于天然生长的形形色色的封建羁绊,它使人和人之间除了赤裸裸的利害关系,除了冷酷无情的'现金交易',就再也没有任何别的联系了。它把宗教的虔诚、骑士的热忱、小市民的伤感这些情感的神圣激发,淹没在利己主义打算的冰水之中。它把人的尊严变成了交换价值,用一种没有良心的贸易自由代替了无数特许的和自力挣得的自由。总而言之,它用公开的、无耻的、直接的、露骨的剥削代替了由宗教幻想和政治幻想掩盖着的剥削。""资产阶级抹去了一切向来受人尊崇和令人敬畏的职业的灵光。它把医生、律师、教士、诗人和学者变成了它出钱招雇的雇佣劳动者。""资产阶级撕下了罩在家庭关系上的温情脉脉的面纱,把这种关系变成了纯粹的金钱关系。"[1]……资产阶级用自己"没有良心的贸易自由"改变了欧洲的社会,从而也使欧洲社会在每一个具体的人面前陌生化了,成为人们希望感受和体验的对象,亦即成为艺术表现的对象。可以认为,在人类历史上,几乎只有这个历史时期,"社会"才是作为一个有着超越于任何一个人的主观愿望和要求而又有着上帝一般的绝对权力和意志的朦胧整体而出现的,其中充满了各种偶然性,充满了各种难以预料的人、人的性格、人的经历和人的命运,但所有这些偶然性又似乎最终完成了一个必然性——社会的必然性、社会历史的必然性。在现实主义文学之前,文学家们是以包围着他们的自然环境或社会历史上那些贵族英雄为其表现对象的,而到了现实主义时代,"社会""社会的历史"才成为文学家们自觉表现的对象。"法国社会将要做历史家,我只能当它的书记,编制恶习和德行的清单,搜集情欲的主要事实,刻画性格,选择社会上主要事件,结合几个性质相同的性格的特点揉成典型人物,这样我也许可以写出许多历史家忘记了写的那部

---

[1] 马克思、恩格斯:《共产党宣言》,载《马克思恩格斯选集》第1卷,人民出版社,1972,第253—254页。

文学真实论

历史,就是说风俗史。"①巴尔扎克的这篇《〈人间喜剧〉前言》几乎可以说是欧洲现实主义文学的宣言,它所说的实际只有一句话:现实主义作家要成为记录人类历史的书记员,这部历史不是由少数贵族英雄人物创造的政治史,而是人类社会每一个成员都参与其中的风俗史。在这时,文学的题材便开始了有意识的变化,而与这种文学题材的变化相对应的文学体裁的变化则是,小说,特别是长篇小说逐渐取代诗歌而成为在欧洲文学中占主导地位的文学体裁。

在浪漫主义时代,文学的题材是被作家的主观愿望、主观感情所驾驭的,是为表达作家的主观愿望、主观感情而存在的,读者通过浪漫主义的文学作品所要感受和了解的主要是作家这个人、这个人的主观世界、这个人的主观愿望和主观感情,一首浪漫主义的爱情诗只要能够感动读者就是一首优美的爱情诗,它并不需要读者像了解薛宝钗和林黛玉那样了解作者所爱慕的对象。但在现实主义文学作品中,作家个人的愿望、个人的情感变得并不那么重要了,不论是对于作者,还是对于读者,感受、体验,并在这种感受和体验的基础上认识和了解身外的"社会",这个由形形色色的人和形形色色的人的命运构成的"社会",成了第一位的。"读者"直接关心的不再是"作者",不再是作者的理想、作者的思想感情,而更是"作者"看到了什么,是"作者"眼中的"社会"以及由这个"社会"所铸造的人与人的命运。在这时,"社会"被"客观化"了,这个"社会"上的人也被"客观化"了。这个"社会"是独立自足的,是有自己的独立意志和发展趋向的,这个"社会"上的人也各自有各自的处境和条件,各自有各自的欲望和要求,因而也各自有各自的命运和前途。不难看出,正是在这里,"真实性"成了现实主义文学描写的主要特征。文学描写应该是"真实的",应该"像"读者所实际看到的那种"样子",不能是作家的杜撰,不能是作家的凭空想象,而应当与外部的世界、外部的社会有着直接的对应关系。

正是因为现实主义文学的"真实性"是其定语"现实主义"的质素

---

① [法]巴尔扎克:《〈人间喜剧〉前言》,载伍蠡甫主编《西方文论选》下卷,上海译文出版社,1979,第168页。

而不是其中心语"文学"的质素,所以我们通常所说的文学的"真实性"(实质是现实主义文学的"真实性")就具有了科学的性质,特别是社会科学、历史科学的性质。它的科学性质,同时表现在作者的创作和读者的接受两个方面。从作家创作的角度,作家是以类似于科学家,特别是社会科学家和历史科学家的态度对待现实社会及其历史发展的。巴尔扎克在谈到自己的《人间喜剧》的时候,首先谈到的是当时那些杰出的科学著作对自己的启发。他在列举了一大串哲学家、物理学家、生物学家、博物学家、动物学家、植物学家、解剖学家、古生物学家的名字之后说:"布封想写一部书讲述全体动物,他完成了一部卓越的著作,我们不是也该替社会写一部这类的作品吗?但自然给动物的千殊万类安设了一些界限,社会却毋须囿于这些界限之内。当布封描写狮子的时候,他用三言两语把母狮讲完了;可是在社会里,女子不一定总是男性认为适合的妻子。一对夫妻里面,可能有两个完全不相同的人。商人的妻子有时堪做国王的配偶,而国王的配偶往往比不上艺术家的妻子。社会环境有着一些自然界所不允许的偶变,因为社会环境是自然加社会。单拿两性来说,社会类别的描写应当比动物类别的描写多一倍。总之,动物彼此之间,惨剧很少,混乱也不常发生;它们只是互相角逐,没有别的。人们也互相角逐,可是他们或多或少的智慧把战斗弄得特别复杂。虽然有些科学家还不愿意承认兽行借一道浩瀚的生命之流涌进人性里面,不过杂货商人肯定可以成为法国元老,而贵族有时会沦落到社会的最底层。再说,布封觉得动物的生活非常简单。动物用具少,既无艺术,也无科学;同时人却根据一种尚待探讨的法则,习于把他们的风俗、思想和生活都在一切为了满足自己需要而设的东西里面表现出来。吕文奥厄克、斯万迈尔谭、斯巴兰查尼、莱奥缪尔、穆勒尔、哈莱尔,以及其他勤勤恳恳的动物志家虽然证明了动物的风习是十分耐人寻味的,不过,每只动物的习惯,至少在我们看来,在任何时代都经常是相同的;可是,国王、银行家、艺术家、资产者、教士和穷人的习惯,服装,语言,住宅,是完全不相同的,并且随着文明程度的高下而起变

文学真实论

化。"①也就是说，在巴尔扎克看来，人、人类社会，并不像人们通常所认为的那样，是一目了然的，是一望而知的，而是比自然界更加复杂、更加需要研究的客观对象。科学的真理是研究的结果，现实主义的真实性也不是随便一个什么样的人所看到和听到的随便一点什么样的散碎的生活现象，而是现实主义作家从分散的、零碎的、日常的世俗生活现象中发现出来的更具普遍意义的生活场景及其演变和发展。从读者接受的角度说，读者通过现实主义文学作品所读到的，不是在自己狭小的日常生活环境中早已感到厌倦了的那些陈旧的没有任何新意的耳熟能详的生活琐事，而是透过这些日常琐事所获得的新的生活感受和体验，是那些开拓了他的生活视野并丰富了他的生活经验的社会人生现象。正是因为如此，现实主义文学的作用不仅仅限于文学，不仅仅作用于文学自身的发展，同时也有助于对现实社会的认识，有助于自然科学，特别是社会科学、历史科学的研究。总之，现实主义的"真实性"是与科学，特别是社会科学、历史科学的意识相关联的，是以科学的态度观察和了解人类社会及其演变和发展的结果，是文学与科学的联姻，是近代知识分子逐渐普遍化、逐渐强化的科学意识向其文学创作的渗透。在科学的立场上，"真理"的反义词就是"谬误"；在现实主义的立场上，"真实"的反义词就是"不真实"。当一个作者让自己笔下的人物说出了他在现实生活中根本不可能说出的话，做出了他在现实生活中根本不可能做出的事，站在现实主义的立场上，我们就认为它的描写是"不真实的"，是"谬误"的。但在这里，我们也能够看到，我们通常说的"真实性"，只是现实主义的"真实性"，而不是文学的"真实性"，因为并不是所有的文学作品，都必须遵循这里所说的"真实性"的原则。"文学"可以接受"科学"的影响，但接受了"科学"影响的"文学"仍然是"文学"，而不会等同于"科学"。

现实主义文学之所以是文学，不是因为它是"现实主义的"，而是因为它是"文学"的，因为"文学"可以不是"现实主义"的，而"现实

---

① [法] 巴尔扎克：《〈人间喜剧〉前言》，载伍蠡甫主编《西方文论选》下卷，上海译文出版社，1979，第165—166页。

主义文学"却不能不是"文学"的。只要我们以"文学"为本体考察"文学",同时也考察"现实主义文学",我们就会知道:"文学"从来就不是一个"物理的事实"和"社会的事实",而只是一个"文字语言的事实";一个伟大作家创造的不是一个物质的世界,不是一个现实的社会,而只是一个文字语言的文本;读者通过阅读文本进入的文学世界,不是一个可以触摸的物质的世界,不是可以安身立命的现实社会,而是一个用语言文字点亮了的想象的世界、精神的世界。这个想象的世界、精神的世界生成于人的心灵中,而不生成于外部的时空中。读者根本无法带着自己的身体整个地进入这个世界之中去,但可以使自己的心灵完全沉浸到这个世界之中去。在"现实主义"的意义上,亦即在"题材论"的意义上,现实主义作家所描绘的是一个"真实的"世界,是一些"真实的"人,但在"文学"的意义上,在作者和读者的心灵感受中,现实主义作家笔下的世界恰恰不是一个完全真实的世界,而是一个有些虚妄、有些荒诞的世界。在这个世界上活跃着的多数人也不是一些完全真实的人,而是一些被扭曲、被异化了的人。在这个世界上被认为是正常的,在作者和读者的心灵中恰恰是一些不正常的;在这个世界上被认为是不正常的,在作者和读者的心灵中恰恰可能感到是正常的或接近正常的。在这个意义上,我们甚至不能不认为,欧洲现实主义文学不是"真实地"反映了当时的社会,而是像中国那些自称具有特异功能的气功大师一样,用自己"意念的力量"整个地转动了当时的现实社会,使他的读者感受到的不是他们平常感受到的那个现实的世俗社会本身,而是被现实的物质世界深深埋藏起来,长久地沉睡在自己内心深处的人的自然本性,以及借助这种自然本性才能看到的现实世俗社会的另外一种面貌。他们不再带着艳羡的目光注视那些活跃在现实社会舞台上的"当代英雄"们——那些新生的资产者,而以深刻的同情注意到那些被当代资产者挡在身后,平时并不留意,却仍然保留或残存着人性光辉的欧也妮·葛朗台、高里奥老伯这样的人物。在"现实主义"的意义上,我们常常认为现实主义作家通过大量偶然性事件的描写同样揭示了社会历史发展的必然性,揭示了社会历史发展的根本规律,是个性与共性的统一、现象真实与本质真实的统一。而在现实主义"文学"的意义上,我们与其说

文学真实论

现实主义文学揭示了社会历史发展的根本规律，不如说他们是在用自己的精神的臂膀抗拒着外部物质世界发展的根本规律；与其说他们描写了当时社会历史发展的必然性，不如说他们是在用自己文学的描写反抗着外部物质世界的这种必然性。正是在这里，我们感到了现实主义文学的力量，感到了现实主义文学家搏击社会现实的力量。我们沿着现实主义文学的文本给我们照亮的道路进入纷纭复杂的社会关系之中去，但这却不是我们平时用世俗的眼光看到的世俗社会，而是通过人性的眼睛重新发现的另一个世俗的社会；我们平时看到的世俗社会是带有自我完满感。因而也没有人性饥渴的世俗社会，而通过人性的眼睛重新发现的这个世俗社会却是残缺的、充满人性饥渴的世俗社会。我们的视界更加广阔了，但世界的残缺感却愈加强烈了；我们的眼光更加深邃了，但人性的饥渴感却愈加浓烈了。似乎有一条与书中那些"当代英雄"、那些成功的资产者不同的更加人性化的道路呈现在我们面前，催促我们上路，催促我们去跋涉、去冒险，虽然我们看不清这条道路在哪里，通往何方。……所有这一切，都不是从别处生发出来的，而是从文本的阅读中生发出来的，从文本的文字语言中生发出来的。在这个过程中，文本、文本中的语言文字并没有首先转化为物质的实体，并没有首先创造出一个新的现实社会，而是直接进入人的心灵中，将人的心灵激活，释放了人的心灵的创造活力。也就是说，在这个过程中，文本和文本中的文字语言，才是真正的原动力，才是激活人的心灵并使之进入创造过程的原初的力量。没有《红楼梦》，没有《红楼梦》中的语言文字，我们永远产生不出《红楼梦》给我们带来的艺术的想象以及在这个过程中所发生的感受和体验；没有《阿Q正传》，我们永远产生不出对于阿Q的想象以及由此所感受和体验到的一切。它是现实世界之外的另一个世界，它是物质时空之外的另一个时空。在这里，文本、文本中的语言文字，像魔棒一样召唤出了一个新的世界，文学的世界，而不像科学著作那样，只是将自己的认识过程及认识结论告诉给别人，只有在进入生产、社会实践过程之后才转化为思想的力量。现实主义文学仍然是"文学"，仍然是文字语言的艺术，仍然是文学家在人类心灵与心灵之间搭建起的一座精神的桥梁。这种"文学"，才是将巴尔扎克与雨果、普希金与果戈理、李白与杜甫、屈原与鲁迅、鲁迅与拜伦以及中外所有伟大文学家联系为一个整体的"文学"。

综上所述，现实主义文学有着两个相互联系的侧面："现实主义"的文学与现实主义的"文学"。向来的现实主义文学论也是在这两个相互联系的侧面的基础上建构起来的："现实主义"的文学论是在其题材论及其处理题材的艺术方法的基础上建构起来的，在这里，"真实性"的原则以及与"真实性"相关联的"典型论"构成了"现实主义"文学论的主要内容；现实主义的"文学论"则是在人的精神发展的意义上建构起来的，是在文学对现实社会人生的能动关系中得到阐释的，这同时也是评论所有伟大文学作品的方式，是伟大的现实主义文学作品与其他所有伟大文学作品所共同拥有的品质。在这种关系中，文学，其中也包括现实主义文学，向来不是被动的、消极的、庸俗的，跟在现实的物质世界后面亦步亦趋地爬行的。人向环境挑战，精神向物质挑战，人性向现实秩序挑战，文学向社会"规律"挑战，并以此激发人类的精神活力，使其在任何历史条件下都不致趋于萎靡、陷于瘫痪。正是在这样一个意义上，一些理论家并不主要以其艺术的手法定义现实主义文学家，而是以文学对现实社会人生的能动作用定义他们。俄国文学批评家皮萨列夫在其《现实主义者》中说："要成为一个世界著名的诗人，仅仅具有诚实和天生的巨大的才华还是不够的。一个真正的、'有用的'诗人应当知道和了解目前使他的时代和他的人民的最优秀、最聪明、最有学问的代表们发生兴趣的一切。诗人，作为一个热情的、敏感的人，一方面要了解社会生活的每一次脉动的十分深刻的意义，同时也一定要用全力来爱他认为是真、善、美的东西，来恨那妨碍真、善、美的思想获得血肉并变成活生生的现实的大量卑鄙龌龊的勾当。这种爱和这种恨是不可分割地联系在一起的，对于一个真正的诗人来说，它构成并且一定要构成他灵魂的灵魂，构成他整个存在和他整个活动的唯一的、最神圣的目的。'我不是像旁人那样用墨水写作，'别尔内说，'我是用我的心血和我的脑汁写作。'每一个作家都应当这样写作,而且只能这样写作。"①"诗人——如果不是伟大的思想战士,大胆无畏的、无可指摘的'精神武士',像亨利希·海涅所说的那样,便是渺小的寄生虫,用装腔作势的小戏法来取乐别的渺小的寄生虫。中间的道路是没有的。诗人——如果不是能够撼动时代恶势力的大山的巨人,便是在花粉里翻掘的小甲虫。这并不是空话,这是严肃的心理学的真理。"②

二、语言的真实性与言语的真实性

文学是语言的艺术,所以文学的真实性归根到底是语言的真实性。

我认为,要回答"语言"是什么,最简洁的方式就是老子的方式。老子哲学分明隐含着这样一种认识,即人类、宇宙、语言是同时生成并存在的三要素。这三要素在其初始是一体的,老子将其称之为"道"。"道之为物,惟恍惟惚。"(《老子》第21章)"道"是一个恍惚的整体。我们可以称之为"无",也可以称之为"有"。作为"无",它体现的是宇宙初始的状态;作为"有",它体现的是宇宙间万事万物产生的原因。用我们现在的话来说,这个"无"就是"虚无",就是意义和内涵的不确定性;这个"有",就是"存在",就是有其"真实性",就是从其恍惚的整体中能够生成各种不同的具有真实意义和内涵的事物。老子还说,正因为这个恍惚的整体给我们一种"虚无"的感觉,所以我们感到它是玄妙的,感到它是有意味的;而正因为从其恍惚的整体能够生发出各种不同的意义和内涵,所以我们能够产生追寻这些意义和内涵的终极原因的意愿。这里的"有"和"无",实际上都是从"道"这个恍惚的整体中生成出来的,是"道"这个恍惚整体的不同的称谓。也就是说,在这里,"无"也是"有","有"也是"无";"虚无"也是"真实","真实"

---

① [俄]皮萨列夫:《现实主义者》,载伍蠡甫主编《西方文论选》下卷,上海译文出版社,1979,第455—456页。

② [俄]皮萨列夫:《现实主义者》,载伍蠡甫主编《西方文论选》下卷,上海译文出版社,1979,第457页。

也是"虚无";虚虚实实,实实虚虚,极其深邃悠远。深邃中又见深邃,悠远中又见悠远,没有底止,没有尽头。各种神奇美妙的事物就都从其中产生出来。"无名,天地之始;有名,万物之母。故常无欲,以观其妙;常有欲,以观其徼。此两者同出而异名。同谓之玄,玄之又玄,众妙之门。"(《老子》第1章)

老子既然认为人类、宇宙、语言三要素在其初始是一体的,像"无"和"有"一样是"同出而异名"的,因而他所谓的"道"这个恍惚的整体同时也可以从人类、宇宙、语言三个角度感受和理解它,而不论从其中哪一个角度感受和理解它,它实际都是"道"这样一个恍惚的整体,都同时包含着人类、宇宙、语言这三个要素。实际上,从老子的宇宙生成论的意义上,宇宙就生成于人类有了意识的那一刹那,在这时,人类、宇宙与人类借以意识宇宙的"名"(语言)就同时产生了。从人类意识中的"宇宙"的角度,"人类"是包含在宇宙之中的,人类的语言也是包含在宇宙之中的;从具有了意识能力的"人类"而言,"宇宙"也只不过是人类意识中的存在,而"语言"则是人类意识自我和宇宙的形式;从人类称谓自己及其意识中的宇宙的"语言"而言,人类、宇宙也莫不是以"名"(语言)的形式而存在的。正像庄子后来所说的一样,"道行之而成,物谓之而然"(《庄子·齐物论》)。不通过称谓,不通过语言,人类是无法意识到自我与事物的存在的。总之,人类、宇宙、语言三要素,既是宇宙的三要素,也是人类的三要素,同时也是语言的三要素。它们是"同出而异名"的互相包含的关系,而不是可以相互分别、各自独立的关系。

在这里,与我们的论题有直接关系的就是老子的语言观。如上所述,在老子哲学中,"名""语言"只是"道"的另一种称谓形式,在这个意义上,"道"也只是"名"、总"名"。人类、宇宙、语言是"道"的三要素,也是"语言"的三要素。也就是说,"语言"就其本性就不仅仅是"语言",就不仅仅是自己。"语言"不是"语言"的"语言","语言"的"语言"是"语言学",而不是"语言"的本体。正像"宇宙"不仅仅是"宇宙",不仅仅是自己,它包含了人类、人类的语言同时又被人类的意识和人类的语言所包含,"人类"不仅仅是"人类",

文学真实论

不仅仅是自己,它同时包含了宇宙(对于人类而言,宇宙永远只是人类意识中的宇宙)和人类的语言,同时又被宇宙和语言所包含一样,"语言"同时也以自己的形式包含了宇宙和人类,它同时是宇宙的语言和人类的语言,宇宙与人类同时以语言的形式显示其自身的存在。从其发生学的角度,语言作为一个混沌的整体是虚无的,是没有确定的意义和内涵的,但从人类和宇宙的各种各样的信息是通过语言源源不断地生发出来的角度说,语言作为一个混沌的整体又是"有",又是"存在的",又是有其真实性的。我认为,在这里,我们完全可以得出这样一个结论:语言的真实性就是因为从中能够源源不断地生发出人类和宇宙的各种各样的信息,使我们感到人类和宇宙存在的现实性。这也正像老子所描述的"道"那样:"惚兮恍兮,其中有象;恍兮惚兮,其中有物;窈兮冥兮,其中有精,其精甚真,其中有信。"(《老子》第21章)它是"惚恍"的,但"其中有象","其中有物","物"和"象"都是外部物质世界在其中的显现;"其中有精",则是主体意识的产物了,这个"精"虽然是捕捉不到的,但在人们的感觉中则是真实存在的,所以说是"其精甚真"。这个"真"就是真实感,因这真实感,人们就不会怀疑这个混沌整体的真实性,就不会认为它是完全虚妄的、没有意义的,因而它也是可信的。不难看出,老子在这里说的是"道"的真实性,但同时也是人类存在的真实性、宇宙存在的真实性和人类语言的真实性。

我认为,我们完全可以将老子所理解的语言的真实性直接移用到文学的真实性中来。必须看到,小至一首小诗,大至像巴尔扎克的《人间喜剧》、列夫·托尔斯泰的《战争与和平》、曹雪芹的《红楼梦》等长篇巨著,凡是文学作品,都莫不是一个文字语言的整体。就其整体而言,任何一个真正的、优秀的文学作品,莫不是恍惚的,没有十分确定的意义和内涵,没有用几句话就可以概括罄尽的主题思想,是"无",是"虚",是"空",但也正因为它们的这种意义的不确定性、朦胧性,使这样一个文字语言的整体像一块磁石一样吸引着读者,使读者无法将其置之脑后,或者放置到内部理性框架的一个确定的地方,忘却其存在。它们在读者的心灵中是浮游的、活动的,而在其浮游、活动的过程中,会有越来越多的形象浮现出来,也会有越来越多的意义生成出来,并且变化多端，妙意无穷。在这时，读者感到这个语言整体是"有"，是存在，是有其真实性的，是有其确定的意义和内涵的，虽然其意义和内涵仍然无法用理性的语言精确地概括出来，但在感受中却是真实可信的。我们所说的文学的真实性，就是就读者的这种心灵感受而言。有了这种感受，就有文学的真实性，没有这种感受，就没有文学的真实性。它不是用数学公式运算出来的，也不是用物理公式推导出来的，而是用心灵感受出来的。正是在这个意义上，我们说鲁迅的《阿Q正传》是真实的，卡夫卡的《变形记》也是真实的；巴尔扎克的《高老头》是真实的，马尔克斯的《百年孤独》也是真实的。中外古今所有伟大的文学作品莫不是真实的。

在这里，我们需要注意文学的基本构成形式。如上所述，语言不仅仅是语言，不仅仅是它自己，不存在"语言"的"语言"，语言、人类、宇宙自始至终都是三位一体的存在。作为三个语言概念，它们是并立的，但作为它们所意指的对象，则是相互包含的，是老子称之为"道"的恍惚的整体。人类、宇宙、语言，是宇宙的二要素、人类的三要素，也是语言的三要素。其实，这里的"语言"完全可以用"文学"来代替，因为作为语言、人类、宇宙三位一体形式而存在的恍惚整体的语言，必然是文学性的，而不是科学性的。科学的语言是在特定的认识目的驱使下被人类重新定义过的语言，是具有完全确定的意义和内涵，因而也不再是一个恍惚整体的语言，它同时也是通过价值中立的原则抽去了人类精神内涵的纯客观的语言。科学语言产生在人类语言发展的较为高级的阶段，是人类对其语言的另外一种形式的改造和利用，而不是人类语言的固有特征。我们有科学意义上的"月（月球）"，也有文学意义上的"月（月亮）"，但前者不是汉语的基本词汇之一，后者才是。与此同时，人类最早的语言文化产品是神话、诗歌，是文学作品，哲学、社会科学、自然科学著作都是在文学得到初步繁荣之后产生的，因而也是在文学语言的基础上依照理性的需要重新构造起来的。语言不仅仅是语言，不仅仅是它自己，文学也从来不仅仅是文学，不仅仅是它自身，而是文学、人类、宇宙三位一体的存在。具体到一部真正的因而也是优秀的文学作品中，则具体表现为语言文本、内在心灵和外部世界三位一体的存在。《红楼梦》不仅仅是人民文学出版社出版的那本书,那个文本,而同时也是内在于曹雪芹的心灵和外在于曹雪芹的世界,这三者不是相互分离的,而是"同出而异名"的,意指的是同样一个恍惚的整体,同样一部《红楼梦》。内在于曹雪芹的心灵具体体现在曹雪芹所描绘的那个外在于曹雪芹的世界中,包括太虚幻境在内的外在于曹雪芹的世界也正是曹雪芹心灵中的世界。在这里,实际是没有内外之别的,是没有心与物之分的,它只是一个整体,而这个整体是可感的,是"有",是"存在",是具有真实性的。正是因为我们从《红楼梦》文本的阅读中能够感到这个整体的"有"、整体的"存在",所以我们也能够感到《红楼梦》文本的真实性。在通常的情况下,我们将我们感到的这个真实的整体称之为《红楼梦》的"内容",而将其文字语言的整体称之为"形式"。但在实际上,这二者也是"同出而异名"的,没有外在于"内容"的形式,也没有外在于"形式"的内容。《红楼梦》永远是以这种三位一体的形式而存在的,它是一个恍惚的整体,但从其语言整体(文本)中又源源不断地产生出形象和意义来。形象是意义的形象,意义是形象的意义,显示着《红楼梦》这部文学作品的意义和内涵,显示着它存在的真实性。

但是,文学的真实性是语言的真实性,而不是言语的真实性。语言是整体的,文学作品的文字语言也是一个完整的语言系统,我们所说的文学的真实性只是这个完整的语言系统的真实性,而不是言语的真实性。什么是语言?什么是言语?如果从语言与言语的关系的角度说,语言就是以整体的形式对大量个别言语实现的超越,言语就是不具有超越性、受到具体意义和内涵的禁锢和束缚的语言。"今天晚上,很好的月光。""救救孩子!"(鲁迅:《狂人日记》)作为言语,都是有特定的内涵和意义的,因而也是有其真实性的,但其真实性仅仅是言语的真实性,而不是语言的真实性、文学的真实性。它们的内涵和意义不是一个恍惚的整体,而是十分具体和明确的,因而也被紧紧地禁锢和束缚在这个十分具体和明确的意义和内涵的内部,既没有自由性,也没有超越性,这两个语句也是彼此孤立、无法联系在一起的。但是,当它们与《狂人日记》中的其他所有作为言语而存在的语句联合成了一个整体,联合成了

《狂人日记》这篇小说，它们就不是或不仅仅是作为言语而存在的个别的、零散的、孤立的语句了，而成了一个语言的整体、文学的整体。这个整体的意义和内涵是恍惚的，是没有用理性的语言能够概括罄尽的十分具体和明确的主题思想的，但也正因为如此，它才不会受到任何理性概括语言的禁锢与束缚，甚至也不受这个文本自身的禁锢和束缚。正像我们遇到了一个从来没有见过的事物，不知是什么，但感到新鲜，感到有趣，情不自禁地希望更加清楚地感受它和理解它，我们面对这样一个语言整体，读完这样一个文学作品，同样也会如此。在这时，也只有在这时，这些作为言语而存在的语句才受到这个恍惚整体的呼唤而重新活跃起来，冲破自身对自身的禁锢和束缚，获得了在这个恍惚整体中游弋并寻找自己新的存在根据的自由性。"今天晚上，很好的月光。"说的已经不仅仅是今天的月光的情形；"救救孩子"的指向也不再仅仅是一次具体的救助活动。它们超越了自身作为言语的存在，超越了自身作为言语的真实性，而汇聚到一个更大的语言整体中，汇聚到整个文学作品的真实性之中，成为一些有无穷意味的语言，彼此之间也建立起了各种不同的有机联系。从"狂人"对月光有了一种异样的感觉到发出"救救孩子"的呐喊，"狂人"经历了一个从"发疯"到"病愈"的完整的病理过程，鲁迅也实现了对启蒙知识分子从"觉醒"到"绝望"的一个完整思想历程的暗示性描写，而所有这些，都属于这个文学作品的真实无伪的内容，绝对不是读者的凭空臆测，也不是作者的空洞的启蒙宣言。这些文字是有超于纸张和油墨的质感的，是有硬度的，有重量的，有色彩的，有气味的，有味道的，不只是一些点、横、撇、捺，一些没有意义和内涵的文字。也就是说，《狂人日记》作为一个文本是真实的，《狂人日记》作为一个文学作品也是真实的。

在这里，我们需要进一步回答的是，自然，文学的真实性是语言的真实性，而不是言语的真实性，那么，又是什么能够将大量作为言语而存在的语句联系为一个语言的整体、文学的整体并从而实现言语对言语的自身超越呢？在这里，我们几乎只有一个答案，即它们是被一个柔韧的、有弹性的、有不同于一般人的独特的世界感受和体验的心灵联系为一个语言的整体或文学的整体的。在这里，我们可以用一个蹩脚的比喻：一个人的心电图是有上下的波动和前后的变化的，但这个上下波动与前后变化的心电图却是同样一个心灵的心电图，因而这个心电图就具有了自己的整体性，也有了自己的真实性，并以其整体性超越了每一个波段的意义和内涵。毫无疑义，每一个文学作品都是一个更加复杂、更加精确的心灵图像，而这个图像则是通过外部世界的图像具体呈现出来的。正是在这里，心灵、世界和语言成为三位一体的存在。

三、现实主义意义上的真实与文学意义上的真实及其反面

老子哲学还向我们显示，人类、宇宙、语言（文学）作为三位一体形式的存在，作为整体形式的"道"的存在，是在人类理性产生之前的事情。在那时，人类还没有任何一种固定不变的文化价值体系，因而也没有任何一个固定不变的文化价值标准将人类、人类的语言（文学）与人类的外部世界绝对分离开来并使彼此的关系凝固化，所有一切都像婴儿感觉中的一切，是浑然不分的，是自然天成的。人类、人类的语言（文学）与人类的外部世界也以自己的形式发生着自然的变化，而不是有意识设计出来的，因而也没有固定的指向性。一个人不会因为贪生怕死而逃避与猛兽的搏斗，也不会因为想当英雄而主动去搏击猛兽；一个人不会因为自己没有吃到葡萄而故意说葡萄是酸的，也不会因为自己吃到了葡萄而故意说葡萄是甜的。人类、人类的语言（文学）与人类的外部世界的这种浑然一体的关系，在人类各个民族的神话传说中仍然能够得到相应的印证。在现实主义的意义上，人类各个民族的神话传说都是"不真实"的，但在"文学"的意义上，人类各个民族的神话传说则呈现着最高程度的真实性，这种最高程度的真实性的具体表现就是人类、人类语言与人类外部世界的浑然一体式的存在。它们像一个鸡蛋一样自成一个独立的有生命的宇宙，它们存在的根据全部包含在它们自身的内部，而不需要引入外部的价值观念和价值标准：人是这样一个世界中的人，世界是这样一些人意识中的世界，语言也是与这样一些人、这样一个世界同体共生的。没有这些神话传说，我们谁也意识不到那时的人类心灵是怎样一种状态的心灵，那时人类意识中的世界是怎样一种形态的

世界。在我们的主观感觉中，它们是那样的恍惚朦胧，根本无法捕捉到它们的中心思想，因为它们就不是为了一个中心思想而被讲述出来的，但在我们的心灵感受中，它们又是那样富有质感，只要你读过它们，你就根本无法将它们从自己的心灵中驱逐出去，它们像一颗颗人造地球卫星一样在你的内宇宙（心灵）中旋转，越是在你的心灵的黑夜里，越能够看到它们的光辉。对于我们，它们是存在的，是"有"，是有其真实性的，我们却不会对它们的真实性提出任何的质疑：我们不会像查户口那样询问女娲的家庭籍贯和出身，我们不会像审查一个社科基金项目那样追问"精卫填海"的可行性，我们也不会像检验一个政府官员的执政方针那样诘问夸父是不是犯有冒险主义、激进主义的错误。所有理性的标准都进入不到神话传说的世界之中去，但它们是真实的，比真实还真实。

　　人类、人类语言（文学）与人类外部世界的脱榫现象并不发生于文学的自身，而是发生于人类理性的诞生。人类理性的诞生，是人类走向成熟的标志，是人类文化进入更高发展阶段的开始，迄今为止人类所创造的包括文学艺术在内的绝大多数文化成果，几乎都离不开人类的理性，但与此同时，它也引发了人类语言、人类文化、人类社会和人类所面对的整个宇宙的持续而又深刻的裂变过程。它分裂了这个世界，将这个世界碎片化，但随后又企图重新整合这个碎片化的世界。实际上，人类理性之所以能够不断推动人类社会的前进，也使人类有了战胜自然、战胜自我的更大的力量，并不仅仅依靠人类理性的自身，而是因为它是在人类、人类语言、人类外部世界三位一体的恍惚整体上显现出来的某些事物及这些事物之间的联系。这些显现出来的某些事物及这些事物之间的联系不能离开人类、人类语言、人类外部世界这个三位一体恍惚整体的背景，正像闪电离不开阴霾的天空，波浪离不开浑融的流水一样，离开这个恍惚整体的背景，它们的意义和价值立即就会蒸发得无影无踪。人类理性的进步几乎仅仅表现在那些原创性的哲学家、思想家和科学家那里，因为只有在他们那里，人类理性才是在人类、人类语言、人类外部世界三位一体的恍惚整体背景上显现着事物以及事物之间的联系，并使他们对人类、人类语言、人类外部世界三位一体的恍惚整体具有了某些主动性。例如，在马克思那里，马克思主义的阶级斗争学说绝不是人类社会及其历史演变的本体与全体，而是他在人类、人类语言与人类外部世界的恍惚整体及其历史演变过程中发现出来的一个像大海中的旋流那样的运动形式，并且能看到这种运动形式不断变化的形态。在这时，他用他自己的著作和言论，通过对部分人的影响而影响到它的变化与发展，表现出他对人类历史的某些主动性。但马克思绝对不是一个纯粹理性的人，他的思想也绝对不仅仅是他理性思维的成果，因为他所面对的是一个远远比他的思想更加复杂、更加缺少稳定性的世界，他是在调动了自己的直感和直觉，调动了自己的情感、情绪和意志的全部智能之后才在一种近于偶然性的"出走"中（他原来是一个小黑格尔主义者）获得了自己的"马克思主义"的理性自觉的。他看到了别人没有看到过的事物，他发现了别人没有发现过的真理，他创造了别人没有创造过的言语，但所有这些都是在人类、人类语言、人类外部世界三位一体恍惚整体的背景上发现出来的。他像所有那些原创性的哲学家、思想家、科学家一样，是有极高文学素养的人，青少年时期的文学阅读极大地开拓了他的思维空间，并为他后来的"思想出走"提供了可能，他的认识活动与他的生活实践、精神活动是相互纠缠，同步发展的。但在所有这些原创性的哲学家、思想家、科学家之后，除了极少数同样从事着原创性工作的人，绝大多数人却不必在人类、人类语言与人类外部世界三位一体的恍惚整体中进行茫然无所归的盘旋，更不必绕道文学，通过文学的阅读开拓自己的思维空间。他们更多的是直接捡起那些原创性的哲学家、思想家、科学家的理性结论，直接接过他们创造的理性言语，并用所有这一切构成了他们的"思想"、他们的言语和他们的外部世界的观念，并且这也构成了人类教育的本质特征及其运作方式。教育的根本特征就是将受教育者还没有直接心灵感受的大量知识预先输入到受教育者的记忆之中去，并主要用这些知识构成受教育者的思维结构，决定着受教育者此后知识的选择与接受。教育的发展使人类迅速理性化，理性化了的人类满脑子是"理性"，并依靠自己的"理性"将自己原本少得可怜的心灵感受和体验本能般地排斥在自己的"思想"之外。他们较之原始人更加惧怕自己的欲望、情感、情绪、意志和主观愿望，惧怕在自己身上和心灵中发生的一切冲动，唯恐这些"杂乱无章"的东西干扰了他们"正常的"思维程序和"正常的"生活道路。他们成了对人类、人类社会、人类语言以及对人类所生存的外部宇宙空间极少感觉和极少感情的人，他们是依照那些原创性的思想家已经证明了的"真理"观察、了解和评价世界的，他们将整个世界甚至包括他们自己都推出了自己的心灵，成了他们的"对象"，成了一些"不以自己的意志为转移"的"客观"事物，从而也凝固在自己的观念中。但也正因为如此，他们的心灵、他们的语言、他们心目中的世界就像一座干裂了的土山一样逐渐碎裂，成为收拾不起来的碎片和粉末。这里的原因是极其明白的，因为将迄今为止人类所证明了的所有理性认识加在一起都无法构成一个完整的心灵、完整的语言和完整的外部世界，它们从来都是以碎片化的形式存在的。这种所谓的"理性认识"首先抽掉的是自我的直感感觉和心灵体验，抽掉的是自己的一颗不断变化着的活心灵，而一旦抽掉了这一切，整个世界和整个人类的语言就都成了没有色彩、没有韵律、没有立体感，更没有自身存在的价值和意义，因而也没有任何有机联系的无数杂乱堆积的碎片。在这个碎片化的世界上，人类总是力图用理性将世界重新整合在一起，但理性整合的语言只能是抽象化的语言，这些抽象化的语言像一条条麻袋一样将知识的碎片分类装在一起，并以为实现了对这些碎片的整合。但这种整合方式不但起不到任何实际的整合作用，而且连这些碎片自身的意义也被严密地遮蔽起来。这在理论上好像是极难想象的，但在理性崇拜的时代却是极为常见的现象。例如，当我们在文艺理论教科书上知道了"文学是语言的艺术""文学是人学"的时候，我们便感到已经知道了什么是文学，便感到永远可以用这些定义评价所有的文学作品，但在实际上，正是这些文学的定义，将文学严密地遮蔽起来，使很多人不再用自己的心灵感受和体验一部部具体的文学作品，更不想用自己的心灵感受和体验能够具体呈现这些文学作品价值和意义的整个人类社会及其历史的演变和发展，而只像土地丈量员一样拿着尺子去丈量文学。文学被他们的尺子挡在了他们心灵的外面。

理性，结束了人类的文学时代。在西方，产生苏格拉底、柏拉图、亚里士多德之前的时代是古希腊神话传说、荷马史诗、古希腊戏剧的时代；在中国，老子、孔子之前的时代是神话传说、《诗经》的时代。在此前，人类理性的萌芽是包含在文学之中的，文学是人类的集体智慧和集体财富；在此后，文学是被包含在人类理性之中的，文学成为个人的创造，而理性则是人类社会的公共语言和公共秩序，文学只有当纳入特定的理性思维框架之后才会被人类社会所接受。人类理性像一张奇大无比的网，将所有社会成员网络于其中，使人类社会成为一个"统一的"社会，使人类的文化成为一种"统一的"文化，正式结束了人类所谓的"蒙昧时代"（与"文明时代"相对举的"蒙昧时代"）和人类的"无政府状态"（与"有政府状态"相对举的"无政府状态"）。但在实际上，即使在人类发展的全部历史上，理性也仅仅是人类智能的一种表现形式，理性语言更是一种被人类高度简化、高度抽象化了的语言形式。人类理性以自己的形式有限地体现了人的欲望，人的直感感受和印象，人的感情和情绪，人的意志、愿望和理想，但也在更大的程度上遮蔽了它们，而在社会分化、阶级分化日趋严重的人类历史上，社会理性则往往只是那些在社会上拥有话语权并有实际的政治经济权力保护自己的话语权的部分人的凝固了的思想和愿望。时至今日，我们学院知识分子所从事的仍然是不断完善和加强这样一套社会理性网络的工作，但这个网络却永远不可能成为完美无缺的网络，因为它根本不符合人的（每一个人的）变动不居的多样化的心灵需要。

人类理性时代的文学，一般说来，都有如下两个主要特征：其一是个人性。在此前，最伟大的文学通常不是由个人创造的，即使用个人的名字命名的，或经考证能够确定其为某人所作的，如荷马史诗，如《诗经》中的许穆夫人的诗，直至古希腊三大悲剧家和三大喜剧家的作品，都不以"个人性"为其基本特征，因为我们感觉不到作者要用个人的意志和愿望影响整个人类以及人类生活的意图。但到了人类理性的时代，最伟大的文学几乎莫不是由个人创造的，并且莫不具有影响人类与人类社会生活的意图，至少希望有更多的人对自己抱有真诚的同情和了解。其二是理性深度。尽管文学作品并不直接服务于任何一个实利主义的理性目的，但这个时期的伟大文学作品却无一不具有其理性的深度。像屈原，像陶渊明，像李白和杜甫，像曹雪芹，像鲁迅，即使在中国思想史上也不乏自己独立的价值和意义。像但丁，像莎士比亚，像拜伦，像雨果，像巴尔扎克，像歌德，像列夫·托尔斯泰，像陀思妥耶夫斯基，像卡夫卡，像萨特，像马尔克斯等外国作家，也莫不如此。必须看到，人类理性时代的文学家、特别是那些最伟大的文学家，无不是曾经有过高尚的理性目标的，是曾经像当时多数受过良好教育的人一样对当时时代那些最优秀的思想成果怀抱过殷切期望的，因为人类一经进入理性的时代，人类的社会生活一经有了一个普适性的构成方式并因此而为社会上的每一个人制定了固定的社会规范和思想规范，单纯的自然性就不再是左右一个人精神发展的决定性力量了，这就是为什么阿Q没有接受过系统的文化教育而其思想却无往而不合于圣经贤传的原因。自然性是柔韧的，在没有任何外部社会强制力量的干预下，人的自然性可以表现为像精卫、夸父、普罗米修斯那样的英雄精神，它体现的是人类的本性，是人类生命的本质，而一旦有了外部社会强制力量的干预，自然性就会像流水一样不能不接受堤坝和河道的束缚与限制，从而流向外部社会强制力量要它流向的方向，它体现的是外部社会强制力量的意志和愿望，而不是流水自身的意志和愿望。在人类理性的时代，只有那些具有更高尚的理性目标的人，那些对当时时代最优秀的思想成果怀抱着殷切期望的人，才有可能在自我精神的深处产生出一种力量，一种精神的力量，一种意志的力量，从而使其不受任何外部社会强制力量的禁锢和束缚，从而使自己的心灵成为独立自由的心灵。这种力量是在特定个人的精神中产生的，所以人类理性时代的文学，特别是那些最伟大的文学，不是全人类性的，而是个人性的；不是纯粹自然性的，而是精神性的。必须指出，在人类理性的时代，这种高尚的理性目标，这种对当时时代最优秀的思想成果的殷切期望，是在人的青少年时代就能够在社会教育中接受过来的，它们赋予他们童贞心灵以第一个，也是最鲜明的一个理性的形式，特别是当时多数受过良好教育的知识分子，就更是如此。但是，当他们实际地进入现实社会，当他们在现实社会不能不首先面对自我的物质性的生存需要，这些高尚的理性目标就不能不显得虚妄与空洞了。直至现在，我们仍然感到金钱和权力是实实在在的，而理想和愿望则是空洞无物的。如上所述，在这时，外部的世界已经是一个碎片化的世界，

文学真实论

其中每一个碎片都有自己的意义和价值，但却都是在这个碎片上的意义和价值，因而也是残缺的、不完整的、易逝的。没有任何一个碎片是完全符合一个人对世界、对社会、对社会人生的理想和愿望的，没有任何一个碎片像当时历史时代那些最优秀的思想成果一样是能够满足一个人的终极性关怀的。在这时，这个碎片化的世界几乎是以不可战胜的力量动摇和摧残着一代又一代青年的理想和愿望，将他们的心灵实利化，而这种实利化的心灵则不能不是碎片化的心灵，不能不是由大量不相连贯的知识碎片构成的。一个碎片化的心灵，面对一个碎片化的世界，而与此两者相应的则是一些碎片化的言语，一些仅仅适应特定场合的特定需要，根本无法收拢在一起并产生出一种超越性的整体意义和价值的言语，不难看出，这就是人类进入理性时代以来各个历史时期世俗社会我们这些绝大多数社会成员的基本文化面貌。人类、人类语言、人类意识中的世界的三位一体的恍惚整体成了我们的一种遥远的记忆，一种在我们的集体无意识中埋藏着的不可实现的潜在愿望和内部冲动。但是，由于种种原因（这些原因是纯属偶然的，不同的文学家有不同的情况），人类理性时代那些伟大的文学家的高尚的理性目标不但没有被这个碎片化的世界所摧毁，反而因为现实世界的碎片化而愈益成为具有实际意义和价值的精神趋向：当多数人在现实物质需求的压迫下越来越实利化，越来越被束缚、禁锢在一个狭小的世界碎片中的时候，他们却越来越感到那种高尚的理性目标对自己的诱惑和召唤，也越来越想挣扎出一个个世界碎片对自己心灵的禁锢与束缚。在这时，也只有在这时，这种高尚的理性目标才在他们的心灵中逐渐清晰地呈现出自己的价值和意义，并成为他们心灵感受中的一系列"事实"，这些"事实"有时通过幻想，有时通过想象，有时通过对现实社会人生的别一种呈现形式具体表现出来，从而完成着对现实世俗社会生活的超越。我们说文学家有一颗敏感的心灵，有一个不安定的灵魂，就是因为他们无法停留在现实世界的任何一个碎片上，就是因为他们不愿接受任何一个碎片上的思想教条和言行规则的束缚与禁锢。但也正因为如此，他们用自己独有的一颗心灵，用自己独立的心灵感受和体验，将所有这些碎片重新组织在自己的心灵里，并赋予了它们与他人不尽相同的价值和意义。他们包容了所有这些碎片，也超越了这些碎片；他们包容了所有这些碎片的意义和价值，也超越了所有这些碎片的意义和价值。他们重建了一个属于自己的世界，但这个世界又是在他们的一种高尚的理性目标的诱惑和召唤下建立起来的，是在对当时历史时代那些最优秀的思想成果的殷切期待中建立起来的，它不是理性的，但却像孕妇包孕宁馨儿一样包孕理性，"其中有精，其精甚真，其中有信"，总使人感到它以非理性的形式体现着一种新的不可超越的理性高度。在这个世界里，心灵、世界、语言重新构成了一个三位一体的恍惚整体：世界，是这个心灵中的世界；心灵，是这个世界的心灵。而语言，则是同时呈现了这颗心灵和这颗心灵中的世界的语言。这个世界不是一个纯粹的现实世界，但也不是一个纯粹的言语世界，在现实社会中，它是"无"，是"空"，仅从"实践理性"的角度，它甚至是荒谬的、"不可理喻"的，但在人的心灵感受中，它却是实实在在的，是"有"，是"存在"，是完全真实的。在这里，我们能够发现，理性时代文学的真实性首先来源于个体人的心灵的真实性。有这样一颗真实的心灵，就有这样一个真实的文学世界，就有这样一个语言整体的真实的意义和价值；而没有这样一颗真实的心灵，这个世界就仍然是一个碎片化的世界，这个言语集体就仍然是一些语言碎片（言语）的杂乱堆积。而这颗心灵之所以能够成为一颗心灵，而避免了理性时代人的心灵的碎片化趋势，则是因为它始终是以一个崇高的理性目标为指归的，是因为这个崇高的理性目标赋予了他一种精神的力量，一种做人的尊严，也赋予了他抵御各种细碎的实利性目标对它的干扰和侵害。这个实利化、碎片化的世界没有粉碎他的心灵，没有使他的心灵完全屈服于它的实利化的原则，没有使他的心灵被禁锢在一个或数个现实世界的碎片上，而是他的心灵跨越了这个实利化世界上的各种鸿沟和界限，并将这个碎片化的世界重新组织在自己的心灵里（不是用自己的忍让和宽容，而是用自己各种不同的具体而微的心灵感受），而语言则是这样一个心灵的呈现方式。

上述所有这一切，我们都可以从我国第一个伟大诗人屈原及其作品中得到印证。"帝高阳之苗裔兮，朕皇考曰伯庸。摄提贞于孟陬兮，惟庚寅吾以降。皇览揆余初度兮，肇锡余以嘉名，名余曰正则兮，字余曰灵均。纷吾既有此内美兮，又重之以修能。……"（屈原：《离骚》）在这里，屈原使我们清楚地看到，当时的人类已经摆脱了原始的蒙昧状态，已经形成了相对固定的关于"人"、关于"人"的道德品质的价值观念和价值标准，已经有了关于人的崇高与卑劣、正义与邪恶、美与丑、高洁与龌龊的相对明确的理性上的区分，正是因为屈原从幼年起便接受了当时这种社会理性的多方面的暗示，所以才有了对自我、对人生、对整个人类社会的高远的理想和心灵的期待。他不是没有思想，没有理想，没有崇高的理性目标，因而也没有任何社会责任感的完全世俗化的人，不是一个趋炎附势、随波逐流、追名逐利、欺上瞒下的势利小人，不是对当时人类那些伟大的思想成果漠然无所感觉的人，恰恰相反，正是因为他在进入实际的现实社会人生之后并没有放弃自己这些高洁的人生理想，正是因为他对当时人类那些伟大的思想成果始终抱有由衷的向往和殷切的期待，所以他才有了一种与当时绝大多数人迥然不同的感受世界、感受人生的方式，并以这样的方式积累了自己的人生感受和人生体验。但是，这些人生感受和人生体验却并不像那些原创性的思想家所论说得那么直接和单纯，因为所有那些原创性的思想家都是在自己特定的人生境遇中建立起自己的思想理想的，都是抹杀了特定个人的特定境遇之后做出的一些普适性的劝谕，这到了任何一个特定个人的特定人生境遇中就都发生了根本性的变化，使这种看来异常单纯的思想转变成异常曲折的心灵历程和异常复杂的心灵感受，并且在这个心灵历程的任何一个瞬间都不会得到直接、完整的体现。也就是说，在原创性思想家那里的任何一个单纯的思想结论，到了一个人的生命途程中，都是作为一个十分曲折的心灵历程和十分复杂的心灵感受而得到实际的体现的，并且越是忠于这样的思想信仰，其心灵的感受就越是复杂，其心灵的历程就越是曲折。在那些原创性的思想家那里，十分曲折的心灵历程和十分复杂的心灵感受，具体转变成了十分单纯的思想概念，而在原创性的文学家这里，原创性思想家的十分单纯的思想概念则以完全不同的形式回归为十分曲折的心灵历程和十分复杂的心灵感受。思想被融化了，已经无迹可求，倒是那些以现实实利的态度对待那些原创性的思想家的思想学说的人，才会将其原封不动地保留在自己的话语中，但他们的心灵却也被这样一些思想的教条和理性的言语严密地覆盖起来。在这个意义上，我们完全可以说，屈原的《离骚》是以对自己思想信仰的虚幻感受显示了自己思想信仰存在的真实性及其坚定性的。他的《天问》则向我们显示，在人类进入理性的时代之后，人类过往所有的神话与传说都被实践理性转变成为人类关于自己以及关于自己历史的"知识"，而一旦离开人类的心灵感受而将这些神话传说作为纯粹的客观知识，这些神话传说就死去了，并且成为一个个虚妄不实的知识的碎片。恰恰通过屈原对所有这些知识碎片的虚妄性的精神感受和公开质疑，这些碎片才重新构成了一个恍惚的、神秘的、不可穷究但却具有真实感的"天"，而所有这些神话传说也只有在这样一个恍惚的、神秘的、不可穷究但却具有真实感的"天"中，才成为老子所说的"其中有象""其中有物"的"象"和"物"，才重新获得了自己真实的生命。"惟灵均将逝，脑海波起，通于汨罗，返顾高丘，哀其无女，则抽写哀怨，郁为奇文。茫洋在前，顾忌皆去，怼世俗之浑浊，颂己身之修能，怀疑自遂古之初，直至百物之琐末，放言无惮，为前人所不敢言。"[①]在这里，鲁迅分明是在屈原心灵的真实性和崇高性中看取屈原作品的真实性及其存在的价值和意义的。

四、只有被心灵直感到的真实性才是文学的真实性

在原创性的思想家那里，人类的理性是不可能脱离过往时代积累起来的大量文学成果的。不通过这些文学成果，那些原创性的思想家不可能将自己的文化视野拓展到具有整体规模的宇宙空间或人类社会空间，也不会使自己的思想带有整体的世界观、社会观和人生观的性质。与此同时，进入人类理性时代之后的原创性的文学家，是不可能脱离当时历史时代已经积累起来的那些伟大的思想成果的。没有这些思想成果，那些原创性的文学家的心灵就没有文化价值观念的强力支撑，在实践理性原则已经成为一个社会强固有力的传统的情况下，就不可能冲破自我狭

[①] 鲁迅：《坟·摩罗诗力说》，载《鲁迅全集》第1卷，人民文学出版社，1981，第69页。

文学真实论

小生活空间及其现实实利关系的禁锢和束缚，将自己的心灵解放出来，获得较之一般人更大的思想自由。这就构成了人类理性时代文学与思想、艺术思维与科学思维的相互连带的乃至互动的关系。但是，在人类理性的时代，这种相互连带的乃至互动的关系仅仅是无形的、偶发的文化现象，并且主要发生在那些可遇而不可求的原创性思想家和原创性文学家的身上，而在更多的情况下，人类理性对人类文学、科学思维对艺术思维的压迫和禁锢则是常见的，大量的，在一定程度上又是必然的事实。这是由理性时代人类社会日常生活的基本性质所决定的。

人类理性的产生从根本上改变了人类的生活，带来了我们常常认为的人类社会的巨大进步，但我们却常常忽略了人类理性的产生是在国家产生之后，伴随着国家政治经济权力的需要而产生、而发展的。在人类的历史上，国家像人类的理性一样，第一次赋予了人类社会生活以整体的性质，但也像人类理性一样从根本上分裂了人类的生活，将浑然一体的人类分为各种不同的阶级、阶层、集团和各种不同的等级。我们看到，不论是在西方，还是在东方，那些原创性的哲学家、思想家、科学家都是与国家的社会生活需要紧密联系在一起的，并且是从国家的高度（整体的高度）感受、思考、认识人类社会生活的。老子、孔子、韩非子是这样，苏格拉底、柏拉图、亚里士多德也是这样。国家在社会实践的层面将人类组织在一起，那些原创性的哲学家、思想家、科学家则从国家赋予社会的整体性的角度开始思考人类的社会生活，国家是依靠政治经济的权力将人类组织成一个整体的，所以那些原创性的思想家不论从何种角度思考人类的社会生活，都无法从根本上摆脱国家政治经济权力对人类社会生活的组织作用，虽然他们是站在纯粹理性的高度感受、理解和思考这种组织作用的。在人类理性的时代，包括革命理性在内的人类理性的最终指向，不论其实际的结果如何，就其本质趋向而言都要实现与国家社会生活的直接结合，都要在国家的社会生活中起到整体的制衡作用，并实际转化为一般社会民众的生存方式和生活方式。否则，这种话语就不会被认为是理性的。也就是说，理性的话语是需要权力支撑的话语，是在特定范围内可以具有霸权性质的话语，不但传统专制主义话语可以拥有霸权，即使当代自由主义的话语也可以拥有霸权（在西方、自由主义的经济理论归根到底仍然是一种国家主义的经济理论,任何一个具体的人或具体的企业都不可能仅仅依靠自由主义的经济理论而获得个人所希望获得的经济利益,但他们又不能不接受国家自由主义经济政策的限制和束缚)。人类理性时代人类社会日常生活与原始时代人类日常生活的根本差别就在于,人类理性时代人类社会日常生活是依照当时社会占统治地位的思想组织成为一个整体的,因而这种思想在社会民众的日常生活中也是拥有显的或潜在的权力的思想。这就为理性话语的传播提供了最广大的社会空间。在中国古代,连不识字的老百姓都不能不使用"仁、义、道、德""忠、孝、节、义"这些儒家的思想概念,因为这些思想概念在他们的实际社会生活中是具有权威性的,是拥有实际权力的,也是具有实际生活内容。鲁迅《祝福》中的祥林嫂嫁了两个丈夫,鲁四老爷连她上祭礼的资格都取消了,这使"节"这个理性的、抽象的、人为的,在原始社会根本不可能具有实际意义的思想概念就拥有了无可争辩的真实内涵,成为决定着中国古代妇女人生命运的实际社会力量。我们看到,人类理性在其具体的运作中总是带有循环性质的,是可以团团打转的,而它之所以能够团团打转,则是因为它本身就是拥有权力的一种语言:当社会赋予某种理性认识以"绝对真理"的性质之后,这种认识在特定范围中就拥有了自身的权力,甚至可以成为话语霸权,使任何一个在有意或无意间违背了它的意志的人受到这样或那样的惩罚,而正是这种惩戒作用将其首尾连接起来,并且进一步证实了它的"有效性""真理性"。在理性思维过程中,我们常常说"事实证明……"实际上,当人们不再将一个"真理"视为"真理"的时候,也就是说,当一种"真理"不再拥有自身的权力的时候,单纯的事实是证明不了什么的:人们有从各种不同的角度解读同样一个事实的可能。——在人类理性的时代,人类理性正是依靠这种团团打转的性质,迅速改变了社会民众的现实生活,使广大社会民众不能不在上层统治阶级为自己设定的大量思想怪圈中生活。在这个意义上,人们说"人无往而不在缧绁中",并不是没有道理的。

如上所述,那些原创性的哲学家、思想家、科学家是不会从根本上否定文学的存在价值和意义的,但即使他们对文学价值和意义的肯定,

文学真实论

也是从他们的思想立场出发的。也就是说,他们用自己的理性包容了文学,但也用自己的理性规定了文学。我们不必怀疑他们对文学作品心灵感受的真实性,从孔子到孙中山,从苏格拉底到黑格尔,即使作为文学批评家,也是值得我们深入研究的,但只要把文学放到他们整体的理性思维的框架之中,文学就不能不成为他们整体思维框架的一个环节、一个部分,并且受到其他构成成分的制约和限制。这是在文学向理性思维对象转换过程中不能不发生的性质转化。在中国历史上,第一个赋予"诗"以崇高的社会地位的不是诗人自己,而是作为伟大思想家的孔子。孔子对文学艺术是有很强的艺术感受力的。"子谓《韶》,'尽美矣,又尽善也。'谓《武》,'尽美矣,未尽善也。'"(《论语·八佾》)"子在齐闻《韶》,三月不知肉味。曰:'不图为乐之至于斯也!'"(《论语·述而》)"师挚之始,《关雎》之乱。洋洋乎,盈耳哉!"(《论语·泰伯》)……所有这一切,都说明孔子对文学艺术是有很强的感受力的。他对文学艺术的社会作用也有很高的评价。他说:"诗,可以兴,可以观,可以群,可以怨。迩之事父,远之事君。多识于鸟兽草木之名。"(《论语·阳货》)"不学诗,无以言。"(《论语·季氏》)"兴于诗,立于礼,成于乐。"(《论语·泰伯》)但是,他的"诗"的评价标准,却不是从诗人与其读者的一般关系出发的,而是从自己特定的社会理想和思想理想出发的。符合他的思想标准的,就是好诗:"诗三百,一言以蔽之,曰'思无邪'。"(《论语·为政》)"《关雎》,乐而不淫,哀而不伤。"(《论语·八佾》)而不符合他的思想标准的,就是不好的诗。而对不好的诗,他是深恶痛绝之的。他认为"郑声淫",提出要"放郑声"(《论语·卫灵公》),并说自己"恶郑声之乱雅乐"(《论语·阳货》)。我认为,最能说明孔子对文学艺术的态度的,还是下面一句话:"诵《诗》三百,授之以政,不达;使于四方,不能专对。虽多,亦奚以为?"(《论语·子路》)这就将文学艺术纳入现实政治实践的关系中来,并成为实现现实政治目标的工具和手段。实际上,任何一个具有独立思想主张的哲学家、思想家、科学家的文艺思想,尽管表现形式和具体内容各有不同,但却无法从根本上摆脱孔子评价文学的这种基本模式。对他们的文艺思想,我们是无可厚非的。问题仅仅在于,越是那些伟大的文学家、艺术家,越不是依照这些原创性的思想家的理性思维方式进行创作的，他们有他们感受和认知世界的独立的方式，与那些原创性的哲学家、思想家、科学家完全不同的方式，这表现在语言上，就是文学艺术的艺术语言与哲学家、思想家、科学家的理性语言的差异。在任何一个民族的语言中，几乎都有这样两个根本不同的话语系统，二者没有直接的对应关系，是不可能实现互译的。一个好的诗歌翻译家，可以将普希金的诗翻译成汉语，尽管这种翻译会丧失很多的东西，但我们仍然可以认为它是"诗"，并且是普希金的"诗"，但我们却根本无法将孟子的《孟子》和康德的《纯粹理性批判》翻译成"诗"或"小说"。与此同时，正像哲学家、思想家、科学家的著作不是仅仅写给诗人阅读的，文学艺术家的作品也不是仅仅为哲学家、思想家、科学家而创作的，他们可以用自己的思想标准评论文学艺术家的作品，但这种评价却只有相对的合理性，而没有绝对的合理性。更有甚者，理性话语在整体上就是可以复制的，而文学艺术的话语在整体上却是无法复制的。马克思用毕生精力建立起来的马克思主义的政治经济学说，一个大学生经过几年的学习就可以基本掌握，就可以将马克思主义政治经济学的理论话语复制在自己的头脑里。但他们能够复制的是马克思的理论话语，却无法复制马克思的心灵感受，其中也包括马克思对莎士比亚、巴尔扎克、海涅等文学家的文学作品的心灵感受。这在文学的传承中更是如此。有直接传承的"理性"，而没有直接传承的"文学"，孟子直接传承了孔子的仁义观念而成为儒家思想的传人，但却没有任何一个人能够主要通过对《红楼梦》的传承而成为曹雪芹的传人。理性语言的这种直接传承形式，一方面使这些理性话语能够直接被社会所接受、掌握和运用，而另一方面却也对人类的心灵感受——包括孕育了那些原创性的哲学家、思想家、科学家的思想的心灵感受形成严重的遮蔽乃至强大的压抑，使那些有着同样心灵感受的人失落了理性的语言（假若他没有仅仅属于自己的更新的思想发现和理论创造的话），而使用着同样的理性语言的人却没有完全相同的心灵感受。也就是说，在人类理性的时代，迅速普及开来的理性话语在现实社会生活中必然造成人类普适性的认知方式与个体的、具体的心灵感受方式的分裂，而在这种分裂中，人类普适性的认知方式对个体人的具体的心灵感受及其自由表达的遮蔽和压抑则是常见的，大量的，在某种程度上又是必然的事实。

在人类理性的时代，人类的心灵是受到人类理性话语的严重遮蔽和压抑的，但这并不能说明人类的心灵感受是多余的，是可有可无的。从人类理性的角度说，我们往往认为人类的一切都应当纳入人类的理性中加以含化和处理，离开理性规约的人只是一些疯子和傻子，是一些"不正常"的人。但是，只要我们离开理性这个固定的视点，离开在学院文化中自觉不自觉形成的理性崇拜心理，而回到人的本体，回到以个体人为基本存在形式的人的本体，我们就会看到，理性只是人之所以为人的一种质素，而绝对不是人之所以为人的全部质素。人的身体的直感直觉能力以及与此有机结合在一起的心灵感受能力都是在人类理性思维能力正式发展起来很久很久之前就得到了长足发展的两种主要能力。不但人的直感直觉印象是不能被概括的，甚至连人的心灵感受也是无法被概括的，概括起来的心灵感受不是心灵感受，而只是一种抽象的理性概括，正像"高兴"这个概念并不使人感到高兴、"痛苦"这个概念并不使人感到痛苦一样。在人类理性思维框架中，人类的直感直觉印象及其心灵感受似乎是包含在理性思维框架中的一些可有可无的内容，但从人本体的角度，从以个体人为基本存在形式的人的本体的角度说，人的理性认识永远只是人的全部心灵感知中极少部分的内容。人的丰富性主要不是人的理性认识的丰富性，而是人的伴随着心灵感受内容的直感直觉印象的丰富性。在人的一生中，几乎从婴儿时期开始，从其还没有任何理性思维能力的时候开始，就已经开始不间断地积累着自己的直感直觉印象及其心灵感受，其中也包括对人类语言本身的心灵感受。在那时，几乎没有任何事物不是直感直觉及其心灵感受中的事物，"黑"有"黑"的直感印象与心灵感受，"白"有"白"的直感印象与心灵感受，一条毛毛虫可能伴随着一阵惊吓，一个布娃娃则有着无限的亲切。在那时，"爸爸""妈妈"表示的并不主要是人伦的关系，更不是实际的社会权利和义务，而是这两个人在儿童心灵中构成的不断变化、不断丰富着的直感直觉印象的整体，一个儿童与其父母的情感联系也是伴随着这样一个不断变化、不断丰富着的直感直觉印象的整体而生成，而变迁的，只要没有特殊的例外，这种感情在无意识的状态下也会逐渐强化。理性的教育充其量起到的只是一种提示、点化的作用，是在这样一个不断变化和丰富着的直感直觉印象整体的基础上发挥作用的。直到一个人的晚年，对其父母的怀念仍然是以一个个伴随着心灵感受的直感直觉印象的画面表现出来的，而不是一个个理性思维的逻辑推论过程，也不是用哪个思想家的理论教条归纳演绎而成的。一个人通过理性思维过程所获得的知识是极其有限的，而在自己所生活的世界上所获得并积淀下来的直感直觉印象及其心灵感受则是无限的。儿时有儿时的大量印象和感受，青春期有青春期的大量印象和感受，老年有老年的大量印象和感受；醒有醒的印象和感受，醉有醉的印象和感受，梦有梦的印象和感受；幸福有幸福的印象和感受，悲伤有悲伤的印象和感受，任何一个人都有不同于别人的大量直感直觉印象及其心灵感受，并由此绽放出自我内心的一簇簇回忆和想象。即使迂腐如孔乙己、善忘如阿Q、迟钝如祥林嫂，对于周围人言谈笑语之间所包含着的对他们的情感态度，也是用自己的心灵直接感受到的，并同其直感直觉印象一起保留在自己的内心世界。实际上，一个人的生命过程及其生存状态，主要就是由其大量的直感直觉印象及其心灵感受的不断生成、积淀和嬗变具体表现出来的，并在此基础上形成了我们常常称之为一个人的"灵魂"的东西。所谓"灵魂"，就是一个人在其大量直感直觉印象的基础上逐渐形成的相对稳定的感受世界、感受社会、感受周围环境和各种不同的人的言行表现的心灵状态。这种心灵状态，是相对独立于一个人的理性认识的，是不受其当下的理性判断的制约和限制的，并常常表现出对理性判断结论的抵制与反抗。一般说来，人的生命的潜能是靠直感直觉印象及其心灵感受的不断更新而被开发出来的，这也是维持人的生命活力的基本方式。任何一个新的直感直觉印象及其心灵感受的产生，都是一个人的生命的激素，都是一个人的生命存在和发展的推动力量，并且起到丰富和强化一个人的灵魂的作用，而当一个人不再有新的直感直觉印象及其心灵感受的产生，无疑就等同于生命的委顿与死亡，并因此造成被压抑在内心的大量已有直感直觉印象的混乱和躁动，使其心灵失去有序性。只要我们拥有观赏一幅画、欣赏一首小诗的经验，我们就会知道，对于人，一个全新的直感直觉印象和心灵感受，无疑就是那时一个人的全部心灵的组织者，同时也是那时一个人的生命活力的象征。但在人类理性的时代，在我们日常的社会生活中，却充斥了太多对我们行使着话语权力的理性的话语，它们像一道道我们无权挪移的铁栅栏一样不但禁锢着我们的身体，也禁锢着我们的心灵，将我们的心灵禁锢在鲁迅所说的"铁屋子"中，禁锢在没有任何鲜活具体的心灵感受产生的陈规陋习之中，使我们的生命从"昏睡入死灭"（鲁迅：《〈呐喊〉自序》）。在鲁迅的《故乡》中，连"老爷"这样一个简单的称谓都成了闰土意欲挪动而挪动不了的铁栅栏，因为它实际是现实社会上下尊卑等级关系的标志，而正是这个不可挪移的称谓，将作品中的"我"阻隔在闰土心灵的外面，也将自己的心灵感受堵塞在自己心灵的内部，使其再也无法蝉联儿时那种鲜活的心灵感受，这同时也是闰土的心灵日趋麻木的主要原因之一。我认为，只要在这样一个意义上思考那些真正伟大的文学艺术作品对于人类的影响作用，我们就会感到，文学艺术对于一个人的意义和价值首先不在于它让人"知道"了什么，而在于它让人进入了一个新的世界，进入了一个能够唤醒人的生命意识、表现人的生命活力、以语言的形式创造出来的直感直觉对象的丛林，让人的心灵在这些直感直觉对象面前继续保持并表现出敏锐的感受力。它是一次心灵的"出走"，是一次将自己的物质生命暂时寄存在现实物质世界而让心灵独自跨过实践理性的铁栅栏而进入一个崭新的世界的"出走"。在这时，一个人的心灵在保障其物质生命的绝对安全的前提下获得了自己的自由，并能够进入那些在自己的日常生活中所不可能直接进入的世界，并在那里睁大好奇的眼睛，敞开自己的心扉，让那些新的鲜活的直感直觉对象有序地进入我们的心灵中来。这是一种生命的自然存在形式和延续形式，同时也是一种生命的自由创造形式，是在人的生命中途的加油或充电。很难想象，一个儿童会在他们阅读的《大闹天宫》《孙悟空三打白骨精》《武松打虎》《皇帝的新装》《卖火柴的小女孩》等等作品中做出什么理性的判断（他们对我们给这些故事归纳的主题思想根本不感兴趣），他们在这些故事中成长正像在一个健康的游戏中成长一样，是不经过理性思维的中介的。

在这里，我们需要意识到的是，我们平时所说的"真实性"，实际上有两种：一种是理性认识中的"真实性"，一种是心灵感受中的"真实性"。哲学、社会科学、自然科学的"真实性"首先是理性认识中的"真实性",这种"真实性"我们通常称之为"真理";而文学艺术的"真实性"则首先是人类直感直觉印象及其心灵感受的"真实性",这种"真实性"不是在其"真理"的意义上被运用的,而是在其"存在"的意义上被运用的。理性认识中的"真理",在其本来的意义上是一些可以无限重复的事实,只要具备同样的前提条件并且遵循合理的认识程序或操作规程,就会不断重现同样的结果。"真理"是被人发现出来的,但一经发现出来,它就具有了"客观性",它就成了"不依人的主观意志为转移"的"客观真理"。文学艺术的"真实性"更是在其"存在"的意义上体现出来的,是通过文本的阅读或艺术品的观赏而在人的心灵中留下了不可磨灭的直感直觉印象,而这些直感直觉印象又是与其异于平时的心灵感受融为一体。它不是外在于自己的心灵、自己的主观的,但在自我的心灵感受、主观感受中,又是一个确凿无疑的"存在"。因这"存在",我们认为它是真实的,是有其真实性的。正是在这个意义上,我们说杜甫的诗是真实的,李白的诗也是真实的;曹雪芹的《红楼梦》是真实的,吴承恩的《西游记》也是真实的。所有那些能够感动我们心灵的作品都是真实的,倒是那些我们通过文学作品的描写推论出来的"客观真理",却未必是文学作品本身的真实性之所在。例如,我们常常认为,曹雪芹的《红楼梦》反映了封建大家庭必然解体的命运、中国封建社会必然灭亡的命运等等,实际上,只要将荣国府里的贾宝玉换成甄宝玉,这个封建大家庭的整体格局就会发生根本性的变化,因而其命脉也有继续延续下去的可能,而没有鸦片战争和辛亥革命的发生,甚至连我们这些人也仍然生活在中国大一统的封建王朝的统治下,未必能够意识到中国封建社会必然灭亡的命运,更莫提当时的曹雪芹了。实际上,所有这些,都是我们自己的认识,而不是从《红楼梦》的描写中自然衍生出来的。总之,文学的真实性是被心灵感受出来的,而不是被理性认识到的;被心灵直感到的真实性才是文学的真实性,认识到的文学的真实性至少不是本来意义上的文学的真实性。

五、文学之"诚"的真实含义与"爱""自由"和"真"

我们说文学的真实性是感受出来的,而不是认识到的,这就有了一

文学真实论

个文学读者与文学文本、文学读者与文学作者的关系的问题。当原创性的文学家创作出自己的文学作品来，当那些原创性的思想家从文学作品的阅读中感受到了自己所要表达的思想并用理性的语言分析或评价了那些原创性的文学家的文学作品之后，那些原创性的文学作品就在社会上有了更加广泛的影响，文学家的社会地位也逐渐得到了提高。但在这时，也就有了更多的读者，主要不是在一个文学读者的意义上阅读这些文学作品的，亦即不是依照自己自然本性的需要去感受文学的作品，而是依照自己先在的主观需求去阅读文学作品。其中有些人是为了从文学作品中发现出更多的"思想"来，从而将自己提高到那些原创性思想家的思想的高度，他们崇拜的是那些原创性的思想家，而不是那些原创性的文学家；而另一部分人则是为了从那些原创性的文学作品中发现出那些原创性的文学家之成为文学家的"才能"来，从而将自己提高到那些原创性文学家的才能的高度，他们崇拜的是那些原创性的文学家，而不是崇拜的那些原创性的文学家的文学作品（因为那些原创性的文学作品本身所彰显的并不是文学家的才能，而是文学家的心灵感受）。前者在自觉与不自觉中就将文学理性化了，而后者在自觉与不自觉中又将文学技术化、技巧化了。实际上，这两者都有可能在文学作品的阅读中逐渐找到自己，但也有可能在文学作品的阅读中越来越严重地失落自己，失落自己的自然本性，同时也失落自己的心灵感受，而永远作为一个文学的"旁观者"找不到通往文学本体的道路。这也就产生了上面所说的文学真实性的问题。前者越是在那些原创性的伟大作品中，越是有可能找不到自己所崇拜的伟大思想的完整体现，因而感到这些文学作品是不真实的，至少是不完全真实的，倒是那些没有任何创造性的趋时媚世的概念化作品，反而是他们不能不肯定、不能不赞扬的；后者则往往抓住了技术、技巧，却失落了文学，因而也失落了文学的真实性的品格。必须看到，技术是可以反复使用的，而文学则是不能重复的，真正伟大的文学作品中一定有技术，有技巧，但有技术、有技巧的文学作品却不一定是伟大的文学作品。与此同时，文学社会地位的提高，也使越来越多的人走上文学创作的道路，文学成为一种职业，成为一种可以立身扬名、安身立命的职业。文学的职业化带来了文学创作的繁荣，但也带来了文学创作目的性的歧异。在这时，与文学真实性相关的另外一个问题也出现了，即文学的真诚性的问题。文学的真实性的问题是围绕文学作品的本体而提出来的，文学的真诚性的问题则是围绕文学家自身的创作心态提出来的。实际上，所有这些问题对于原始时代的原始文学与人类理性时代的那些原创性的伟大文学家都是不存在的，因为它们是从文学的外部对文学提出的理性判断的问题，而不是从文学的内部向读者、向社会提出的文学作品的感受的问题。屈原不会对他的诗的读者说："请相信我，我在我的诗中描写的这一切都是真实的！没有掺半点假！"他也不会对他的诗的读者说："请相信我，我写这些诗的时候是完全真诚的！没有说半句谎！"屈原不会这么说，曹雪芹不会这么说，鲁迅也不会这么说。曹雪芹说他的《红楼梦》是"满纸荒唐言，一把辛酸泪。都云作者痴，谁解其中味？"（曹雪芹：《红楼梦》第1回）鲁迅说："我在年青时候也曾经做过许多梦，后来大半忘却了……而我偏苦于不能全忘却，这不能全忘的一部分，到现在便成了《呐喊》的来由。"[1]

在我们的观念中，这个作者的"诚"的问题与作品的"真"的问题是紧密联系在一起的，作者之"诚"是起点，作品之"真"是终点，没有"诚"就没有"真"，有了"诚"就有了"真"。在"文化大革命"结束之后，巴金和许多当代文学作家大力倡导"讲真话"，其意就是提倡用诚实之心说真实之话，但时至今日，我们仍然很难断定我们的文学说的是真话还是假话，即使巴金作为提倡"讲真话"而创作出来的《随想录》，也是众说纷纭，见仁见智，给人以似真非真的感觉，反不如他的《家》更给人以真诚无伪的感觉。在这里，我们不能不重新回到像屈原、陶渊明、曹雪芹、鲁迅这样的原创性的文学作家的文学作品之中去，重新思考文学家的"诚"与文学作品的"真"到底意味着什么。

必须看到，"诚"与"真"都不首先是一个文学的概念，而是一个一般的处理人际关系的道德概念，是一个在现实的物质世界上怎样做人、怎样待人的道德要求。"诚"的第一层意义是"发自内心"，说的是

---

[1] 鲁迅：《〈呐喊〉自序》，载《鲁迅全集》第1卷，人民文学出版社，1981，第415页。

文学真实论

自己想说的话，做的是自己想做的事，不是"言不由衷"，不是"行不由己"；"诚"的第二层意义是对对方信守诺言，主观上不是为了欺骗别人，损害别人。但仅仅有这样的"诚"，还产生不出文学来。鲁迅《药》中的华老栓也是真诚的，但他不是文学家，也不会成为文学家。为什么呢？因为他的"诚"始终都是在与某个人的特定关系中表现出来的，没有超于这种个别关系的性质，并且任何一个不同的关系，都有着不同的内容和意义。他用自己平时的全部积蓄为儿子买药治病是"诚"，他与康大叔之间的"一手交钱，一手交货"，并不想赖掉买"人血馒头"的钱也是"诚"，但二者的意义却有不同：前者的"诚"中包含着"爱"，而后者的"诚"中则没有"爱"。但到了屈原那里，这个"诚"的问题就发生了根本性质的变化。他是一个独立的个人，但又对人、对人性有着一种更高的理想和追求，这就将属于个人的感受和体验提高到对整个人类、整个社会、整个国家的前途和命运的感受和体验的高度。他的痛苦和欢乐，在其本质上也是整个人类、整个社会、整个国家理应感到的痛苦和欢乐。也就是说，屈原的"诚"是面对整个人类、整个社会、整个民族的，他的"诚"带有整体性，是他的心灵的整体素质，并且始终浸透着他的"爱"，他对世俗社会的反叛体现的也是他对人类、对社会、对自己的民族的"爱"。对于他，"诚"即"爱"，"爱"即"诚"，"诚""爱"一体。它已经不是在任何一种具体的关系中，对任何一个具体的人的"诚"，而是对一个朦胧的、抽象的整体的"诚"。也正是在这种情况下，他的语言也超出了与某个具体的人围绕一个具体的事件的对话的范畴，而正式由日常生活的语言转化为文学的语言。这种语言，在中国古代的一些诗人、文学家那里，常常有一种对着"苍天"说话的性质；对于部分西方诗人、文学家，常常有着一种对着"上帝"说话的性质；而对于世界上更多的现当代诗人、文学家，则常常有着一种对着整个"社会"说话的性质。总之，诗人、文学家不是围绕着一个特定事件、对着一个特定的对象说话的人，而是对着一个朦胧、抽象的整体说话的人。他们与这个朦胧、抽象的整体的约定已经不是现实社会人与人之间的伦理道德意义上的"诚"的约定，而是面对这个朦胧、抽象的整体，诗人、文学家要说出在日常的现实生活环境中根本无法表达但又不能不表达的话的"自由"的约定,因而这个"诚"又是与"自由"紧密联系在一起的。简而言之,文学之"诚"不是现实社会这个人与那个人的伦理道德的约定,而是像"风"与"天空"的约定、"波浪"与"大海"的约定那样,是个体与整体的约定。这个约定是在诗人、文学家的心灵中完成的,它除了"自由"之外没有任何其他的附加条件。在这个意义上,文学之"诚"的基本含义其实就是"自由"。像屈原这样的原创性的文学家越是自由的,就越是真诚的;越是不自由的,就越是不真诚的,或不完全真诚的。而在文学作品的阅读中,当读者感到了这些诗人、文学家的"自由",也就感到了他们的"真诚";当读者感到他们是不自由的,也就感到他们是不真诚的,或不完全真诚的。"疯话、醉话、梦话、傻话"在现实社会的人与人的伦理道德的约定中都不被视为"真诚"的,而在文学中,它们却常常给人以更加"真诚"的感觉:它们是更加自由的,因而也是更加真诚的。这样,在原创性的诗人、文学家那里,"诚""爱""自由",就成了三位一体的东西。"爱"是真诚的,也是自由的;是对自己的"爱",也是对人类、对社会、对自己的民族的整体的"爱"。所有这一切,都是在诗人、文学家个人的但又是一种超于个人的更高的理想和追求中自然地完成的。它是诗人、文学家的"灵魂",也是他们的文学作品的灵魂,在某种意义上,它也是整个人类的灵魂。

显而易见,我们说文学之"诚"的基本含义就是"自由",是与上文所说的文学的真实性首先不是理性认识中的真实性,而是人类直感直觉印象及其心灵感受的真实性相呼应的。必须看到,这种直感直觉印象及其心灵感受的造成,首先依赖的是其特殊性、独异性,而不是客观性、普遍性。只有它是特殊的、独异的,它才能使读者感到兴味,才能在读者的心灵中产生伴随着自我心灵感受的直感直觉印象。在这里,有两个要素是必须考虑到的。一是文学语言。文学语言自身就不是依靠其精确性而被读者所"认识"的,而是依靠其差异性而被读者所"感受"的。"燕山雪花大如席"(李白:《北风行》),正是因为"燕山雪花"绝对不会像"席"这么大,所以我们才能"感"到"燕山雪花"之"大",假若按照"燕山雪花"的实际尺寸写出来,就感觉不到"燕山雪花"有多么

文学真实论

"大"了,更感不到李白所描绘的这幅自然景象的雄浑气魄了。实际上,文学修辞的全部作用都在于加强其差异性而使读者"感"到(而不是"认识"到)对象,从而使自己,也使读者形成伴随着相应心灵感受的直感直觉的印象。与此同时,当我们说文学作品是一个伴随着心灵感受的直感直觉印象的整体的时候,绝非说这个整体是从一开始就存在于文学作家的头脑之中的。即使曹雪芹的《红楼梦》,也是曹雪芹在写作过程中由心灵构建起来的,他过往储存在内心的所有直感直觉印象在这时只是像语言中的词语一样,以漫天飞舞的羽片的形式存在于眼前的,它们通过重新聚合而成为具体的形象。我们很难想象,在他晚年创作《红楼梦》的时候,还记得每一个人物在某个特定时候穿着什么样的衣服,说过什么样的话,所有这些都是通过他的心灵感受而将大量零碎的直感直觉印象重新聚合为一个和谐的整体的,而这种聚合过程不但能够构成现实主义文学所倡导的那种类似现实生活的真实形象,同时也可以构成像吴承恩的《西游记》、蒲松龄的《聊斋志异》、鲁迅的《野草》和《故事新编》、但丁的《神曲》、歌德的《浮士德》、卡夫卡的《变形记》中的文学形象。在过去,我们用"想象"概括文学创作的这种特征,而想象就不是我们平时所说的"真理"之"真"。在这个意义上,所有的文学作品都是"虚构"的,都不具有实体性,是"假"的,但是,在这"假"之中,却有无法磨灭的"真实"的东西,那就是我们在阅读文学作品的过程中所形成的直感直觉印象以及我们对它们的心灵感受。这些直感直觉印象是以有机整体的形式存在的,因而我们也能够在整体上感受它们。所以,真正伟大的文学作品的特征是"假中见真",而不是"真中见真",更不是"真中见假"。在这里,重要的是这个"真",因为只有这个"真"才是体现诗人和文学家诚、爱、自由三位一体的心灵表现,也是文学作品的语言文本的存在意义的象征。在这里,语言、心灵、世界(直感直觉中的文学世界)构成的是一个浑融和谐的整体。在任何一个特定的历史时代,特别是在文学创作格外繁荣的时代,都是泥沙俱下、良莠不齐的,但在历史的大浪淘沙的过程中,却只有这样一些伟大的文学作品能够穿过历史的丛莽而在人类文学的历史上流传下去,并不断营养人类的心灵。那些欺世盗名、趋时媚世的所谓文学作品,在任何时代都会与实利主义的、享乐主义的要求相结合,而有着更加广大的市场,但人们的物质乐趣的变化是异常迅速的,风尚一变,这些作品就会被另外一些具有同样物质乐趣的作品所代替。文学这样一个规律是无法改变的,即有被历史埋没的优秀文学作品,但却没有历代流传的低劣文学作品。

正因为文学的特征是"假中见真",所以在实利主义、技术主义、科学主义盛行的时代,文学就要受到普遍的歧视,并且越是那些伟大的文学作品,越是受到人们的歧视。但在这里,我们却必须看到,文学的特征是"假中见真",理性判断的特征则是"真中有假"。理性判断中的"真理"是确定的,是可以给人类带来实际的利益的,但也正因为它的确定性,所以也能够被不同的人用于不同的目的。高明的医术可以治病救人,但也可以谋财害命;原子物理学可以用于和平建设,但也可以用于发动战争。而到底用于什么目的,外行人是不容易判断的。文学以"假"的面貌显身,读后却可以使人心明眼亮;科学以"真"的面貌显身,有时却又可以骗人。所以,人类需要科学,也需要文学。因为这是两种真实性,而不是一种真实性。

原载《中国政法大学学报》2010年第2期

文本分析略谈

一、文本分析的意义

文本分析的意义何在？为什么要进行文本的分析？我认为，文本分析实际是读者在自己的头脑中重建文本的过程。在一般的意义上，文本的阅读就像沿着作者用文字给划定的一条道路走路，从开头一直读到结尾，这个阅读过程就结束了，读者对作者的这个文本也有了一个整体的印象。但是从总体来说，这个整体的印象还是朦胧的、模糊的，不够细致，不够条理，也不够丰满，即使记住了一些生动的细节和震撼人心的语句，也往往游离在整体印象之外，构不成像文本本身那样的有机的整体，并且越是对于那些初学者，印象越是难以深刻具体，其收获是极其有限的。这正像一个人乘船畅游长江，从上游到下游走了一趟，也看到了沿途的一些风景，但这些风景里到底包含着一些什么样的具体内容，还有哪些应当看到而没有看到的，应该感到而没有感到的，就是很难说的了。在这个意义上，电视系列片《话说长江》就像领观众又游历了一趟长江，并且将沿途经历的各个景点都做了极其详尽的介绍，从而也使这个旅程变得极其丰满和完整。文本分析起到的就是这样一个作用。

二、文本分析的宗旨

文本分析既然是读者在自己的头脑中重建文本的过程，这里就应当有一个宗旨，一个不变也不能变的原则，即它是以更充分地呈现文本自身的内涵和外延为基本目的的；文本是由作者在特定的时空条件下的特定精神状态之下创造出来的，凝结着作者写作时特定的主观感受和体验，因此文本分析也是以更深入具体地感受和理解作者的主观感受和体验为基本目的的。也就是说，文本分析虽然是读者独立做出的，读者有其主体性，但读者的主体性又必须接受文本作者主体性的制约和限制，不能由读者信马由缰地任意发挥，不能完全变成读者自己的自我表现。

在这里，我们应当警惕文本分析的下列两种方式：其一是我们在"文化大革命"前常用的大批判方式，其二是在科学论文中常用的推理和归纳、分析和综合的逻辑方式。

不可否认，批判有时是极为必要的，但常用于两种根本不同的价值体系之间的思想斗争中，要想建构起自己的思想理论，就必须对与之不同的思想学说及其具体的思想观点做出否定性的判断，然后在此基础上建立起自己认为正确的观点。即使是这种批判，作者对自己所批判的观点也必须有一个比较全面的感受和理解，具有能够站在对立面的立场上思考对立面的思想观点的合理性的能力，否则，这种批判也将是软弱无力的或错误百出的。"文化大革命"前我们常用的革命大批判则有所不同，它不是立于自己的思想立场，对自己所批判的对象也没有一个比较全面的感受和理解，而是直接用一种自己并不真正了解的别人的思想观点批判另外一种自己并不真正了解的思想观点，这样的批判就等于将所有的文本都摒弃在自己的思想之外，而不是将其作为自己思想的构成要素。因此，"文化大革命"前的革命大批判造成的是一些没有自己思想的思想打手，而不是一些真正有思想的精神界的战士，对中国社会思想的建设起到的完全是一种破坏作用。文本分析不是用于文化批判的，而是用于文化接受的，宗旨在于使读者通过文本分析进一步丰富和发展自己的思想。我认为，记住这一点，对于我们的文本分析至关重要。

文本分析略谈

科学论文常用的是推理和归纳、分析和综合的逻辑方式。在过去的中学语文教学中，我们常常将全文分为几个段落，段落有段落大意，将几个段落的段落大意综合起来，则成为全文的主题思想。这用的是归纳法。段落大意不是文本中原来就有的，而是我们归纳出来的；主题思想也不是文本中原来就有的，也是我们归纳出来的。在形式上，分段又像分析，主题思想则是综合。实际上，这种归纳的方式恰恰忽视了文本本身，好像整个文本都是为了一个最终的目的——表达主题思想。读者记住了这个主题思想，就等于掌握了整个文本的内容。做个不恰当的比喻，这就好像看到了一个女人的一头秀发，不是前后左右地观察、欣赏，而是首先将其分为几个部分，然后一个部分、一个部分地抓拢起来，用头绳扎成一个小辫儿，这个小辫儿就是这个部分的段落大意；然后再将几个小辫儿扎在一起，成为一个大辫子，就是主题思想。这样的结果怎样呢？我们感受到的不是这个女人的一头秀发，不是这头秀发的整体美，而只是一个大辫子。推理的方法，也是在科学论文中常用的，但我认为，在文本分析中要慎用或者尽量不用，因为文本分析的根据全在文本本身，脱离文本，仅仅由读者自己做出的推理判断常常不合理。例如，鲁迅《祝福》中的鲁四老爷是个地主，但我们却不能按照我们对地主的理解推论出他的思想和性格，因为他的思想和性格都是在小说文本的描写中表现出来的，我们的推理未必可靠。总之，文本分析不是科学论文，不能用逻辑推理的方式。文本分析不是为了综合的分析，它是将文本更充分地展开的方式，是使文本以更加丰富的形态呈现在我们面前的方式。文本分析只是为了分析，而不是为了综合。

三、文本分析的要素

文本分析牵涉的面异常广，为了方便，人们常常直接根据文体的特征对一个文本进行分析。例如，根据小说的特征分析小说，根据诗歌的特征分析诗歌，根据戏剧的特征分析戏剧，根据散文的特征分析散文。但这常常将异彩纷呈的不同文本放在几个固定的框架中，不利于更具体地阐发文本本身的丰富性，也不利于更深入地开掘文本本身的思想内涵。它实际是将文本分析当成了学习某些文艺理论教条的工具和手段，从而丧失了文本分析自身的作用和意义。文本分析分析的是文本，文本就是用语言文字构建起来的一个作品，因此文本分析的内容应该建立在语言文字的各种基本功能的基础之上。有了这些基本功能，文本才不再是一堆死的文字，而成为一个活的机体。按照我的理解，它主要有下列几种要素：音、形、义、情、意、理、时、空。

文本中的每个字都有其音，也都有其形，文本中每个字的音和形结合起来又都有其义，所以音、形、义是文本中每个字所同时具有的三种主要功能。中国语言文字的这三种主要功能以其相互结合和转化的形式表现世界上各种真实的、想象的和虚幻的事物的特征，因为世界上各种事物都是通过人的感觉而呈现在人的意识之中的，是以音、形的形式作用于人的感觉并在人的意识中形成其义的概念的。因此，音、形、义是语言文字的三种主要功能，也是由语言文字构成的整个文本的三种主要功能。在文本中，音构成了文本的音调、节奏和旋律，使文本具有了音乐的功能；形构成了文本的自然景象、社会环境和人物形象等，使文本具有了美术的功能；义则构成了可以称之为思想内容的整体的意义结构。在这里，音、形构成的是形式，义构成的是内容。实际上，在文本中，形式和内容又是分不开的：此形式是此内容的形式，此内容是此形式的内容，是你中有我、我中有你的关系。

音、形、义是外部世界向内部世界的转移，是通过外部世界刺激人的感觉器官而引起人的内部世界的变化而实现的。在文本分析中，我们不能仅注意这种由外而内的反映，更要注意作者作为一个有主体性的人的由内而外的投射。文本是人的创造，人对于外部的世界是有主体性的，不是被动的、消极的，人同时也将自己的主观的感情和情绪（情）、主观的意愿和意志（意）、主观的思想和认识（理），投射到外部世界的事物中，使外部世界的事物呈现的不是纯粹客观的形象，而是在作者特定精神状态中的形象，我们将这种形象称之为意象。在文学作品中，所有的事物都是以其意象的形式呈现出来的，因此它同时也是作者主体精神状态的一种表现形式。所谓"感时花溅泪，恨别鸟惊心"（杜甫）就是作者的情、意、理向客体的花（形）、鸟（声）投射的结果，因而也体现

文本分析略谈

了杜甫当时内心的精神状态，有着极为复杂的精神内涵。这种外部世界向内部世界的转移和内部世界向外部世界的投射，在叙事作品中，不仅发生在作者和他所描写的客观对象之间，还发生在作品人物与其周围的环境、周围的其他人物之间，构成的是极为复杂、极为隐蔽的互动过程。在这个互动过程中，内、外两个世界都在发生着变化，并且共同构成了文本的世界。这个世界是活的，是有生命的，是外部世界的音、形、义同内部世界的情、意、理发生着多种复杂的交孕过程而产生的有生命力的机体。它同时也是一个浑然一体的时空结构。

不论是音、形、义，还是情、意、理，在文本中都不仅是构成时间和空间的要素，同时字词也都处在由自身创造的时间和空间中，这正像世界上的万事万物共同创造了时间和空间，同时自己也在它们创造的时间和空间中一样，而整个文本开拓出来的就是一个浑然一体的时空结构。那些堪称伟大作品的时空结构，又是与整个人类社会、整个宇宙相贯通的。因此，时空因素在文本分析中应该占有一个特殊重要的地位，不应该被忽略。

时间是动态的，是在事物的变化中呈现出来的；空间是静态的，是在事物的静止状态中呈现出来的，但时间中又包含着空间，空间中也包含着时间，动中有静，静中有动，动静相生。实际上，所有的文本，包括那些卷帙浩繁的长篇小说，都是作者用语言文字创造出来的一个独立的时空结构，一个独立的世界，一个独立的宇宙。它是一个动态的过程，也是一个静态的结构。过程有先后，时间有过去、现在和未来，结构有方位，有上下、左右和前后。过程有过程的意义，结构有结构的功能，它们都是文本之所以具有表现力的原因。音、形、义，情、意、理，这些要素也都是在此动态的过程中和静态的结构中获取自己的生命，也发挥着自己独立的表现职能，这同时也是语言的各种语法关系、修辞方法、篇章布局的方式等赖以产生的基础。

以上所有因素，都决定了语言是有生命的，是有表现力的，也是有魅力的。文本分析就是通过这些因素而将文本自身的魅力、自身的意义和价值更加充分也更加具体地呈现出来，以丰富和深化我们对文本本身的感受和认识。

四、如何进行文本分析

文本分析的要素是语言学的，是在语言文字学的基础上建立起来的。在这个意义上，一个文本所包含的能够加以分析的要件几乎是不计其数的，但文本分析不可能将文本中的每个字、词甚至标点符号的作用和意义都罗列出来，不能将这些要件直接堆砌起来。

如上所述，文本分析是读者在自己头脑中重建文本的方式，我们在文本分析时首先要问的是：文本为什么需要重建？

文本为什么需要重建？其中一个首要的原因，是读者分析文本时与文本作者写作这个文本时处在截然不同的两种文化时空之中。这种文化时空的不同，不但决定了读者是带着与作者写作这个文本时不同的感情和情绪、不同的意愿和意志、不同的社会人生观念和认识来阅读这个文本的，而且读者对构成文本的这些词语以及这些词语所体现的事物的感受和理解本身就是不尽相同的。这样，读者与文本作者当时的心灵就是若即若离的，对于作者写作的这个文本也是似懂非懂的。例如，鲁迅在写作他的散文《记念刘和珍君》时，不但有与我们不同的社会观念和人生观念，不但亲身经历了女师大事件、"三一八"惨案，与刘和珍、杨德群，特别是刘和珍在平时就有非同寻常的亲密的师生关系，不但对当时社会上各类知识分子对女师大事件和"三一八"惨案的议论心知肚明，而且在鲁迅当时的心情下，周围的一事一物、语言中的一字一词，都是以与平时迥然不同的形态出现在他的脑际的。所有这些，都是我们在阅读鲁迅的《记念刘和珍君》这篇散文时所缺乏的。因此，文本分析的首要任务就是要实现读者从自己的文化时空向作者写作该文本时的文化时空的转移，并逐渐深入到作者写作该文时的心境和情景中去。用我们平时的话来说，就是要"读进去"，读出意义来，读出趣味来，不能老是被关在文本的大门之外，不能老是隔岸观火一样看着作者在文本中述说的那一切。

过去，我们在分析和评论一篇文章之前，通常的情况下是先讲时代背景，这是一种引入的方式。但是，我这里说的实现从我们作为读者向

文本分析略谈

作者写作文本时的文化时空的转移，与我们平时所说的时代背景仍有不同。其一，我们平时所说的时代背景，往往被理解为一种客观的历史时空，其实仍然是带有读者先入之见的时代背景。实际上，从来都只有对于某个人或某些人的时代背景，而没有脱离具体人和具体人群的时代背景。鲁迅写作《记念刘和珍君》的时代背景，只是对于鲁迅的时代背景，而绝不是对于段祺瑞的时代背景，也不是对于章士钊、陈西滢的时代背景。其二，我们平时所说的时代背景，常常指的是一个长时段的历史时期的景况，而对于一个具体文本的时代背景，严格说来，只是作者写作该文本时的时代背景，当他写另外一篇文章时，又有了新的背景，这个新的背景仍然可以称之为时代背景。因此，在文本分析的文章中，我们将其理解为"文化时空"就更加贴切，更加具体。其三，我们通常所说的时代背景，只是在分析评论一篇文章之前对其大背景做的一个极其简单的介绍，而我们现在所说的文化时空的转移则是通过文本分析的全过程所实现的根本任务。这个转移的结果是，读者已经完全转移到作者写作文本时的心境和情景之中，并以此感受和理解他写下的这个文本的整体。正所谓"读了进去"。

读者的文化时空真正转移到作者写作文本时的文化时空中去，需要找到一条更接近文本乃至通往文本的道路，一条更接近乃至通往作者写作文本时的心境和情景的道路。这就有了一个角度，一个途径，从这个角度和途径出发不但可以更深入文本之中，并且还能够"盘活"整个文本，使文本以一种全新的姿态出现在我们眼前。怎样发现这个角度和途径，是很难预先讲清的，或因为对文本有一个突然的感悟，或因为现实生活的某种刺激，或因为一种新的思想观点、美学理论的启发，或因为一种新的方法论的使用，但这个角度和途径的发现却是文本分析的首要前提。没有这个前提，文本分析无从谈起。对于文本，中国古代有一种注释的方式，有一种评点的方式，都是能够帮助我们感受和理解文本的方式，但其本身都不完全等同于现在的文本分析，因为它们都缺乏整体性和系统性，而现在文本分析的整体性和系统性，在很大程度上则是由这个角度和途径的存在所决定的。在我们过去的中学语文教学中，还有一种串讲课文的方式，也与文本分析相近，但这种串讲的方式往往停留在字、词、句、篇章结构的表面意义上，很难进入文本的深层肌理之中。它更重视知识和思想的传授，而轻视对文本本身的感受和体验。我曾经写过一篇分析屈原的《离骚》的文章[①]，是受了布留尔《原始思维》一书的启发。布留尔在该书中说人类原始思维的特征是人的意识与外部世界各种事物之间的互相渗透，这显然是我们能够从现代人的思维方式和世界观念、人生观念中暂时解放出来而进入屈原那时的文化时空，并对他的《离骚》做出新的更切近文本自身的解读的角度和途径。我的那篇文章，虽然对原来就有很高古典文学修养的人未必有多大帮助，但至少对于我这个没有更深厚的古典文学修养的人更切近、更深入地感受和理解屈原的《离骚》，还是有莫大助益的。

从读者的文化时空向文本作者写作文本时的文化时空转移的角度和途径，正是能够激活整个文本的角度和途径。在这时，也只有在这时，那些由音、形、义、情、意、理、时、空以及由它们构成的能够给文本带来生命活力的诸因素，就成了我们必须重新感受和理解的对象，成了我们文本分析的主要内容。实际上，在这个角度和途径确立之后，自然就能够真正走进文本之中。例如白居易的《长恨歌》，写的是唐玄宗与杨贵妃的爱情故事。在我们这些当代下层知识分子的本能感觉中，唐玄宗和杨贵妃就是属于上层政治统治阶级的剥削者，他们过的是骄奢淫逸的糜烂生活，他们的喜怒哀乐与我们平时的感情和情绪也是不能相通的，因而我们对他们的痛苦也常常在本能上就怀着一种幸灾乐祸的态度。所有这一切，虽然未必是自觉的，但都会有形与无形地严重影响到我们对白居易这首脍炙人口的叙事长诗的欣赏和接受。实际上，在白居易写作《长恨歌》这首叙事长诗的时候，倒更是将唐玄宗和杨贵妃作为处在特殊地位上的两个人来感受和体验的，取的倒更是一种人性的角度，对他们之间的爱情悲剧也由衷地同情。这就要求我们必须站在白居易的立场上感受和理解他所叙述的唐玄宗和杨贵妃的爱情悲剧，否则，我们就无法感受到这首诗的思想和艺术的魅力，无法真正进入这个文本。只要我

[①] 参见拙作《屈原：客体与主体的神秘互渗　自我意识的痛苦挣扎》，载《古老的回声——阅读中国古代文学经典》，四川人民出版社，2003，第3—53页。

文本分析略谈

们能够清醒地意识到这一点，我们就有了重新阐释文本的积极性，就会像沿钢丝一样严密地注意着我们随时可能发生的阐释的倾斜，就不会将开头部分的大量描写只当成对统治阶级骄奢淫逸生活的揭露，而看不到其中洋溢着的爱（唐玄宗对杨贵妃的爱）与美（杨贵妃的美）；就不会将马嵬坡的悲剧性转换仅仅视为对唐玄宗残暴本质的揭露，而看不到唐玄宗作为一个封建帝王的无可奈何的一面。否则，最后一部分的想象描写就失去了根据。为什么杨贵妃成仙之后仍然怀念着唐玄宗，因为她在人世间所获得的唯一的爱和幸福来自唐玄宗，因为她对唐玄宗为了保住自己的王位而不得不牺牲她的苦衷还保留着一份理解和同情。与此同时，唐玄宗为了保住自己的王位而牺牲了自己的爱情，但并没有因此获得自己的幸福，而是给他留下了终身的悔恨，他的余生是在寂寞和孤独中度过的，这说明他对杨贵妃的爱还是真诚的，杨贵妃对于他不只是一个泄欲的工具。不难看到，上述所有这一切，都必须通过对文本的过细的分析才能具体呈现出来，有思想的，也有艺术的；有技术的，也有审美的。通过分析，文本重新在我们眼前活了起来，动了起来，飞了起来。

　　文本分析是读者做出的，但它通过读者的感受和体验所努力呈现的却是文本作者在写作文本时的感受和体验。在这里，就有了一个"度"的问题。我们甚至可以认为，文本分析的成功与否，在很大程度上都取决于这个"度"的把握。这个"度"，主要有两个方面的意义：其一是阐释的"度"，其二是理解的"度"。对于文本中与我们平时的感受和理解没有本质差异的词语或意义，我们就不必强做解释，强求新意，非要在没有话的地方说出话来，非要将一句平平常常的话说得多么神妙，反而会歪曲了文本本身的意义。其二是理解的"度"。这发生在读者与文本作者在感受和理解上有可能存在差异的文本分析中。文本需要阐释，需要分析，但在理解上也得有个"度"，不能将作者与众不同的感受和理解夸大到不适当的程度，否则，就容易破坏文本整体的和谐性。因为文本是个结构，每个部件都在这个整体结构中发挥着自己独立的作用，一个部件的某种作用被强化到不适当的程度，就等于削弱了其他部件的作用，从而也破坏了文本整体的和谐性。这个"度"，实际是由读者的真实的阅读感受和体验所决定的。在文本分析的过程中，我们虽然尽其所能地按照作者在写作文本时的心境和情景感受和理解文本的价值和意义，但归根到底，它们仍然必须是我们从文本阅读中实际感受和理解到的价值和意义，而不是根据作者当时的心理想当然地揣测和推测。

文本分析的过程，意味着读者从自己的文化时空向作者写作文本时的文化时空的转移，而文本分析的结束，则意味着读者重新回到自己的文化时空中来，重新以自己的心境，在自己所处的具体情景中感受和体验现实世界的一切。在阅读和分析文本的过程中，我们被包容在作者当时的文化时空中，被包容在作者通过文本所创造出的一个虚拟的世界中，但在阅读和分析文本的过程结束之后，整个文本，包括我们在阅读和分析文本过程中所感受和体验到的一切，也被包容在我们的文化时空中，成了我们的文化时空的一个构成成分。任何一个文本，任何一个作品，都不会成为我们的一切，都不会完全占领我们的心灵，但任何一个曾经感动过我们的作品都会永久地驻留在我们心中，并丰富和美化着我们的心灵。

五、文本分析与中学语文教学

文本分析与中学语文教学有着特殊密切的关系，在某种程度上，中学语文教学就是通过文本分析具体予以实施的。

小学语文教学，是通过记忆不断积累语言和语文知识的阶段，即使对于文本，也主要是在直感直觉的基础上对文本本身的记忆，文本分析对于小学生的语文学习是不起关键作用的。一个两三岁的中国孩子，就能够熟练背诵王之涣的《登鹳雀楼》，但他们未必感受和体验到其价值和意义，更说不出其妙处之所在。声音语言的记忆是这个阶段的儿童能够背诵诗歌的主要原因，而对诗歌的感受和理解则是在他们此后一生的成长和发展过程中逐渐建立和丰富起来的。儿童对于童话、寓言、神话、传说、民间故事、科幻小说、散文等文本，也重在从直感直觉基础上感受其趣味性，由其趣味性记住里面的故事和人物，记住讲述故事和人物活动的语言。教师的任务更在于用学生感到有趣的各种形式，加强学生对文本本身及其语言的记忆，从而提高他们的读、说和写的能力，而不

文本分析略谈

在于离开文本本身的分析。过多地跳离文本本身的分析，会使学生感到倦怠，因为他们还没有足够的对人生的感受和体验、对语言的感受和体验，使他们能够像文本作者写作文本时那样感受和体验到文本的内涵和外延。对于小学生，"精卫填海"就是"精卫填海"，"夸父追日"就是"夸父追日"，能讲这些故事就行了，能写其中的一些字，会用其中的一些词就行了，至于它们的意义，只能留到后来慢慢体会，讲是讲不清楚的。

对于中学生而言，他们具备初步的感受和体验人生、感受和体验语言的能力，但这种能力是朦胧的，游移的。例如，对于鲁迅《孔乙己》中的"小伙计"、莫泊桑《我的叔叔于勒》中的"我"，学生不是没有自己的感触，而是这些感触不够明确和具体。教师需要对其进行引导和启发，使他们能够从信赖的人那里获得对自己这种感受和体验的印证，以形成带有更高确定性的感受、体验和认识。因此，文本分析在中学语文教学中应占有特殊重要的地位。

我认为，中学语文教师的课文分析，应该有两个版本，一个是自己的版本，一个是课堂教学中适用于学生接受的版本。自己这个版本，是作为一个有了更丰富的人生感受和体验、更高的语言审美能力的教师，所能对文本做出的更加深入、更加全面、更加细致和具体的阐释和分析。这是能够使自己自由地出入于这个文本，并在文本的阅读和欣赏中感到身心自由的版本，也是能够保障教师在课堂教学中掌握主动，更加自由、活泼地组织课堂教学的关键。这个版本，不但需要运用教师在大学学习时已经掌握的一些知识和思想，有时还需要教师独立阅读一些相关的文献和专家学者的论文或著作，是教师在教学过程中继续成长和发展的途径。但是，这个版本，并不完全适用于课堂教学，因为中学生接受一个文本和教师相比有不同的心理基础。在这里，大概有三种情况。一是学生极易接受的，而成年后的教师却会存在各种理解上的障碍。像安徒生在《皇帝的新装》中所描写的那样，首先说破真相的是一个儿童，成年人却是有各种不同的心理障碍。教师为了正确、深入地感受和理解文本，首先需要克服这些心理障碍，学生则没有这个必要。二是教师能够接受的，而学生在这个年龄阶段是极难接受、也没有必要过早接受的。我认为,以上两种情况,都不适于作为课堂课文分析的内容。第一类不用分析,分析得越多反而使学生更感到难以理解,反而会干扰了学生的正常思路;第二类也是在教师感受和理解文本的过程中需要着重加以思考、加以分析乃至加以研究的,但却不必过早地引导学生思考这些问题。我认为,现在有一种过早地将一些抽象的哲理、道德信条乃至宗教的信仰引入中学课堂语文教学的倾向,这对中学生的文化心理未必是有益的。因此,中学语文课堂教学中的课文分析,主要适用于第三种情况,即那些不点不破、一点就破,不说不知、一说就知的文本内容上。如果说文本在学生心灵中只是一个个的花苞,教师就应该向他们的心灵中投入一道光束,让这些花苞相继绽放,使文本在学生的心灵中成为一片姹紫嫣红的花的世界。至于这个文本为什么能够在学生的心灵中成为一个个的花苞(这是文化心理学、教育心理学的问题)以及这个花的世界以后将结出一些什么样的种子(这是哲学、道德学、社会学、文化学、教育学、文艺学、政治学等更加抽象,更加复杂的一些理论问题),则不在课堂文本分析的范围之内。各种语文知识的传授,也最好糅入这个文本分析的过程,顺带加以解决。

到了大学中文系,文本分析就主要依靠学生自己在阅读过程中自行解决了,因为大学生已经具有独立进行文本分析的能力。大学教师在课堂上传授的则更是一些系统的文学史知识和文学、语言学的理论知识。因此,文本分析在大学文学教学中也不如在中学语文教学中那么重要,那么关键。

原载《语文建设》2014年第3期